河南省重点学科河南农业大学马克思主义理论一级学科
河南农业大学马克思主义研究中心
资助

交互主体性教学
——高校思想政治理论课教学新理念

陈娱 鹿林 著

JIAOHU ZHUTIXING JIAOXUE
GAOXIAO SIXIANGZHENGZHI LILUNKE
JIAOXUE XINLINIAN

河南大学出版社
HENAN UNIVERSITY PRESS
·郑州·

图书在版编目(CIP)数据

交互主体性教学：高校思想政治理论课教学新理念/陈娱,鹿林著.—郑州:河南大学出版社,2018.11
ISBN 978-7-5649-3579-5

Ⅰ.①交… Ⅱ.①陈…②鹿… Ⅲ.①高等学校－思想政治教育－教学研究－中国 Ⅳ.①G641

中国版本图书馆 CIP 数据核字(2018)第 272707 号

责任编辑　薛建立
责任校对　柴桂玲
封面设计　马　龙

出　版　河南大学出版社
　　　　　地址:郑州市郑东新区商务外环中华大厦 2401 号　邮编:450046
　　　　　电话:0371－86059701(营销部)　网址:www.hupress.com
排　版　郑州市今日文教印制有限公司
印　刷　北京虎彩文化传播有限公司
版　次　2019 年 2 月第 1 版　　印　次　2019 年 2 月第 1 次印刷
开　本　787mm×1092mm　1/16　印　张　21.75
字　数　263 千字　　　　　　　　定　价　56.00 元

(本书如有印装质量问题,请与河南大学出版社营销部联系调换)

序　言

　　教育是太阳下最光辉的职业,培养人才是教育的根本目的。加强教育研究,提高人才培养质量,是任何教育工作者都需要认真思考的重大课题。时代在进步,实践在发展,无论是教育者、教育对象、教育内容、教育环境、教育任务,还是教育目标,都必然伴随着时代和实践的发展而产生鲜明的时代性特点。因此,教育始终需要立足社会实践解决新时代背景下人才培养面临的新课题。

　　中国特色社会主义进入新时代,教育在党和国家的整体事业中获得了新的定位,发展教育事业必须确立和贯彻教育新理念。优先发展教育事业,加快教育现代化,建设教育强国,是党的十九大从新时代坚持和发展中国特色社会主义的战略高度做出的重大部署。在党的十九大报告中,习近平总书记提出了"培养担当民族复兴大任的时代新人"[1]的重要论断,为我国教育事业提出了新的战略目标。2018年9月10日,在全国教育

---

[1] 习近平:《决胜全面建成小康社会 夺取新时代中国特色社会主义伟大胜利——在中国共产党第十九次全国代表大会上的报告》,第42页,人民出版社,2017年版。

工作会议上,他强调:"教育是民族振兴、社会进步的重要基石,是功在当代、利在千秋的德政工程,对提高人民综合素质、促进人的全面发展、增强中华民族创新创造活力、实现中华民族伟大复兴具有决定性意义。教育是国之大计、党之大计。"①以习近平同志为核心的党中央对教育事业的高度重视,为教育的优先发展和现代化建设提供了强有力的政治保证,这是新时代教育事业最鲜明的时代特点。新时代推进教育事业,必须加强习近平新时代中国特色社会主义思想的指导地位,贯彻其教育新理念。事实上,自党的十八大以来,习近平总书记对教育,特别是高校思想政治教育、思想政治理论课教育教学的高度重视和战略思考贯穿于其整个教育思想。在这次讲话中,他深刻回顾了党的十八大以来我国教育事业发展取得的显著成就,系统总结了推进我国教育改革发展的一系列新理念、新思想、新观点,并将其概括为"九个坚持",即:坚持党对教育事业的全面领导,坚持把立德树人作为根本任务,坚持优先发展教育事业,坚持社会主义办学方向,坚持扎根中国大地办教育,坚持以人民为中心发展教育,坚持深化教育改革创新,坚持把服务中华民族伟大复兴作为教育的重要使命,坚持把教师队伍建设作为基础工作②。这"九个坚持"深刻地回答了培养什么人、怎样培养人、为谁培养人这一根本问题,是我们党深化我国教育事业规律性认识、推进教育理论理念创新的重要体现;它丰富和完善了习近平新时代中国特色社会主义思想,特别是其教育思想。目前,贯彻习近平新时代中国特色社会主义思想及其教育新理念,培养担当民族复兴大任的时代新人,已经成为广大教育工

---

①② 习近平,《习近平出席全国教育大会并发表重要讲话》,新华社网 2018 年 9 月 10 日。网址:http://www.gov.cn/xinwen/2018—09/10/content-5320835.htm。

作者的自觉行动。

　　高校思想政治理论课承担着对大学生进行系统的马克思主义理论教育的任务，是巩固马克思主义在高校意识形态领域中的指导地位、坚持社会主义办学方向的重要阵地，是全面贯彻党的教育方针、落实立德树人根本任务的主干渠道和核心课程，是加强和改进高校思想政治工作、实现高等教育内涵式发展的灵魂课程。上好思想政治理论课，事关意识形态工作大局，事关中国特色社会主义事业后继有人，事关实现中华民族伟大复兴的中国梦，是一个值得任何一个教育工作者深思熟虑的重大理论和现实课题。习近平总书记在全国教育工作会议上的讲话中提出的教育新理念是从教育在中国特色社会主义伟大事业和中华民族伟大复兴的伟大事业整体谋划的战略高度提出来的，相比而言，教育新理念还内在蕴涵着现实教育教学活动中的具体理念，即狭义上的教育教学理念。着眼于思想政治理论课教育教学，深入研究和探索思想政治理论课教学的基本规律、根本特点，以科学的教学理念正确处理教学过程中的师生关系，提高教学效果，增强实效性，是当前思想政治理论课教育教学研究的核心问题。

　　思想政治理论课教育教学新理念的提出源自对思想政治理论课教学现状及传统"灌输"教学理念的反思。毋庸讳言，目前我国高校思想政治理论课教育教学的现状并不是十分乐观的，有些青年大学生并没有像广大教育者或思想政治理论课教师所期待的那样将思想政治理论课视为非常重要和必要的课程，而是将教师在课堂上讲授的马克思主义理论或党的方针政策视为枯燥的东西，因而不同程度地产生了消极应付的乃至厌恶和抵制的心理，逃课和应付考试成为大学校园里一些值得重视的现象。尽管出现这种现象的原因是多样性的，但一个根本性原因在于传统思想政治理论课教育教学理念存在着一定的问题与缺陷。以马克思主义"灌输论"为基础的思想政治理论课灌输教学理念,经过长期的教学实践检验,已经暴露出其自身的问题和缺陷,从根本上说,它单方面地强化了教师在整个教育教学活动中的主体、主导地位,而忽视乃至否定了学生的主体地位和主体性,不能充分地发挥学生自觉地参与教育教学活动的主体性、自觉性、能动性、创造性。自20世纪80年代以来,教育界在反思"传统灌输论"的过程中不断地创新教学理念,其中,最为引人注目的是主体性教学理念的提出和讨论。主体性教学理念批判和超越了"传统灌输论"意义上的"教师主体论",在经历了"学生主体论"、"教师主导—学生主体论"和"双主体论"等历史形态之后,目前逻辑地发展出"交互主体论"。可以说,"交互主体论教学理念",即"交互主体性教学理念",是主体性教学理念自身辩证发展的当代形态。

交互主体性教学理念之所以能够取得教学理念上的突破和创新,关键在于它以现代哲学,特别是由胡塞尔交互主体性现象学发展起来的现代接受论、现代解释学为基础。交互主体性教学理念是现代解释学广泛运用于众多人文社会学科的成功典范之一。目前,无论是国外的学者还是国内的学者,已经普遍地认识到交互主体性教学理念的重要意义。深化交互主体性教学理念研究,特别是深化高校思想政治理论课教育教学过程中"教师"、"学生"和"知识"三者之间的关系研究,规范和协调师生的教与学,全面地把握教学活动的实质,是当前思想政治理论课教育教学研究的重要任务。从交互性教学理念看来,教学过程本质上就是一个"教师—知识—学生"三者交往、互动的复杂过程,是两个主体(教师和学生)对共同客体(知识)通过解释学循环和反复交往形成"重叠共识"的过程。坚持从这一理念来看待高校思想政治理论课教学,我们认为,思想政治理论课教学有必要回归师生的现实生活和实践,回归师生的现实生活世界,要自觉地发挥师生在教学活动过程中各自的主体性,创造性地形成师生交往互动的良好机制。因此,充分地尊重教师和学生各自的主体地位和主体尊严,将师生视为面对共同客体(知识)的平等主体,既能够创造出自由和谐的教学氛围,又有助于培养学生学习的自主性、积极性和创造性,由此能够达到培养学生主体性、塑造具有主体意识的合格人才、促进学生的自由个性发展和全面发展的统一的教学目的。事实上,师生之间的良性互动真正体现了"教学相长"的思想宗旨,超越了以往所有教学理念,克服或弥补了它们的缺陷与不足,正确地处理和解决了教学过程中的师生关系。

当前,从整个教育界来说,交互性教学理念的研究和讨论依然在进行着,因而我们对这一教学理念的认识,特别是对高校思想政治理论课教育教学的阐释,可能还存在着这样那样的问题,还存在着认识上的偏差与空白,这些不足之处,亟待广大学者和专家给予及时的批评和指正。希望此书成为抛砖引玉之作!

著　者

2018 年 11 月

目　　录

导论 …………………………………………………………（ 1 ）

第一章　思想政治理论教学理念的历史演进 ………（ 7 ）

　　一、传统思想政治理论教学理论：马克思主义灌输论
　　　　………………………………………………（ 8 ）
　　　（一）灌输论的产生根源 ………………………（ 8 ）
　　　（二）传统灌输论视域下的师生关系 …………（ 13 ）
　　二、目前对马克思主义灌输论的认识 ……………（ 26 ）
　　　（一）灌输论的实质与根据 ……………………（ 26 ）
　　　（二）对待灌输论的各种态度与实质 …………（ 30 ）
　　　（三）小结 ………………………………………（ 40 ）
　　三、主体性教学理念对灌输论的突破与不足 ……（ 42 ）
　　　（一）灌输论的核心教学理念：教师主体论 …（ 43 ）
　　　（二）主体性教学理念的创新与不足 …………（ 45 ）

第二章　教学理念的最新形态：交互主体性教学 …（ 60 ）

　　一、交互主体性教学理念的提出 …………………（ 61 ）

二、交互主体性教学理念的哲学基础 …………………（63）
　（一）人的存在论 ………………………………………（64）
　（二）人的意识论 ………………………………………（68）
　（三）人的价值论 ………………………………………（73）
　（四）人的需要论 ………………………………………（77）
　（五）人的主体论 ………………………………………（83）
　（六）人的自由全面发展理论 …………………………（92）
　（七）科学的发展观 ……………………………………（94）
　（八）现代现象学 ………………………………………（102）
　（九）现代解释学 ………………………………………（104）
三、交互主体性教学视域下的思想政治理论课教学
　………………………………………………………………（107）
　（一）教学：师生间的交互主体性活动 ………………（107）
　（二）理解与接受：思想政治理论课教学的内在
　　　　机制 ………………………………………………（109）
　（三）教学相长：交互主体性教学的根本特征 ………（111）

第三章　交互主体性教学视域中的主体：教师与学生 ……（114）

一、交互主体性教学理念下的教师：教的主体 ………（115）
　（一）思想政治理论课教师的职业特征 ………………（117）
　（二）高校思想政治理论课教师的根本职责 …………（123）
　（三）思想政治理论课教师主体性的基本特征 ………（126）
　（四）思想政治理论课教师的主体功能 ………………（145）
二、交互主体性教学理念下的学生：学的主体 ………（157）
　（一）思想政治理论课学习主体的概念 ………………（158）
　（二）思想政治理论课学习主体的特征 ………………（160）
三、交互主体性：自由和谐的师生关系 ………………（169）

（一）师生交互主体性的实质 …………………… (169)
　　（二）师生交互主体性的基本特征 ………………… (171)
　　（三）塑造师生交互主体性的前提与意义 ……… (175)

第四章　交互主体性教学的客体：知识 ……………… (179)
　一、交互主体性教学理念下的客体概念 ……………… (179)
　二、思想政治理论课知识客体的基本特征 ………… (182)
　　（一）思想政治理论课知识客体的一般特征 …… (182)
　　（二）思想政治理论课知识客体的特殊属性 …… (197)
　三、思想政治理论课知识客体的与时俱进 ………… (208)
　　（一）当前思想政治理论课客体的基本内容 …… (208)
　　（二）与时俱进：思想政治理论课知识客体的理论
　　　　　品质 …………………………………………… (210)
　　（三）思想政治理论课知识客体与时俱进的根本
　　　　　要求 …………………………………………… (213)

第五章　交互主体性教学的原则、特征、模式与规律 ……… (220)
　一、交互主体性教学的基本原则 ……………………… (221)
　　（一）以人为本原则 …………………………………… (221)
　　（二）个性自由原则 …………………………………… (224)
　　（三）全面发展原则 …………………………………… (227)
　　（四）民主平等原则 …………………………………… (228)
　　（五）关爱学生原则 …………………………………… (231)
　二、交互主体性教学的基本特征 ……………………… (232)
　　（一）师生并重 ………………………………………… (232)
　　（二）育人为本 ………………………………………… (233)
　　（三）回归生活 ………………………………………… (235)

（四）形式灵活 …………………………………… (237)
　　（五）评价科学 …………………………………… (238)
三、交互主体性教学的主要模式 ……………………… (239)
　　（一）主体性教学 ………………………………… (239)
　　（二）研究性教学 ………………………………… (240)
　　（三）专题化教学 ………………………………… (243)
　　（四）实践教学 …………………………………… (243)
四、交互主体性教学的基本规律 ……………………… (246)
　　（一）教学互动律 ………………………………… (247)
　　（二）教师引导律 ………………………………… (250)
　　（三）学生需要驱动律 …………………………… (253)
　　（四）要素互动律 ………………………………… (256)
　　（五）内化外化律 ………………………………… (258)

第六章　交互主体性教学的内在机制 ……………… (260)

一、交往互动：师生构建交互主体性的动力机制 …… (261)
二、解释学循环：师生重叠共识的生成机制 ………… (264)
三、重叠共识：师生理解和接受的客观基础 ………… (267)
四、回归生活世界：理论的检验机制 ………………… (270)
五、接受图式：理论接受的内在机制 ………………… (273)
　　（一）以自我需要为动力源泉的动力系统 ……… (275)
　　（二）以目标为导向的目标系统 ………………… (276)
　　（三）以认识框架为核心的加工系统 …………… (278)
　　（四）以情感为润滑剂的调节系统 ……………… (279)

第七章　开展交互主体性教学的有效途径 ………… (282)

一、目前思想政治理论课教学面临的新挑战 ………… (282)

二、高校开展交互主体性教学的有效途径 …………… (283)
 （一）掌握丰富、完善的知识，提高教学艺术，完善
   教学手段 ………………………………………… (284)
 （二）培育和尊重学生主体性，满足、调节学生自我
   需要 ……………………………………………… (290)
 （三）构建可行的目标导向系统，历史地实现理论
   联系实际 ………………………………………… (294)
 （四）立足学生生活世界，做到"三贴近"，让学生
   亲证理论 ………………………………………… (299)
 （五）优化学生接受系统，提升学生接受、整合和
   加工能力 ………………………………………… (305)
 （六）构建积极的调节系统，实现师生自由和谐的
   交往互动 ………………………………………… (309)
 （七）科学运用网络阵地，构建师生网上思想交流
   平台 ……………………………………………… (315)
 （八）充分发挥各种文化载体作用，增进学生学习
   主体性 …………………………………………… (318)
 （九）全面维护和实现思想政治理论课教师的合法
   利益 ……………………………………………… (320)

结束语　构建交互主体性　师生共筑中国梦 ……………… (323)

参考文献 ………………………………………………………… (326)

后记 ……………………………………………………………… (335)

导　论

　　思想政治理论课教育教学，从本质上从属于意识形态工作或思想政治工作、思想政治教育、思想政治宣传，它们之间存在着不可分割的联系，只不过其侧重点各有不同而已。在我国高校，思想政治理论课肩负着在高校宣传和普及马克思主义理论，推进马克思主义大众化加强和巩固马克思主义、社会主义意识形态阵地的重要职责，发挥着主渠道、主阵地的作用。随着中国改革开放和中国特色社会主义现代化建设进程的不断推进，马克思主义中国化境界不断提升，思想政治理论课更肩负着宣传和普及中国化马克思主义的光荣职责。进入新时代，深入研究和探索思想政治理论课教学的基本规律、根本特点，以科学的教学理念正确处理教学过程中的师生关系，改变传统灌输论基础上的教学模式，提高教学效果，增强实效性，将更好地开展中国特色社会主义理论体系，特别是习近平新时代中国特色社会主义思想的宣传普及活动，有利于加速推进当代中国化马克思主义的大众化。

　　自 20 世纪 80 年代以来，主体性教学理念引起广大教育者的高度重视。主体性教学理念是对"教师主体论"的批判与超越，在经历了"学生主体论"、"教师主导—学生主体论"和"双主体论"等历史形态之后,目前,"交互主体论"成为主体性教学理念自身辩证发展的当代形态。交互主体论教学理念的哲学基础是在胡塞尔交互主体性现象学基础上发展起来的现代接受论、现代解释学(或译"诠释学",或译"释义学")。交互主体论教学理念是现代解释学广泛适用于众多人文社会学科的成功典范之一。目前,无论是国外的学者,还是国内的学者,已经普遍地认识到交互主体性教育教学理念的重要意义。就国内而言,从20世纪80年代末,随着主体性教学理念的确立和深化,交互主体论教学理念也开始逐步深入人心,探讨教学过程中的师生之间的交互主体性成为学术界研究的一个热点和难点,孙发利、吴松、余清臣、包玉山等学者分别从多个角度阐释了交互主体性教育教学理念对变革传统观念的重大历史性意义以及交互主体性教育教学的基本特征,认为交互主体性教育教学理念的创新势必造成对高校思想政治理论课教育教学的巨大冲击[1],交互主体性观念是高校学生思想政治教育必须具备的哲学理念,交互主体性原则的提出是高校思想政治教育观念变革的必然趋势[2]。不难看出,交互主体论方兴未艾,已经成为引领教学实践的新理念。

交互主体论教学理念强调教学过程中师生的交互主体性,改变了对教学本质的传统认识,真正体现了"教学相长"的思想宗旨。客观地看,以德国教育家赫尔巴特为代表提出的"教师主体论"强调教学过程中教师的中心地位和主导作用,认为学生心智的成长健全依赖教师对教学形式、教学阶段、教学内容

---

[1] 余清臣:《交互主体性与教育:一种反思的视角》,《教育研究》2006年第8期。

[2] 包玉山:《略论高校学生思想政治工作的交互主体性原则》,《昭乌达蒙族师专学报》2004年第4期。

的精益求精和定式教导,学生对教师必须保持一种被动状态。这种单纯的灌输式教学视学生为容器,抹杀了学生学习的自主性、积极性、创造性。以卢梭、杜威自然主义、生化观念为基础的"学生主体论",强调学生的成长是一个自然过程,教师不能主宰这一自然过程,结果否定了教师的作用,把教师降到一种辅助性的地位。"学生主体—教师主导论"看到教学在培养和造就学生主体意识、自主性、能动性、创造性等主体性所发挥的重要作用,并深刻地认识到教师依然是教学过程中重要因素的情况下,试图纠正前两种单主体论的偏颇,然而仍旧无法科学地解决教学过程中师生间的相互关系。"双主体论"面临着同样的理论和实践困境,事实上也很难自圆其说。单主体论囿于狭隘的"主体—客体"二元思维模式之中无法自拔,"主体—主导论"和"双主体论"误解和模糊了"主体"概念的真正含义和基本特征,无法科学地处理教学过程中各种复杂要素间的彼此关系,造成对教学本质认识的混乱。尤其是,正如有学者所指出:"这些观点虽有差异,但也有共同之处:都认识到教师的主体性和学生的主体性在教学中的重要性,都强调在教学中要重视学生的主体性的培养和发挥,都主张摒弃传统的把教学过程看作简单的主客体认识过程的观点。但这些讨论还主要局限于认识论范畴来讨论师生的关系。"[①]与此相反,"交互主体论"科学地认识到教学活动本质上是一个"教师—知识—学生"三者交往、互动的复杂过程,是两个主体(教师和学生)对共同客体(知识)通过解释学循环和反复交往形成"重叠共识"的过程,它立足于师生的生活和实践,主张教育教学生活化,即回归生活世

---

① 黄崴:《主体性教育理论:时代的教育哲学》,《教育研究》2002年第4期。

界，而师生在交往互动的过程中形成的交互主体性是这一过程的根本特性。交互主体论把教师和学生视为面对共同客体的平等主体，既创造了自由和谐的教学氛围，又培养了学生学习的自主性、积极性和创造性，达到了培养学生主体性、塑造具有主体意识的合格人才、促进学生的自由个性发展和全面发展相统一的教学目的。尤其是，交互主体性教学强调师生之间的良性互动，真正地体现了"教学相长"的思想宗旨，超越了以往所有教学理念，克服或弥补了它们的缺陷或不足，正确地处理和解决了教学过程中的师生关系。

交互主体论所确立的教学新理念对于思想政治理论课教育教学具有重要的方法论意义。高校思想政治理论课教育教学是宣传和普及马克思主义、推进马克思主义大众化的主渠道和主阵地。不断根据时代特征和马克思主义中国化的历史进程，宣传和普及当代中国马克思主义创新和发展的最新成果，即习近平新时代中国特色社会主义思想，实现中国化马克思主义的大众化，是广大思想政治理论课教师肩负的重要历史使命。新时期高校思想政治理论课教育教学在宣传和普及当代马克思主义研究的最新成果方面虽然取得了较大进展，然而，在实际的教学活动中，教育者往往重视教学内容的灌输，却无视受教育者在教学过程中的主体地位，很少考虑受教育者是否真正愿意接受以及在多大程度上接受了教学内容，客观地造成部分受教育者对思想政治理论课不感兴趣，缺乏理论学习的动力和积极性，不能进行创造性的学习和内化，不能用所学的理论实际地改造自己的思想和行为，导致"学归学，做归做"、知行脱节、授受不一的尴尬状况，甚至对思想政治理论课产生厌恶心理。教育者在教学活动中付出的大量劳动在受教育者身上得不到应有的回报，事倍功半，甚至事与愿违的现象在思想政治理论课教学中现实地存在着。在社会主义市场经济条件下，在国内外环境发生巨大变化的情况下，如何开展思想政治理论课教育教学，增强针对性、实效性，充分发挥其推进中国特色社会主义理论体系大众化的主渠道和主阵地作用，是思想政治理论课教学亟须解决的根本问题，如何进一步改革和创新教学理念和教学机制，不能不引起教育者的高度重视。交互主体论教学理念的提出为科学地理顺思想政治理论课教育教学过程中的师生关系，实现知识的传授与接受的顺利进行，提供了科学依据。思想政治理论课教育教学紧跟时代步伐，紧贴生活实际，具有很强时代性和实践性，交互主体论教学理念的贯彻和实施必须根据思想政治理论课的这些学科特点，深入研究教学活动的交互主体性，探索教师、学生与知识互动过程中的基本规律和基本特征，以全面增强和提高思想政治理论课教学的实效性，大力推进当代中国化马克思主义的大众化。

目前，尽管"交互主体论"业已成为一种新的教学理念，然而许多根本的问题还没有解决，对教学过程中的"交互主体性"的认识还存在着相当多的分歧。我们在批判传统灌输论的基础上，进一步澄清了"交互主体论"的一些根本问题，分析、评述了几种代表性的传统教学理念，揭示了交互主体性教学理念的创新意义、交互主体性教学的内在要素（教师、学生与知识）各自的特征及其关系；分析、总结了交互主体性教学的基本原则、基本特征、基本教学模式和教学规律，揭示了交互主体性教学的内在机制以及开展交互主体性教学的途径。

我们希望通过这些研究，能够给广大思想政治理论课教师提供全新的教学理念，为改善教学方法，创新教学模式，完善教学机制，提高思想政治教育的针对性和实效性，为切实有效地开展习近平新时代中国特色社会主义思想的宣传和普及活动，推动当代中国马克思主义大众化,加强和巩固马克思主义、社会主义意识形态阵地,为全面建成小康社会,建设富强、民主、文明、和谐、美丽的社会主义现代化强国,实现中华民族的伟大复兴,做出自己的贡献。

第一章　思想政治理论教学理念的历史演进

　　思想、观念是行动的先导,教育活动也不例外。教育教学理念或称教育理念、教学理念,是教育的指导思想,是人们在教育活动中对人才培养目标、人才培养方式等基本问题的看法。它是影响和支配整个教育教学过程的核心价值理念,其实质是指教育者基于什么样的哲学价值观科学地认识和把握整个教育教学过程中教育者与受教育者各自处于什么样的地位,以及如何具体地开展教育教学活动,实现教育教学内容顺利地从教育者向受教育者传输,最终达成培育和造就理想人才的目的。教育教学理念不仅直接地影响决定着教育者的整个教学活动、教学方法、教学手段、教学途径、教学模式,而且最终决定着能否培养出教育者所期望的理想人才,即达到教育教学的实效。因此,教育教学理念对始终从事教育教学活动的一线教师来说,具有重大而现实的指导意义。广大思想政治理论课教师肩负着为中国特色社会主义事业培养合格建设者和可靠接班人、为民族复兴培养担当大任的时代新人的特殊使命,在当前随着时代发展,思想政治教育的形势日益严峻的今天,科学地研究教育教学理念,全面地、认真地梳理其发展脉络,不断探索和创新教育教学理念,更具有重要的理论意义和实践意义。

一、传统思想政治理论教学理论:马克思主义灌输论

客观而言,在我们思想政治宣传工作、思想政治理论课教育教学中,我们基本上一直把马克思主义灌输论作为指导思想。科学地考察灌输论产生的根源,及其对教育教学中师生关系的理解和定位,揭示其存在的根本问题,是目前任何思想政治理论课教师不可回避的重要事情。

(一)灌输论的产生根源

灌输理论在马克思主义教育史上具有深远的渊源,甚至在传统的观点看来,构成了马克思主义理论体系本身的重要组成部分。

历史地看,任何理论,尤其是具有特殊理论范畴、逻辑结构、价值理念等复杂内容的体系化、系统化的专门理论,都是专门的理论家、思想家在吸收、借鉴前人优秀思想文化成果的基础上通过专门探索、深入研究而形成和创造出来的。比如,马克思主义就是马克思、恩格斯在广泛地研究德国古典哲学、英国古典政治经济学和英法空想社会主义等基础上,通过全面地继承人类优秀文明成果而创立的关于无产阶级如何争取自身解放和整个人类解放的科学理论,是关于无产阶级斗争的性质、目的和解放条件的学说,是关于自然、社会和思维发展的普遍规律的科学,是系统化的科学世界观和方法论,其基本理论、基本观点和基本方法论,不仅构成了一套完整的科学体系,而且具有专门的理论范畴、逻辑结构和价值理念,特别是其中的

哲学部分、政治经济学部分，更具有高度的抽象性、思辨性，甚至涉及大量的数学计算和逻辑推演。显然，这种具有高度抽象性、系统性的专门理论，根本不是广大非专业人士，特别是整日从事物质生产劳动的广大人民群众或工人阶级、农民阶级所能够轻易理解和把握的。不通过一定的解读、宣传和专门教育，任何高深的理论注定不能发挥其实际的指导作用。

马克思主义的创立者马克思、恩格斯向来非常重视马克思主义对于无产阶级的重要意义。在马克思看来，马克思主义就是无产阶级实现自身解放和全人类解放的"精神武器"。但是，在如何使无产阶级掌握这一"精神武器"，即向无产阶级宣传、教育使其认识、理解和运用马克思主义问题上，逐渐形成了后来影响深远的"灌输论"。让我们具体看看这一理论的产生过程。早在1843年马克思与卢格共同创办、出版《德法年鉴》时，就已经涉及这一问题。马克思为《德法年鉴》撰写了两篇文章，即《论犹太人问题》和《〈黑格尔法哲学批判〉导言》，这两篇文章标志着马克思最终从唯心主义向唯物主义、从革命民主主义向共产主义的转变。在《〈黑格尔法哲学批判〉导言》一文中，马克思强调："哲学把无产阶级当做自己的物质武器，同样，无产阶级也把哲学当做自己的精神武器；思想的闪电一旦彻底击中这块素朴的人民园地，德国人就会解放成为人。"①在此，所谓"哲学"，实际上是马克思所谓的"新哲学"或"新唯物主义"、"实践的唯物主义"，即后来一般所谓的马克思主义唯物史观。即在马克思看来，他所创立的新唯物主义或唯物史观，将成为无产阶级实现自身解放的精神武器。然而，马克思不仅谈到无

---

① 《马克思恩格斯文集》，第1卷，第17～18页，人民出版社，2009年版。

产阶级把哲学当作自己的精神武器,而且还用了一个比喻,即"思想的闪电""彻底击中"的"人民园地"。毫无疑问,用"闪电""击中""园地"这种说法来比喻无产阶级对马克思主义理论的掌握,表明了马克思主义理论对于无产阶级来说是一个外在的东西。当然,除此之外,马克思还有一句经典名言,也涉及理论如何为无产阶级所掌握的问题。马克思说:"批判的武器当然不能代替武器的批判,物质力量只能用物质力量来摧毁;但是理论一经掌握群众,也会变成物质力量。理论只要说服人[ad hominem],就能掌握群众;而理论只要彻底,就能说服人[ad hominem]。所谓彻底,就是抓住事物的根本。而人的根本是人本身。"①在此,马克思用了"理论一经掌握群众"这种说法,显然,这种说法仍然体现为理论原本是外在于群众这种思想。从根本上说,如上所述,专门的理论外在于广大普通群众或无产阶级,不仅是一个客观事实,而且也没有什么值得大惊小怪。在此,马克思不仅没有否认这一点,而且还深刻地阐述了虽然理论是外在的,但它实际上因为自身所具有的特殊理论品质,即理论抓住事物本质的彻底性、归根结底是抓住的人本身的问题的彻底性,能够最终说服人,使人接受。也就是说,在马克思看来,理论掌握群众并不是一个难题,而其是否能够为群众所掌握关于在于理论真实地、彻底地解决了群众自身所需要解决的核心问题。此外,马克思还强调:"哲学不消灭无产阶级,就不能成为现实;无产阶级不把哲学变成现实,就不可能消灭自身。"②从根本上说,马克思的"理论一经掌握群众"和"哲学不消灭无产阶级,就不能成为现实"的说法,还没有摆脱黑格

---

① 《马克思恩格斯文集》,第1卷,第11页,人民出版社,2009年版。
② 《马克思恩格斯文集》,第1卷,第18页,人民出版社,2009年版。

尔"绝对理念"或"绝对精神""外化"的思维痕迹。众所周知，在黑格尔看来，整个世界就是绝对精神或世界精神自我异化及复归的过程，自然界对抽象思维来说是外在的，是抽象思维的丧失，同时也是抽象思维外在地把握自然界，它就是外在化的抽象思维。因此，对于黑格尔来说，异化、外化是整个世界精神运动的根本形式。尽管马克思的"理论一经掌握群众"和"哲学不消灭无产阶级，就不能成为现实"可以视为一种客观的描述，但是，黑格尔"绝对理念"或"绝对精神""外化"的思想影子依然存在。客观而言，在马克思主义真正诞生之际，特别是在其早期，存在这种情况是不足为怪的。但是，随着马克思主义的发展，如何向无产阶级宣传、教育马克思主义就成为迫切需要解决的重要问题，正是在此过程中，产生了"灌输理论"。

最早提出"灌输"范畴的是空想社会主义者德散米。马克思主义创始人马克思、恩格斯高度重视理论的灌输使用。1842年，恩格斯在《英国工人阶级状况》中多次提到"灌输"在思想教育中的作用，当然，"灌输"实际上是统治阶级的一贯做法。例如，恩格斯强调指出："英国资产阶级由于自私自利竟这样冷酷，这样鼠目寸光，甚至不肯花一点力气把现代道德，即资产阶级为了自身的利益、为了使自身保障而炮制出来的道德灌输给工人！"[①]针对爱尔兰移民的问题，他说："爱尔兰移民在这方面所起的促进作用，还由于他们把爱尔兰人的热情而生气勃勃的气质带到了英格兰并灌输给英国工人阶级。"[②]针对资产阶级自身，他强调："资产者局限于自己的阶级偏见，头脑中充斥着别

---

① 《马克思恩格斯文集》，第1卷，第427～428页，人民出版社，2009年版。
② 《马克思恩格斯文集》，第1卷，第437页，人民出版社，2009年版。

人从他年轻时就灌输给他的原则。这种人是无可救药的。"①针对英国小学中的道德教育,恩格斯指出:"一个女教员回答说,她不进行道德教育,但是她尽力向儿童灌输一些好的原则,她在说这句话的时候就犯了一个严重的语法上的错误。"②而在《共产主义在德国的迅速进展》一文中,恩格斯在评论德国画家许布纳尔宣传社会主义的画时,曾说:"这幅画在德国好几个城市里展览过,当然给不少人灌输了社会的思想。"③众所周知,针对恩格斯反复强调的"灌输"概念,马克思并没有反对,相反,特别欣赏恩格斯的这一著作,曾著专文予以介绍。然而,从总体上说,马克思、恩格斯并没有对"灌输"概念作深入的、专门的探讨。事实上,我们也看到,恩格斯对"灌输"概念的运用仅仅是一种客观描述,还谈不上有特别的倾向性,更没有想着使之成为马克思主义理论的重要组成部分。

"灌输"概念被强化,从而演变成马克思主义理论中的重要内容,从历史事实上来说,得益于考茨基、普列汉诺夫、列宁等人的推进。正是这些人的持续推进,灌输论正式成为马克思主义理论中的重要组成部分。在我们党的历史发展过程中,"灌输"一直是加强思想政治教育、思想理论宣传的重要手段,对党巩固和团结队伍、完成中国革命和建设的历史使命发挥着不可估量的历史作用。

---

① 《马克思恩格斯文集》,第 1 卷,第 439 页,人民出版社,2009 年版。

② 《马克思恩格斯全集》,第 2 卷,第 487~488 页,人民出版社,1957 年版。

③ 《马克思恩格斯全集》,第 2 卷,第 590 页,人民出版社,1957 年版。

（二）传统灌输论视域下的师生关系

以马克思主义灌输论为主导的高校思想政治理论课教育教学或大学生思想政治教育,其贯彻的核心教学理念实际上就是单一主体论的教师主体论。也就是说,整个教育教学活动本质上都是教师主导、管理、支配下的活动,而学生则是教师教育教导的对象或客体。在此,教师是主体,学生是客体,教师和学生构成了教育教学中的主体—客体关系。按照,这种教学理念,学生就是教师培养、加工、改造的对象,而成功的教育就是顺利地把学生培养和造就成了党和社会主义事业的合格建设者和优秀接班人。

1. 关于师生的几种形象比喻

以马克思主义灌输论为精神实质、以教师单一主体论为核心教学理念的传统思想政治理论课教育教学,使学生成为教育教学活动的客体,成为教师自觉塑造、加工、改造的对象,因而也处于完全消极、被动的境地。对于这种处境中的教师与学生而言,有五个非常形象的比喻能够全面地、恰如其分地来概括,这就是:一是"父母"与"听话的乖孩子",二是"慈母"与"嗷嗷待哺的孩子",三是"饲养员"与"等待喂食的鸭子",四是"工人"与"需要加工或锤炼的材料",五是"打铁匠"与"需要锤打的材料"。

（1）"父母"与"听话的乖孩子"

毋庸讳言,仿佛自古以来,在中国传统文化中就形成了一个深远的文化传统,即我们对孩子的培养和教育就是使他成为一个"听话的乖孩子"。"听话"就是"乖孩子"的标准,我们就是这样习惯地运用这一标准到处套用,认为它具有最广泛的价值,能够为我们培养出最优秀、最可靠,当然也最听话的接班人。孩子听话不仅使我们的话语或意志得到了很好的贯彻,而且因为听话的孩子不惹事,使我们作为家长的同时也省心很多。多少年来,我们一直没有质疑过这一教育方式是否会存在问题。不言而喻,任何一个人,无论后来怎样,他刚来到这个世界上的时候,对周围的一切都是极为陌生的,根本不可能有任何的认识,更不可能对极端复杂的社会生活和人情世故有深刻的认识。作为父母,谁也不愿意自己无知的孩子在生活中受到任何的伤害,然而孩子却从来没有考虑那么多,他们完全根据自己的天真的而在大人看来就是"极端幼稚"的想法去触摸或对待周围的事物或人,结果会造成不必要的伤害。在此情形下,父母告诫孩子要听话,不仅是应该的,而且是必要的。而这时,稍有意识的孩子也理应自觉地听从父母的告诫,要听父母的话。因为在这个时候,孩子毕竟对周围的事物缺少自觉的、理性的思考。因此,在一定的人生成长阶段,"听话"不仅是应该的,而且是必须的,只有如此,一个人才能避免成长过程中不必要的伤害,才能顺利地成长起来。因此,要求孩子"听话",对他们进行"听话"的教育,本身具有合理性。然而,如果把这种在孩子成长的一定阶段所具有的合理性无限制地放大,把它弄到了"不适当"的程度,就会成为一种"极端错误"的教育观念。事实上,我们不仅在自己的家庭里接受亲着父母让我们"听话"的教导,而且来到学校,来到社会,处处都能听到让我们"听话"的教导。因此,一些人做思想政治教育工作,没有充分地考虑孩子在不同的成长阶段所具有的成长规律和心理特征,图简单省事,一味地要求他们"听话"。他们每天表情严肃,不给孩子们好脸色,好像孩子不听话就是对他们的大不敬。结果是,"不听话"的孩子、竟敢质疑老师的学生、顶撞领导的部下、冒犯上司的下属都不招人喜欢。这种教育观念影响至深,以致我们现在教育孩子时一直在片面强调"在家听父母的话"、"到学校听老师的话"、"进单位听领导的话"等等。实际上,对日益成长起来的青少年,特别是青年大学生,片面强调让他们"听话",就是思想政治教育者过分懒惰的表现,就是让已经学会独立思考的他们不假思索地接受父母或教师所信仰或信奉的思想文化观念、生活习惯、生活方式或价值标准,而学生就是在这种"听话"而受到表彰、赞赏的过程中默认、习得和传承了父母或教师所认同或接受的一切。客观而言,一般情况下,"听话"的孩子或学生最能信仰、奉行父母或教师所教授、教育的东西,因为他们不假思索就"接受"了这些东西,那么,他们或者真正地喜欢,或者还没有产生反感。但是,一旦这些日益成长起来并学习了独立思考的青年大学生逐渐地确立了自己独立的自觉意识,开始反思这种因"听话"所接受的东西时,他们就有可能质疑甚至否定它们,因而最终成为对他们的父母和教师所传授的一切"东西"的反叛者,而这是根本的反叛。因此,从根本上说,我们不能一味地片面要求孩子或学生"听话",相反,要自觉地培养他们的自觉意识、主体意识和反思意识,使他们在认识、学习的过程中就能够通过自己思考、理解而接受所要学习的内容。只有这样,才能真正达到思想政治理论课教育教学的最终目的。因为只有这样才能培养造就出社会主义事业的真正合格建设者和可靠接班人。

(2)"慈母"与"嗷嗷待哺的孩子"

把学生比喻成孩子,这是年龄稍长些的教师具有的普遍心理。从某种意义上说,学生往往正处于青春年少之际,表现出强烈的求知欲,很像处于婴儿状态中嗷嗷待哺的孩子。正如看到自己的嗷嗷待哺的孩子一样,看到如饥似渴地求知的学生,很多真正关心学生健康成长、迅速成长且上了些年龄的教师,特别是具有慈母情怀或慈母心肠的女教师,就尤其能够表现出母性来。在这种心理作用下,把学生看成孩子,特别是看成自己的孩子,不仅在情感上显得理所当然,而且也成为一种职业上的"必需品"。这也是很多教师在畅谈自己的教育教学心得时所强调的:要把学生跟自己的孩子一样看待。这不仅彰显了这些教师的高尚的职业道德修养,而且更彰显了人类崇高的人文关怀。

把学生视为"嗷嗷待哺的孩子",无疑把自己视为能够哺育孩子的母亲。这种形象的比喻的潜台词是,母亲拥有哺育孩子的"乳汁",它是孩子健康成长的"必需品",而这等同于教师实际地拥有或掌握着能够使学生思想、心理健康成长所必需的知识,特别是马克思主义的科学理论,能够帮助学生树立马克思主义科学的世界观、人生观和价值观,能够帮助学生学习和运用马克思主义的立场、观点和方法分析他们在生活中所遇到的各种复杂的社会现象、思想现象,从而健康地成长为党和社会主义事业的合格建设者和优秀接班人。客观而言,马克思主义作为科学的理论,是学生健康成长过程中必须掌握的知识,如果牢固地树立了马克思主义科学的世界观、人生观和价值观,能够科学地、熟练地运用马克思主义科学的立场、观点和方法分析和解决各种具体问题,那么,这对学生来说无疑是非常有意义的。但是,我们必须明白,这种把学生比喻成"嗷嗷待哺的孩子"的做法,从根本上取消了学生自觉认识和把握马克思主义的自主权。"嗷嗷待哺"的比喻虽然表达了学生强烈的求知欲望,但它表现的毕竟更多的是孩子的自然需要,在很大程度上还不是一种更高级的精神需要,如学习马克思主义的理论需要。马斯洛曾强调:"越是高级的需要,对于维持纯粹的生存也就越不迫切,其满足也就越能更长久地推迟;并且,这种需要也就越容易永远消失。"①客观而言,对于理论学习来说,学生所表现出来的需要往往是很有限的,并非如婴儿饥饿状态下的"嗷嗷待哺",相反,只有达到了一定的自觉的时候才会出现。我们对学生开展马克思主义理论教育,从根本上说,并非出于学生的自愿,而只是出于我们为培养和造就党和社会主义事业的合格建设者和可靠接班人这一根本目的。在此背景下,仅仅用"嗷嗷待哺的孩子"来比喻学生,显然只是我们的一厢情愿。

事实上,我们如今不能盲目地坚信学生就如同我们自己的孩子,只要我们向他们输送了他们健康成长的"必需品",他们注定能够成为我们所期望的人才。虽然我们一时还无法彻底消除把学生视为自己的孩子的情结,但我们最好还是把学生视为我们的朋友为好,视为平等交流、交往的对象为好。特别是,高校思想政治理论课教育教学,所涉及的绝非都是些年龄较小的青少年,还实际地包括那些硕士研究生、博士研究生,而他们不仅年龄一般都比较大,而且具有了一定的社会阅历,形成了比较成熟的思想观念。更有甚者,他们与自己的老师年龄相当,甚至还年长。显然,在开展高校思想政治理论课教育教学时,把学生比喻成"嗷嗷待哺的孩子",不仅是不合适的,而且简直成为笑话。

(3)"饲养员"与"等待喂食的鸭子"

如果说把学生比喻成"嗷嗷待哺的孩子"充分彰显了教师

---

① 马斯洛:《动机与人格》,第114页,华夏出版社,1987年版。

关怀学生健康成长的慈母情怀,那么,把学生比喻成"等待喂食的鸭子"就无形之中把教师比喻成了养鸭场的"饲养员",而这所表达的恰恰是"饲养员"在完成自己的职责,即给"鸭子""喂食"。换句话说,就是教师在完成自己的教学任务,履行自己的教育职责。

毫无疑问,现代学校教育与中国传统的私塾教育已经有了天壤之别。中国传统的私塾教育基本上都是师傅与徒弟在讲授古典文献过程中通过言语交流和问答中进行的,这种交流与问答不仅是自然的,而且没有一定的时间限制,只要问题存在,完全可以彻夜长谈,甚至就一部经典开展连年累月的研习。因此,治什么经或学问,往往是一些学者成为社会名流的根本途径。众所周知,一方面孔子曾经读《易》而致"韦编三绝",即编联竹简的熟牛皮就断裂多次;另一方面孔子的弟子与他的交流往往带有很大的随意性、日常生活性,即往往都是就生活中发生的现象而展开讨论。可以说,这就是中国传统私塾教育的特征,这种特征与现代规范化、制度化的教育已经格格不入。毫无疑问,现代学校教育,尤其是目前中国高校教育,已经成为一种制度化、规范化、系统化的教育,任何教师都必须遵循国家各项教育法规、各级教育行政部门文件精神以及学校各项教学管理规定,要严格按照所开课程教学大纲的要求,撰写完整的教案、系统的讲稿,在规定的教学时间内向学生清楚、全面地讲解课程规定的内容、重点和难点,批改学生作业,进行辅导答疑,指导论文写作和实践、实验、实习活动。在教学过程中,既要全面驾驭课堂,把握好语气、语调,吸引学生积极参与课堂,又要科学板书,既要控制好课时安排,把握好教学进度,又要熟练操作课件,把握好课堂时间,如此等等,这些都是教师必须全面考虑的问题。显然,在此情况下,在规定的课时内完成教学任务,就成为许多教师面对的首要问题。

正是鉴于完成教学任务的压力,许多教师,或者因为对教学厌恶或缺乏热情、耐心,或者因为迫于科研压力,把教学视为负担;或者因为其他的因素,如,认为只要多给学生讲些知识,对他们会有好处,就干脆把学生视为"等待喂食的鸭子",采取"填鸭式教学"。毋庸置疑,"填鸭式教学"虽然看似与灌输式教学存在着一定的区别,然而其实质是相同的,归根结底,都是强迫学生被动地接受教学内容。显然,把学生视为"等待喂食的鸭子"就是"填鸭式教学"的思想根源,而这无疑使教师自己成为"饲养员"或"喂鸭人"。在此过程中,真正说来,无论是教师或学生,都没有真正的自主、自由:教师受制于教学任务,而学生被动接受教学内容。

(4)"工人"与"需要加工或锤炼的材料"

目前,教学的产业化发展使得不少教育行政部门、高校教育管理者和教师形成了一种"错误"的共识,即整个高校就是各种"加工厂",每年招收的大学生就是"需要加工的材料",通过学校专业教育这一特殊的加工处理过程,学生就成为整个各专业领域所需要的"商品",一个高校办得怎么样,关键看它生产出来的"产品"是否满足社会的需要,是否适销对路,质量是否合格。然而,这种把高校比喻成"加工厂"的错误观念,无疑把"教师"视同为"工人"。

严格地说,"工人"与"需要加工的材料"的比喻虽然非常形象地刻画了教师对学生的培养并使之成才这一过程,然而这种比喻也从根本上使这一过程片面化、歪曲化。显然,从"需要加工的材料"到"成品"或"产品",即满足人们或社会某种需要,因而具备特殊作用的物品,也能够说明高校教育教学,特别是专业知识、专业技能教育教学对学生成长、成才所具有的决定性意义。但是，一个学生的健康成长显然不仅仅在于培养和训练出一定的专业素养，更在于他本身是一个完整的人，是一个专业素质、心理素质、人文素质等聚集而成的具有综合素质的人。侧重于专业素质、专业技能的培养和训练的高校教育显然不能塑造出来具有综合素质的合格人才，因此也不能很好地满足整个社会的需要。而且，从根本上说，把高校视为"加工厂"，把教师视为"工人"，把学生视为"需要加工的材料"，无疑，无论是教育行政部门、高校教育管理者、教师，还是学生，都丧失了人文精神，教育行政部门成为"社会教育企业的宏观管理者"，高校教育管理者成为"教育企业家"，教师成为"教育企业生产战线上的一线工人"，学生成为"生产流水线的产品"。特别严重的是，作为"工人"的教师，只要按照规定的生产标准、规格要求、操作程序完成自己的加工过程就算完成任务，因此，教师实际上根本没有自己在教育教学方面的独立创造；与此同时，作为"需要加工的材料"或最终的"成品"、"产品"的学生，在整个教育教学的过程中，就根本没有自己独立的个性发展，一切都被忽视、漠视。毫无疑问，在此情况下，学校偏重于安全生产，教师偏重于完成自己的生产任务，而学生则最终成为同一个生产模具加工出来的"产品"。换句话说，无论是教师，还是学生，注定成为纯粹的无主体性的人。教师在教育教学的过程中毫无创造性可言，而学生则毫无个性可言。归根结底，这种把教师比喻成"工人"、把学生比喻成"需要加工的材料"的教育教学完全抹杀了师生的主体性。

如果说这种比喻运用于非思想政治理论课的专业教育教学还勉强能够说得过去，那么，用这种思想来教育、培养学生显然是错上加错。思想上的问题需要思想来解决，如果把思想教育、心理教育等涉及思想、精神、心灵的问题简单化、片面化，不仅达不到希望的效果，而且势必造成恶劣的后果。显然，按照统一的模子生产出来的学生，只可能是思想僵化、思维单一、心灵封闭的学生。也就是说，通过专门化的思想教育、教导，看似使他们接受了马克思主义，但他们接受的注定是教条式的马克思主义，而不是马克思主义活的灵魂，不是马克思主义科学的世界观和方法论。众所周知，马克思、恩格斯都非常反对教条式地理解马克思主义，认为这没有抓住马克思主义的精神实质。因此，我们的高校思想政治理论课教育教学或大学生思想政治教育绝不能简单地把学生视为"需要加工的材料"。同样，从根本上说，这种把学生比喻成"需要加工的材料"的做法与传统灌输式教学存在着内在的关联。

（5）"打铁匠"与"需要锤打的材料"

多年来，我们秉承为党和社会主义事业培养和造就合格建设者和优秀接班人的历史使命，开办社会主义大学，加强高校思想政治理论课教育教学和大学生思想政治教育工作，巩固高校马克思主义的意识形态阵地。在这种强烈的历史使命中，我们实际上牢牢地确立起了一种教育理念，即我们的一切工作都在于"造就"或"打造"一批人才。例如，我们经常说要"打造"一批人才队伍。然而，"造就"人才如同"打铁匠"对经过火炉煅烧之后的铁块的"打造"、"锻造"。显然，在这种培养和造就人才的过程中所确立的师生关系就类同于"打铁匠"与"需要锤打的材料"之间的关系。

毫无疑问，在打铁匠面前，不成型、不规则因而不成器的铁块不仅需要烈火的煅烧，而且需要不断的"锤打"，这在于只有如此，才能一方面使不成型、不规则的铁块最终打造成所需要的器物或器具,而且也只有这种不断的"锤打",才能使其清除掉杂质从而更加坚韧。把教师比喻成"打铁匠",把学生比喻成"需要锤打的材料"或"铁块",就在于强调学生本身在成长的过程中,一方面他们必须不断地加强其专业知识的学习、专业技能的培训、专业素养的养成、坚强意志和健康人格的塑造,另一方面还必须不断地把自己身上的缺点、毛病清除和改掉,不断弥补自己的不足、缺陷或短处。特别是对于培养和造就"又红又专"的高级人才来说,这种比喻显得恰切。因为,所谓"又红又专",就在于既具有较高的专业知识、专业技能、专业修养,又在于思想、立场、信念上无比坚定。毫无疑问,这种比喻在说明不断地、全面地开展思想政治理论课教育教学、大学生思想政治教育并充分发挥其培养人、塑造人这个问题上具有很强的说服力。

但是,这种比喻无视学生自身的内心世界和心理需要,只是简单地把学生作为培养和加强教育的对象,因此从根本上抹杀了学生自身积极追求和探索思想理论,特别是马克思主义理论的内在动力和愿望,抹杀了学生的学习的主体性,更阻碍了学生的自由全面发展。显然,这样培养和造就出来的就是一批缺乏独立人格、独立思考的人才。

2. 传统灌输论视域下师生关系的基本特征

上述对师生的几种形象比喻由于其侧重面或侧重点不同,因此各有所指,都深刻地揭露了传统思想政治理论课教育教学或大学生思想政治教育所存在的根本性问题,虽然我们在各个比喻之下初步分析了其弊病,但概括说来,它们都与传统灌输论存在着千丝万缕的联系,甚至都是从不同角度对传统灌输论的体现。如果综合地考虑这些形象比喻的背后,我们就能够发现传统灌输论视域下的师生的关系具有以下基本特征。

（1）师生地位不平等

无论是把教师比喻成"父母"、"慈母"、"饲养员"，还是"工人"、"打铁匠"，显然，传统灌输论视域下的师生关系是不平等的。总体而言，教师处于整个思想政治理论课教育教学或大学生思想政治教育的绝对权威的地位，而学生则处于被接受教育或改造的地位。

所谓教师处于绝对权威的地位，就在于教师是整个思想政治理论课教育教学过程的发起者、主导者、支配者、操纵者，学生是整个教育教学的对象，教师不仅实际地支配着整个教育教学过程，而且掌握着学生所不知道的马克思主义思想理论或党的大政方针、最近的政策形势，只有通过教师的讲解，学生才能顺利地认识、掌握思想政治理论课教科书内的理论体系、知识要点、重要范畴、概念的精神实质，而学生如果没有教师的这番功夫，甚至连皮毛也无法了解和掌握。因此，从整体而言，学生只有接受教师的教育、教导，才能树立起马克思主义科学的世界观、人生观和价值观，才能成为党和社会主义事业的合格建设者和优秀接班人。这种教学理念不仅完全取消了学生积极学习的可能性，而且完全抹杀了学生的独立人格和尊严。目前，虽然对"一日为师，终身为父"这种传统儒家私塾教育观念不再一贯地坚持或奉行，甚至教师的绝对权威地位也发生了某种程度上的动摇，但是，教师与学生处于不平等的地位，不仅是一个客观事实，而且还是一个一时难以消除的普遍现象。客观而言，维护"师道尊严"的传统文化虽然在当今社会还具有一定的合理性，但它却往往遭到曲解，成为一些教师至今依然高高在上、不愿亲近学生的思想根源。

这种根源于传统灌输论的师生地位不平等现象实际上已经不符合时代发展的潮流和趋势,当今社会随着人们主体意识的觉醒,学生对自己的独立人格和自由全面发展意识的增强,人们迫切地要求改变这种不合理、不科学的现象。

(2) 师生关系不和谐

师生地位和人格的不平等注定造成师生关系不和谐。和谐的师生关系本质上是师生彼此互动的结果。但是,传统灌输论把教师确立为整个教育教学活动的权威,学生只有受教育、教导、教训甚至训斥的份,而没有质疑、反诘、辩驳、否定、拒绝的份。因此,这种情况下,师生的关系虽然在师道尊严的传统下维护了一定的稳定性,即学生对教师处于绝对的听从、遵命或听话的状况,但这种稳定性并不是和谐。

稳定并不是和谐,只是说稳定只是一种固定性或不变动性。然而,单向的稳定性、固定性只是由处于绝对权威地位的教师所决定,它是靠学生对教师的服从为前提和条件的,换句话说,它是以学生对教师所讲授、传授的教学内容的绝对信仰或盲目信仰为前提和条件的。显然,这种由绝对服从、绝对信仰甚至盲目信仰下所维护的师生稳定关系只存在一种虚假的稳定性,一旦学生意识具有自觉的主体意识,开始反思、质疑甚至批判教师所讲授、传授的内容,认为其存在着虚假性、欺骗性,那么,这种单向的稳定性显然经不起挑战。当然,如果学生一直迷信教师及其所讲授内容,这种稳定性就会造成僵化的师生关系,在这种关系中虽然实现了知识从教师向学生的传输,但学生也只是教师的弟子、影子或者复制品,也没有任何创造、创新可言。

严格地说,单向的、僵化的师生关系根本不能实现知识或理论的创新发展,单纯接受灌输的学生只可能被动地承认所灌输的东西,在维护理论权威的前提下,他们没有资格和机会进行反思、质疑甚至否定、批判。因此,这种单向的、僵化的师生关系虽然稳定,但缺乏真正意义上的和谐,即缺乏师生在教与学的过程中的良性互动。显然,真正和谐的师生关系能够推动师生良好地互动,能够鼓舞和促进师生针对教育教学过程中出现的各种疑难问题展开自由的讨论或辩论,从而不断地改善教学状况,促进人们对知识的创新和发展。事实上,这一点尤其对应高校思想政治理论课这样讲授马克思主义思想理论的课程。因此,人们对思想理论认识、理解、接受和信仰,本身是一项非常复杂的过程,单纯靠灌输使学生不容置疑地接受并信仰,显然是不可能的。

(3) 师生关系不自由

尽管传统灌输论赋予教师在思想政治理论课教育教学活动中的绝对支配权,因此教师成为唯一的主体,他们有权将党和教育行政部门规定的教学内容灌输给学生。但是,真正说来,无论是教师还是学生在师生关系问题上并没有真正的自由,即这种师生关系本身并不由师生决定,相反,取决于师生关系之外的力量。

如果说在向学生灌输马克思主义理论或思想政治理论课教学内容这个环节上教师拥有着绝对的权威、主动性或自由,但理应看到教师在做这些事情的同时,他们实际上受外在的党和政府所赋予的培养和造就党和社会主义事业合格建设者和优秀接班人这样的历史使命的"支配",受国家和学校的各种教育管理规章制度、教学大纲、教学计划、教学任务、教学模式、教学时数、教学手段等各种因素的制约和支配。特别是,以灌输式教学为主导的僵化教学理念一旦控制了教师的思想和心灵，使得他们的教育教学活动只能靠遵循普遍公认的教学模式进行而不容自己反思、质疑或改变时，他们就更为不自由。因此，从根本上说，这实质上是造成很多高校思想政治理论课在开展教育教学时为什么手脚受到束缚，不敢大胆创新教学方法、教学模式、教学体系的根本原因。不出风头、不犯错误成为许多高校思想政治理论课教师恪守传统灌输论、沿袭传统教学模式、按部就班开展自己的教学的心理原因。但是，归根结底，无论是教师还是学生，在整个高校思想政治理论课教育教学活动中，他们实际上都没有享受到真正的自由。

师生关系的不自由严重地影响和制约着高校思想政治理论课教育教学效果的改善和提高，阻碍了教师和学生不断地互动协调师生关系的可能。

二、目前对马克思主义灌输论的认识

马克思主义灌输论影响深远，迄今依然在发挥着作用，目前无论是教育行政管理部门还是高校教育管理者，也无论是教师还是学生，都笼罩在灌输论的"阴影"之下，虽然人们对灌输论已经存在着一定的反思，但从根本上改变局面似乎还很难。事实上，一方面我们必须揭示灌输论的实质及产生的理论根据，另一方面要通过分析、评述当前学术界、教育界对灌输论的不同态度，全面地审视和评判灌输论的功过与得失，从而对灌输论做出客观的评价。

（一）灌输论的实质与根据

全面地揭示灌输论的精神实质和理论根据，能够为我们客观地评述其功过与得失奠基必要的认识基点。而且,从某种意义上说,只有深刻地认识到灌输论的精神实质,揭示其产生的深层的理论根据,我们才能根据时代和实践的发展,从更科学的教育教学理念评判其功过与得失。

1. 灌输论的实质

就本义而言,所谓"灌输",是指把水、油等液体向一个容器内灌注、输入、输送或注入的活动。然而,如果把"灌输"运用到思想政治理论的教育教学中,那么,它就只是一种形象的比喻而已。

"灌输"作为一种形象的比喻,在思想政治理论课教育教学或思想政治教育工作中,就是教育者通过各种具体方法、途径,把一种知识、思想理论、价值观念、信仰甚至生活习惯、风俗等等输入受教育者的思想意识之中。但是,把人们思想、理论或观念的形成视为一种外在东西的被动灌输、输入,而不是人的自觉、主动的选择和吸收,显然这种思想根源于古希腊著名哲学家柏拉图的"理念论"。众所周知,柏拉图通过著名的"洞喻"说明存在着两个世界:理念世界和可感世界。所谓可感世界是我们凭借感官能够直接感觉的世界,而理念世界是只有通过我们的理智才能把握的世界。在他看来,理念世界具有真实性,而可感世界则是虚幻的、不真实的,理念世界里的理念是单一的、完满的、不生不灭的、永恒的,而可感世界里的事物是众多的、残缺的、变动不已的、暂时的,一句话,理念具有绝对性,事物具有相对性。不仅如此,柏拉图的理念论其核心的思想还在于他坚信理念是可感事物的根据,可感事物则是理念的派生物,即事物只是对理念的"分有"和"模仿",是理念的"摹本"。换句话说,可感事物自身的某种程度上的真实性根源于外在的理念。也正是以此观念为基础,柏拉图提出他的学习观,即著名的"回忆说"。一方面,他把理念视为人在出生之前就已经注入人的灵魂之中的东西;另一方面,他强调所谓学习就是灵魂对理念的回忆。苗力田等人强调:"总起来说,柏拉图的回忆说具有浓重的神秘色彩,与宗教神学难解难分,是以古希腊传统的灵魂不朽的观念为基础的。另一方面,它把知识的源泉从外部对象转移到心灵自身,可以被看作是关于普遍必然知识来源问题的一次虽然幼稚却不失为具有重大意义的尝试性解答,是人类对自身认识结构的拓荒。"①但是,应该看到,如果追根究底,柏拉图的知识源泉却是来自理念世界的理念,即归根结底,人的知识依然是由外输入到人的心灵之中的。这种思想实际上是灌输论的思想渊源。

多年来,由于人们普遍地认为马克思主义形成了一套科学的灌输理念,并坚信马克思主义灌输论是马克思主义理论体系的重要组成部分,因此,特别相信甚至"迷信"灌输论在马克思主义宣传、普及教育中的特殊地位和重大功能,认为灌输是无产阶级政党加强和巩固马克思主义意识形态阵地,团结和教育广大无产阶级或工人群众,宣传、普及党的路线、方针、政策的最基本原则和方法,同时也是我们党在宣传工作中形成的重要历史经验。事实上,这只是一种误解,灌输论本身存在着不可克服的缺陷,随着时代发展和人的主体意识的觉醒,显然,这种缺陷已经暴露得越来越明显。

2. 灌输论的根据

思想政治理论课教育教学或思想政治教育,从根本上区别

---

① 苗力田、李毓章:《西方哲学史新编》,第67页,人民出版社,1990年版。

于数学、物理学、化学、生物学、天文学等自然科学,甚至经济学、社会学等实证性社会科学的教学。

　　数学、自然科学是以自然界中的客观对象为教育教学内容,而实证性社会科学虽然仍然奠基于某一种社会价值观念之上,但它们更多地侧重于客观社会事实,所得出的结论具有一定程度上的客观性。与上述学科相反,思想政治理论课教育教学其实质是思想政治教育,其教育教学内容具有鲜明的意识形态性或阶级性,因而是为特定的阶级利益、政治集团或政党服务的,所体现的是特定阶级、政治集团或政党的意志、目的或价值取向。因此,思想政治理论课教育教学或思想政治教育是任何一个国家、阶级、政治集团或政党为了实现和维护自己的利益而必须进行的活动。这在于,只有通过不断加强和巩固自己的队伍和阵地,为自己培养和造就事业的优秀接班人和合格建设者,才能长期地巩固和实现自己的利益。就思想政治理论课教育教学、思想政治教育来说,因为其教育教学内容鲜明地体现着阶级利益、意志、目的或价值取向,因此它本身具有鲜明的倾向性,与数学、自然科学甚至实证性的社会科学存在着巨大的差异。在这里,最为核心的问题是,其所教育的内容是否具有科学性、客观性或合理性。显然,在人类社会发展的各个历史阶段,尤其是欧洲中世纪,不同的统治者向民众所宣传、普及甚至强迫接受的意识形态,往往谈不上什么科学性、客观性、合理性,相反,总是用欺骗、愚弄人的所谓种种理论,特别是宗教神话,如君权神授等统治人民,而容不得人民有一丝的质疑与反抗。然而,作为共产党人所从事的思想政治教育,其教育教学内容,即马克思主义或中国化马克思主义,却体现着科学性、客观性、合理性与意识形态性、阶级性、价值性的辩证统一。马克思主义深刻地揭示了人类社会发展的一般规律,为人类社会历史的发展指明了前进的目标和方向,对于世界各族人民创造美好幸福生活具有重大理论意义和现实意义。按照马克思主义理论的指导,不断结合中国革命、建设、改革不同历史阶段的基本国情、客观形势、时代特征、实践要求而创造性地继承和发展马克思主义,实现马克思主义中国化,并用中国化马克思主义理论教育和培养中国特色社会主义事业的合格建设者和优秀接班人,不断推进中国特色社会主义伟大事业不断前进,不仅是必需的,而且是刻不容缓的。积极开展好高校思想政治理论课教育教学和大学生思想政治教育工作,可以说是时代赋予广大高校思想政治理论课教师和思想政治教育工作者的神圣而光荣的使命。

但是,尽管马克思主义思想政治教育具有科学性、客观性与合理性,也是形势的必须与使命,其所坚持和贯彻的教育教学理念,即"灌输论",却长期受到质疑与挑战。进入新世纪、新时代以来,以"灌输论"为主导的高校马克思主义思想政治理论课教育教学或大学生思想政治教育工作受各种社会上各种因素的影响,不同程度地受到了冷落,陷入了困境。

(二)对待灌输论的各种态度与实质

随着马克思主义宣传教育,特别是高校思想政治理论课教育教学、大学生思想政治教育实践的不断深入,人们逐渐发现,随着改革开放的深化,人们的思想观念呈现多元化发展,无论是随着国门开启而涌入社会政治、哲学、文化、经济等领域的各种新鲜思潮,还是随着我国已经从传统社会向现代社会转型,中国以儒家价值观念为核心的传统思想文化、伦理道德观念,都实际地与我们党和国家奉为思想和行动指南的马克思主义理论形成了彼此冲突、较量的态势。这种情势的出现,完全超出了广大高校思想政治理论课教师或大学生思想政治教育工作者的想象，结果是思想政治理论课教育教学或思想政治教育工作出现了前所未有的新境遇、新形势、新问题、新矛盾。正是在这种历史背景下，人们对传统马克思主义"灌输论"能否还继续奉为思想教育的战无不胜的法宝就产生了困惑、怀疑，广大高校思想政治理论课一线教师、大学生思想政治教育一线工作者对马克思主义"灌输论"自身的科学性、合理性及实际的功能进行了重新认识、重新评价。可以说，这场重新认识和评价的活动，甚至可以称之为马克思主义思想政治教育或思想政治宣传领域里的一场运动。说其是运动，是因为它涉及的面广、参与的人多，即全国上下从小学、中学到大学，从本科生、硕士生到博士生，从普通群众、普通干部到党的高级干部，如此等等，而且持续的时间长，至今依然在进行。显然，这场对"灌输论"的重新认识和重新评价，不仅将不断地深化对"灌输论"本身的认识，而且还有利于人们全面地理解和把握马克思主义思想政治教育本身的认识。

就目前而言，如果对学术界的观点进行初步的梳理，我们大致上可以归纳出以下三种代表性的观点或态度：一是对"灌输论"的强化与辩护；二是对"灌输论"的弱化与修改；三是对"灌输论"的批判与扬弃。具体叙述如下。

1. 强化与辩护

客观而言，迄今依然有不少学者充分地肯定马克思主义灌输论在思想政治教育、思想宣传工作或思想政治理论课教育教学中的重要作用和重要地位。

毫无疑问，这些学者在实际教育教学工作中确实认识到传统灌输论已经遇到了不少挑战与困难。例如，王颖强调目前灌输环境已经发展深刻变化,呈现复杂化趋势,在全面分析当今国际、国内形势之后,她承认:关于灌输在思想教育理论体系中究竟是原则、方法任务还是本质,思想政治教育到底要不要坚持灌输论?尤其是在马克思主义灌输论既面临着"国际环境的变化、社会发展的转型、党员数量和结构的发展、信息技术的运用、社会思潮的涌动"五大考验,同时还存在着一元与多样的冲突、理论与实践的反差等矛盾,因此,迫切需要予以理论回应和理论探讨。① 特别是,随着素质教育观念的提出,如何全面地培养学生的综合素质,特别是独立人格、主体性等问题提到教育者面前,这就给传统灌输论带来更大的挑战。例如,包晓峰、衣永红指出:"在提倡素质教育的今天,'灌输'一词显然让许多人觉得看来扎眼,听来刺耳,它几乎成了强制教育的同义词。因此,批判之声不绝于耳,即使一些思想政治教育工作者,在如此大环境下,对灌输的态度也是扭扭捏捏、欲迎还拒。"②但是,在他们看来,这些挑战和困难并不足以否定灌输论,相反,恰恰需要不断地强化和维护灌输论的地位和作用,确保其发挥强大的功能。

客观而言,强化灌输论者基本上都是灌输论是马克思主义重要组成部分、马克思主义灌输论是马克思主义加强和巩固意识形态阵地、是思想政治宣传工作和思想政治理论课教育教学的指导思想这些观念的坚信者和拥护者。例如,曾汉君、何少群强调:"新的历史时期,坚持马克思主义灌输理论,加强马克

---

① 王颖:《重新开启思想政治教育与灌输的关系研究》,《思想政治教育研究》,2017年第12期。

② 包晓峰、衣永红:《灌输教育的"实然"与"应然"——对思想政治教育灌输理念合法性的深入解读和理性重构》,《理论界》,2013年第5期。

思主义理论教育,加强社会主义核心价值体系的宣传教育,是保证我党马克思主义政党性质的必然要求,是巩固我党执政地位的必然选择,是保持我国社会主义发展方向的必要保证,也是全面建设小康社会和构建社会主义和谐社会的客观要求。"①再如,张靖、毛莹莹认为:"马克思主义灌输论是马克思主义理论的重要组成部分,是完善中国特色社会主义理论体系教育活动的指导理论。全面正确地理解马克思主义灌输论的科学内涵,准确把握灌输论的历史发展进程,以科学发展观武装人民,是积极宣传和灌输党的创新理论的需要,也是坚守社会主义阵地的需要,对于构建社会主义和谐社会具有重大的现实意义。"②针对江泽民在新的历史阶段提出的"以科学的理论武装人,以正确的舆论引导人,以高尚的精神塑造人,以优秀的作品鼓舞人"的指导方针,张燕红强调:"应该说,其灌输意蕴十分丰富和深刻。"③客观而言,江泽民确实强调过:"任何一个社会的思想领域,总是由那个社会的统治阶级的思想占统治地位的。任何一个国家的统治阶级,为了巩固其政治统治,都要竭力维护和发展其占统治地位的意识形态。西方国家从来就不允许马克思主义在他们的意识形态中居于指导地位。西方国家都有一套系统的方法和手段,来对他们的官员、学生、群众、军队灌输资本主义的思想、价值观和政治信条。在这个问题上,他们也是抓得很紧的。"④但是,虽然说灌输是事实,但并没

---

① 曾汉君、何少群:《灌输理论的特点和当代价值》,《人民论坛》,2010年,总第20期。
② 张靖、毛莹莹:《马克思主义灌输论的科学内涵及实践路径》,《经济研究导刊》,2012年第26期。
③ 张燕红:《灌输 对话 实践——提高思想政治理论课教学实效性的当然选择》,《经济与社会发展》,2008年第5期。
④ 《江泽民文选》,第3卷,第86页,人民出版社,2006年版。

有说明灌输就是合理的。因此,对马克思主义灌输论持肯定和维护的学者总是刻意地强调灌输论在马克思主义理论的重要组成部分地位,强调它是加强和完善马克思主义理论教育、中国特色社会主义理论体系宣传教育的指导理论,是保证我们党的马克思主义政党性质、保证我国社会主义发展方向的必然要求、必然选择,是全面建设小康社会和构建社会主义和谐社会的客观要求。归根结底,离开了"灌输论"就搞不成社会主义,就不能维护党的根本利益,就不能建成全面小康社会、构建和谐社会。

对于这些坚信者、拥护者而言,面对目前客观形势对马克思主义灌输论的挑战以及造成的问题,最重要的是一方面要不断强化灌输论在马克思主义理论中的重要组成部分地位,另一方面要根据客观形势和时代特点实现灌输形式的多样化。例如,曾汉君、何少群强调:"在和平与发展成为时代主题的今天,马克思主义灌输理论依然在建设有中国特色社会主义进程中发挥着重要的理论指导作用,这就要求我们针对理论灌输呈现的新情况、新特点,挖掘其蕴涵的时代意义和当代价值。"[1]再如,针对网络时代的思想政治教育,偏爱灌输论的学者立刻提出了适应网络特点的思想政治教育灌输途径,龙金凤强调:"灌输是马克思主义大众化的基本原则,网络灌输是网络时代产生的新传播途径,是马克思主义大众化的重要途径、传播优势、必然趋势,它给马克思主义大众化带来新机遇。"[2]因此,她主张必须坚持主导性、通俗性、差异性、疏导性、创新性的网络灌输

---

[1] 曾汉君、何少群:《灌输理论的特点和当代价值》,《人民论坛》,2010年,总第20期。

[2] 龙金凤:《马克思主义大众化网络灌输途径探析》,《科技信息》,2011年第16期。

原则,推进马克思主义大众化的网络灌输。因此,总体而言,在这些拥护者看来灌输是马克思主义思想宣传、政治教育工作、思想政治理论课教育教学的基本的原则,只不过是要根据时代特点进行必要的多样化。当然,驳斥各种挑战灌输论的观点,亦是维护和辩护灌输论的重要途径。例如,闵绪国驳斥了关于"灌输"的四种"错误观点",他指出:"当前,在理论界和社会生活中,存在着关于'灌输'的多种错误认识,如'无用论'、'过时论'、'强制论'、'方法论'等。这些观点尽管论调各异,但有个共同点,那就是试图抹杀或降低'灌输'的科学性。"①

总之,在强化和辩护者眼中,灌输论是科学的,是马克思主义理论的重要组成部分,在当今思想政治宣传工作、道德教育或思想政治理论课教育教学中,必须作为指导思想,必须奉为基本的原则。毫无疑问,这种观点实际上完全没有认识到当今的时代发展和实践要求,忽视和抹杀了学生在教育教学活动中的主体性。

2. 弱化与修改

客观而言,马克思主义灌输论主导的思想政治宣传、思想政治理论课教育教学在当今社会确实遭遇到不少挑战,这使不少学者认识到意识形态方面的各种问题根本不是靠灌输就能够解决的,因此,必须全面审视灌输论的功能和作用,客观评价其在马克思主义思想政治宣传工作、思想政治理论课教育教学中的地位,即它是否还是科学的指导思想,还是否据有当然的指导地位。经过对实践经验的总结,他们认为,在现代社会,随

---

① 闵绪国:《驳关于"灌输"的四种错误观点》,《社会科学论坛》,2009 年 4 月(下)。

着人的主体意识的觉醒,就不能再过分强调灌输论,相反应当弱化其作用和影响,以进行相当程度上的修改。

对灌输论弱化者并不完全否定灌输论的作用和意义,在依然承认的前提下,认为必须改变传统的、单一的灌输为现代的多样的灌输,使灌输的形式灵活化、多样化。为此,他们称传统的、单一的灌输为硬灌输、直接灌输、平面灌输,灵活的、多样的灌输为软灌输、间接灌输、立体灌输。在他们看来,只有这样才能使学生把自己视为学习的主人,才能积极地参与课堂,才能把教师灌输的马克思主义理论知识内化为自己的知识,从而变被动为主动。但是,在他们看来,有些教师一味奉行灌输式教育思想和方法,结果使课堂教学变成冷漠的、毫无生趣的空洞说教。由此,他们批判硬灌输为无视学生的内在需要和学生的主体性的灌输方式,指出硬灌输没有考虑学生的内在需要,与学生的客观生存和发展实际毫不相干,只是简单地把学生当成装知识的容器、口袋,即单纯接受知识的接受客体,因而采取满堂灌、填鸭式教学。相反,软灌输把学生视为平等对待的主体,充分根据学生的需要,激发学生的自觉性、主动性、创造性,使学生充分发挥其主体性,达到灌输"润物细无声"的效果。例如,"当前,提高大学生思想政治素质既离不开马克思主义的指导,又不能脱离建设中国特色社会主义的实践。但是,马克思主义的科学理论不可能在大学生中自发产生,必须坚持'理论灌输';同时,只有引导大学生在建设中国特色社会主义的实践中充分发挥主体作用,才能真正树立马克思主义的世界观、人生观、价值观。可见,在开展大学生思想政治教育中,坚持'灌输'与发挥主体性的统一,是大学生健康成长的客观要求"①。就所谓从单面灌输向立体灌输而言,他们强调思想政治理论课教师不仅在课堂上教书育人,而且必须在生活中体现为人师表、率先垂范,不仅思想政治理论课教师具有这种功能,而且任何高校思想政治工作者,如团委老师、辅导员、班主任以及其他一切教师,都必须提高师德、爱岗敬业,总之,要发挥整个学生各个部门、各个教师的育人作用,此外,他们还强调必须通过行为灌输、文化灌输、活动灌输、环境灌输等多种形式,充分发挥高校在育人方面的综合作用。袁文华指出:"正确把握灌输艺术,科学地使用这一'武器',需要注重'以情感'的感染式灌输,坚持以理服人的说理式灌输,强化'实事求是'的事式灌输,深化'雅俗共赏'的白话式灌输,加强'百花齐放'的多样式灌输,以真正提高思想政治教育的解释力、说服力和公信力。"②总之,在他们看来,弱化传统的灌输论是必需的,而且不断地实现灌输的多样化、灵活性极为重要,其目的就是提高灌输效果,达到提高思想政治理论课实效性的目的。

客观而言,尽管这些学者对马克思主义灌输论进行了弱化和修改,但他们还没有从根本上摆脱传统的教育教学理念,还停留在把教育对象作为一个单纯的器皿的角色;虽然说已经注意到必须考虑学生的主体性,即灌输的东西必须满足主体的需要,但还没有真正地、全面地认识到教育对象自身的学习的主体性问题,还没有把握主体性的深刻而丰富的内涵,相反,把人的主体性简单化了。

---

① 吕岩:《浅谈大学生思想政治教育中"灌输"与发挥主体性的统一》,《中国高教研究》,2006 年第 6 期。

② 袁文华:《论思想政治教育的灌输艺术及其把握》,《思想政治教育研究》,2018 年第 1 期。

3. 批判与扬弃

在对待马克思主义灌输论的态度中,与强化与辩护甚至弱化与修改不同的是批判与扬弃。坚持这种观点或态度的学者坚信,思想政治工作、宣传教育工作、思想政治理论课教育教学必须做到"润物细无声",为此就绝不能采取"灌输",无论是"硬灌输"还是"软灌输"。目前,批判和扬弃传统灌输论日益成为代表性的趋势。所谓批判和扬弃,就是既客观地承认传统灌输论在马克思主义思想政治宣传史上的功绩,同时认为它已经不适合时代发展的要求,因而必须进行扬弃,而不是强化、修改和完善。也就是说,不必再强调灌输论在马克思主义理论中的重要地位,相反,必须根据时代的客观发展,特别是人的主体意识觉醒、主体地位的确立、主体性的发挥来全面地看待思想政治教育、思想政治宣传工作等活动中的教育者与受教育者之间的相互关系,从而采取更加科学、合理的教育教学方法。

批判与扬弃灌输论的学者认为,灌输论实际上存在着理论预设,即认为先进的思想文化、科学理论、价值观念等不可能是未成年的、社会实践和阅历少的青少年所能够通过自己形成或出现的,相反,必须由提前学习、创造和掌握了这些先进的思想文化、科学理论或价值观念的人从外面灌输其头脑之中。但是,在反对和否定者看来,这种理论预设是不科学的,因为人的思想文化、科学理论和价值观念等的习得本身是一个复杂的活动,是受各种因素影响和制约的,外部通过他人的教育教导只是其中的部分活动,虽然在一定的程度上发挥着作用,但是,真正能够使学生树立自己信奉的世界观、人生观、价值观,掌握先进的思想文化、科学理论,则必须通过学生自身主体性的觉醒和发挥。因此,在他们看来,无论是何种意义上的灌输,本身都不是科学的、合理的。例如,柳秀玲强调:"灌输是不合理的,它是教育不道德的根源,而非灌输是教育真义的内在要求,因此我们追求的教育理想是'没有灌输的教育'。"①客观而言,"没有灌输的教育"的提法或理念是对灌输论的彻底抵制与否定。再如,高侠强调:"在学科教学中进行德育渗透是一种'无灌输'的道德教育,对学生德育效果的增强具有不可或缺的作用。"②由此,他强调这种"无灌输"的教育,实际上贯彻着有序分层、有意无痕、水到渠成和舍大求小等原则。翟艳芳强调:"实际上,我国目前可以说也是处在一个'道德危机'的时代,这个时代也需要进行一种'没有灌输的道德教育'。"③

就如何扬弃"灌输论"、实现"无灌输"的教育而言,学者们的主张是多样化的,但注重受教育者或学生的主体性却是大家的普遍共识。实际上,在现代交互主体性教学理念下,许多人相信,思想政治教育、思想政治工作、思想政治宣传、道德教育、价值观教育等必须从灌输走向对话。例如,邱勤、袁云指出:"随着人类社会的发展,人类的生存理念发生了重大变化。传统的灌输式的思想政治教育已经不能适应人类社会发展的要求,道德教育必须由灌输走向对话。对话式的道德教育倡导关系思维、对话态度,又是一种认知方式和生活方式。树立德性的生成观,实现教师角色的自我转换,道德教育联系实际生活,

---

① 柳秀玲:《论教育中灌输的不合理性》,《内蒙古师范大学学报(教育科学版)》,2006年第4期。
② 高侠:《学科教学中的德育渗透——一种"无灌输"的道德教育》,《文教资料》,2011年第30期。
③ 翟艳芳:《没有灌输的道德教育何以可能》,《高教发展与评估》,2005年第5期。

是构建对话式道德教育的关键所在。"①翟艳芳指出:"从道德教育的实践上来看,我们需要实现道德教育目标的转变,使学生从学会服从向学会自主转变、学生的角色从单纯的受教育者向自我教育者转变、教师从控制者向指导者角色转变;在教育方式上从单向灌注到对话、理解与实践转变;在教育内容上从具体的道德规范向道德经验和道德情境转变。"②当然,还有些人批判传统灌输论不彻底,提出一种调和的观点。例如,王志忠、罗绍武从高校思想政治教育中灌输理论和对话理论的论争现象出发,通过考证灌输理论和对话理论的发展史,在学理层面上探讨了造成灌输理论和对话理论论争的原因,因而提出应建立一种和谐统一的灌输—对话理论关系:"灌输是思想政治教育的基本原则,必须坚持;对话是思想政治教育的应有态度,必须倡导。"③

归根结底,抵制和否定传统灌输论的学者无不认为灌输式教育本质上是抹杀和遮蔽学生主体性的教育,是不道德的教育,它强制学生被动接受教师灌输的东西,把学生视为单纯的容器或口袋,缺乏对人的生命关怀。

(三)小结

我们知道,作为柏拉图理性主义在近代的继承者,法国的笛卡尔提出了"天赋观念说",即认为人的观念都是先天赋予

---

① 邱勤、袁云:《道德教育:从灌输走向对话》,《高教发展与评估》,2005年第4期。
② 翟艳芳:《没有灌输的道德教育何以可能》,《高教发展与评估》,2005年第5期。
③ 王志忠、罗绍武:《灌输理论和对话理论在高校思想政治教育中的论争与和谐》,《高教论坛》,2011年第3期。

的,即与生俱来的,是不依赖经验而自明的。这类似中国古代哲学家孟子的观念。例如,他说:"仁、义、礼、智,非由外烁我也,我固有之也。"①只不过孟子强调人固有的只是"四端",即仁、义、礼、智的萌芽。为了纠正笛卡尔的观念,英国著名经验主义哲学家洛克对人如何认识和把握外界对象提出了著名的"白板说",即认为人的心灵犹如一块白板,上面没有任何痕迹,对任何事物都没有印象,人的一切知识或观念都是外界事物通过人的经验在心灵上留下的痕迹。洛克不仅肯定了知识的经验来源,而且认为一些观念的形成还依赖于人与外界事物的相互关系,例如,颜色、冷热、气味、硬软、声音等并不取决于事物自身。事实上,洛克的"白板说"依然存在着机械的经验主义色彩,但他从本质上否定了思想、观念的形成完全天赋的神话,在一定程度上的肯定了人的主体性作用。

事实上,对任何知识、理论的学习,及其在学习者头脑中的牢固树立,不仅需要外在的教育因素,也同样需要作为学习主体的人自身的参与,完全没有人的主体性参与的学习,即靠灌输的学习,并不是真正的学习,也根本达不到使学习者自觉地把灌输的东西牢固地确立为自己思想指导的目的。相反,人们不能一味地强调灌输,而应该积极地探索科学的、适当的教育方法。例如,董必武就曾强调:"应当加强技术员工的政治教育和业务教育,确定为群众服务的思想,但这并非灌输几句政治口号,而要按其思想情况和工作环境,研究适当的教育方法。"②客观而言,改革开放以来,随着思想政治教育形势的日

---

① 《孟子·告子上》。
② 董必武:《适应形势发展统一交通工作》,载《董必武选集》,第196页,人民出版社,1985年版。

益严峻,党向来重视必须根据改革开放和发展社会主义市场经济的新情况新特点,推进思想政治教育的改革创新、改进方法、丰富载体、增强实效,引导各类人才不断在实践中完善自己、在竞争中提高自己、在奋斗中充实自己①。因此,只有不断推进思想政治教育的改革创新、改进方法、丰富载体,才能增强实效,达到教育教学的目的。

而且,尤其需要指出的是,"灌输"仅仅是单方面的行动,它根本没有考虑教育对象对理论的实际需求。显然,这种忽视教育对象实际需求的教育理念无疑抹杀了教育对象自身的主体性。这不仅不能达到实际的教育教学效果,而且还很可能产生反感与抵制。例如,恩格斯针对资产阶级对工人进行道德灌输指出:"日益委靡、怠惰的资产阶级连为自己考虑都认为是太费力,是好像多余的了。当然,总有一天他们会后悔的,到那时就已经晚了。如果工人不了解这种道德,不遵从这种道德的话,资产阶级是不该抱怨的。"②也就是说,所灌输的内容尽管灌输了,甚至为教育对象所认识和掌握,但教育对象很可能就并非真正懂得它,并进而按照其要求而奉行。换句话说,这种不能真正满足教育对象的灌输并没有起到教育者所期望达到的效果。

三、主体性教学理念对灌输论的突破与不足

教育教学理念的核心问题是教学中的主体客体相互关系

---

① 胡锦涛:《大力实施人才强国战略,不断开创人才工作新局面》,《改革开放三十年重要文献选编》(下),第 1375 页,中央文献出版社,2008 年版。
② 《马克思恩格斯文集》,第 1 卷,第 428 页,人民出版社,2009 年版。

问题,抓住了这一问题,就抓住了教育教学理念所涉及的所有问题,这尤其体现在高校思想政治理论课教育教学上。然而,长期以来,这是一个具有颇多争议的问题,多年的思想政治理论课教学实践也并没有很好地解决这一问题。这集中表现在:对教学的主体客体研究不够,学术界存在着多种理解和分歧,主体客体概念模糊;对主体客体辩证关系认识和把握不准,制约了主客体能动性、主动性的发挥;对新时代主体客体的新变化关注不够,削弱了思想政治理论课教育教学的针对性、有效性。这些情况影响和制约着思想政治理论课教育教学活动的深入开展,思想政治理论课无法很好地发挥思想政治教育主渠道、主阵地的教育功能。因此,有必要深入开展思想政治理论课教育教学的主体客体研究,以不断实现教育教学理念创新和发展。

(一) 灌输论的核心教学理念:教师主体论

单一主体论最常见、最为人们所理解和熟识的形态是教师主体论,亦称教师唯一主体论。这种教学理念实际上就是灌输论的核心理念。

按照教师主体论,思想政治理论课教育教学过程实质上是教师根据党和国家的教育政策和教育方针,为着培养和造就中国特色社会主义事业的合格建设者和优秀接班人这一历史任务,有目的、有计划地对学生进行培养、教育和塑造的过程。教师之所以是整个教育教学过程中的主体,就在于整个活动本身是由教师主导、规划、操纵、管理和实施的,所要教授的内容是由教师完全控制和操纵的,也是教师提前学习、理解和掌握的;这些知识,在他们看来,不仅在开展教育教学活动之前学生根本不可能了解和掌握,而且学生本身也是不可能通过自学有能力真正理解和把握的,相反,这些理论本身非常地高深、艰深、玄奥、难解。换句话说,这些马克思主义理论知识只有通过多年的专业学习并熟练地掌握了的广大教师才有资格、条件、能力向刚刚步入高校的青年大学生传播与教授,而广大思想肤浅、见识不广、生活阅历不深的青年大学生理所当然也只有通过教师们的教育,才能有可能、有机会、有能力接触、学习、了解、掌握马克思主义这些艰深的道理。

但是,教师主体论在肯定教师在整个思想政治理论课教育教学过程中的积极作用的同时,无形中夸大了这种作用。众所周知,韩愈曾在《师说》中强调:"弟子不必不如师,师不必贤于弟子。"也就是说,教师与学生并非是绝对的教育者与受教育者,教师不如学生的情形总是存在的。因此,从总体而言,尽管我们看到了广大思想政治理论课教师在开展教育教学过程中,的确发挥着不可替代的主导作用,但也不必过分夸大事实,完全否定其中可能存在着的多种现象、多种可能性。特别是,在教师主体论看来,既然见识不广的青年大学生只有通过教师的教育教导才能成为中国特色社会主义事业的合格建设者和优秀接班人,因而成为党和国家所渴望的人才,那么,学生就是教师培养、塑造和造就的对象。换句话说,教师是完全按照一定的目标、标准、模式或模子、模具而塑造还在成长、成才但不定型的青年大学生的。无疑,这种教育在不断强化着教师的加工、塑造功能,而根本没有充分地认识和了解自己所要塑造、加工的对象本身,既没有认识、了解其真正的需要、个性特征、发展目标,也没有考虑如何根据这些需要、个性特征、发展目标等因素而有针对性地考虑如何教育的问题。

显然,教师主体论是马克思主义灌输论的教育哲学理念。事实证明,以教师主体论为教育理念的马克思主义灌输论,其实际的特征就是把受教育者始终置于消极、被动和依赖的地位。换句话说,受教育者所需要学习和掌握的马克思主义理论,完全是教师灌输的东西。这些理论不仅不需要学生自己提早学习,而且根本不必考虑或质疑它们的合理性、科学性;相反,他们会完全依赖教师的讲解。但是,如果在没有外界思想影响下,这种情况或许能够得到长期延续,而学生一旦接触到外界不同的社会思潮,就会不自觉地反思或质疑自己被灌输的思想理论的科学性与合理性,甚至最终会引起他们的反感与抵制。事实证明,这种强化学生消极被动地接受教师的教育、教导的东西而不假思索的教学模式严重地制约了学生学习马克思主义理论的积极性、主动性和创造性,直接地降低了高校思想政治理论课教育教学的实际效果,钳制了学生思想合理发展的自由与可能,对学生的人格培养、心理健康、专业学习等方面都产生着消极的影响。而且,事实上,尽管不断地强化教师在整个思想政治理论课教育教学活动中的主体作用、主导作用,但是,单纯的灌输教育实际上也严重地影响和制约了教师对自己的教学活动灵活掌握的权利和自由,不能很好地发挥其教育教学的创造性,严重地阻碍了其对教育教学科学规律的自由探索。

当然,从总体而言,这种以灌输为重要原则或基本方法的教师主体论教学理念严重地影响和制约了党的马克思主义思想政治教育事业,实际地削弱了高校思想政治理论课在巩固和强化马克思主义意识形态阵地方面应该发挥的重要作用,从根本上危害了中国特色社会主义事业的健康发展。

(二)主体性教学理念的创新与不足

近些年来,这方面的研究不断拓展视野,出现了对思想政治理论课教学主体和教学客体的多种解释,比较有代表性的有以下五种观点。

1. 学生主体论

学生主体论是在反思、质疑、抵制教师主体论的思路下形成的单一主体论,亦称学生唯一主体论。在学生主体论者看来,思想政治理论课教育教学的真正主体是学生,而不是教师,即学生在整个教育教学活动中处于学习的主导地位,在自觉意识的驱动下,积极主动地自觉学习和探索学习内容,而教师的讲授仅仅是构成整个学习活动的必要条件。毫无疑问,学生主体论者充分认识到了学生在学习、认识、理解和掌握教学内容方面的主体性、自觉性、能动性、创造性,充分肯定了学生的学习的主体性地位,认识到学习活动的根本驱动力在于内因而不在于外因,即教师的教育、教导,强调了这一外因必须通过内因而起作用。因此,学生主体论一改在传统的教师主体论影响和支配下所形成的众多教育教学观念,充分地体现了高校思想政治理论课教育教学对青年大学生人格的尊重,体现了对他们在人生成长的关键时期思想、心理、情感成熟的规律的认识和遵循。坚持学生主体论的学者相信,只有牢固地树立学生主体论,摆正整个思想政治理论课教育教学过程中的教师与学生的关系,真正尊重学生的人格、权利以及自觉学习的主体性地位、特征,才能更科学地培养和塑造合格的社会公民。在他们看来,传统的教师主体论迷信教师的绝对支配作用,把青年大学生看作等待灌输的容器、等待填饱的鸭子、等待加工的材料,无疑根本上抹杀了学生的主体性,不尊重学生的独立人格,而且培养和造就的都是毫无思想性、毫无创造性的顺民、愚民。

不言而喻,学生主体论是在反思、质疑和批判教师主体论的基础上形成的,其目的就在于消除传统思想政治理论课教育教学的弊端,改善教育教学的观念、方法和模式,以培养真正具有独立的人格和主体意识,因而会独立思想、善于创造的社会主义国家公民。显然,这种观念是以市民社会理论或公民社会理论为主要依据的,因此,学生主体论者往往比较欣赏西方的公民社会,欣赏西方的教育教学模式。但是,从根本上来说,他们依然坚守着高校马克思主义意识形态阵地,而且也正是出于对这一阵地的巩固和维护的强烈愿望而提出这一教学理念的。然而,这些学者的良好愿望或本意虽然能够为人们所理解,但是他们的做法却是无限地夸大了学生在整个思想政治理论课教育教学活动中的作用,忽视甚至否定了教师所起的重要作用,因而如同教师主体论一样,无疑犯了以偏概全的毛病。实际上,这种毛病归根结底是哲学上的形而上学思维僵化的表现。

从根本上说,无论是教师主体论还是学生主体论,都是形而上学片面化思维的产物,都没有深刻地认识和理解思想政治理论课教育教学活动和教学过程的复杂性,相反,把它简单化、片面化,只从一个角度看到了某种因素,如教师或学生的重要性,因而不适当地加以夸大,结果出现了"荒谬"的结论。众所周知,列宁曾经说过:"任何真理,如果把它说得'过火'……加以夸大,把它运用到实际适用的范围之外,便可以弄到荒谬绝伦的地步,而且在这种情形下,甚至必然会变成荒谬绝伦的东西。"[①]显然,教师主体论或学生主体论,都是把思想政治理论课教育教学活动中的某种因素片面夸大的结果,是对教育教学活动本质的曲解,它们不仅不可能科学地解决教育教学过程中

---

① 《列宁选集》,第 4 卷,第 172 页,人民出版社,1995 年版。

出现的各种复杂现象,而且正因为对教育教学规律的错误认识必然导致一系列新的问题和矛盾,从而最终影响和制约了良好教学效果的取得。

因此,从总体上说,无论教师主体论还是针对它的相反主张——学生主体论,本身都存在着不可克服的缺陷和片面性,既根本不利社会主义事业的合格建设者和优秀接班人的培养和塑造,又从实际上危害着高校马克思主义意识形态阵地的维护和巩固,不利于青年大学生的健康成长。十年树木,百年树人。教育关系千秋大计和民族国家未来。因此,对任何存在着缺陷或片面性的教育教学理念都需要及时地克服和扬弃。对于单一主体论的两种形态,即教师主体论和学生主体论来说,实际上都面临着扬弃的命运。

2. 双主体论

双主体论是单一主体论的突破,更体现了对教师主体论与学生主体论的综合或折中,试图消除两者存在的缺陷和片面性。双主体论者认为,思想政治理论课教育教学活动,既不是教师单独主导的活动,也不是学生单独主导的活动;相反,教师和学生处于同等重要的地位,即两者都处于主体地位,具有同等的重要性。换句话说,教师和学生是整个教育教学活动和过程中缺一不可的主体性因素。

双主体论者坚信,事实上,整个教育教学活动可以从两个不同的侧面或维度来观察,即教与学。在他们看来,从教的角度看,教师是主体,因此在整个教育教学活动处于主导、支配的地位,实际操纵着整个教的过程,换句话说,教师在教的活动中发挥着绝对的主体性作用;而从学的角度看,学生是学习的主体,对所需要学习的内容有自觉学习、主动学习、创造性学习等主体性特征。因此，教与学实际上表现为整个教育教学活动的两个不同侧面，只有科学地发挥教师和学生在教与学不同活动中的主体性作用，才能够达到理想的教育教学效果。不仅如此，在他们看来，虽然学生作为教师教育对象，面临着吸收和接受教师所讲授的思想理论，但是因为他们本身也是主体，因而在此过程中会对教师发挥着反作用，这些作用无论是积极的影响或消极的影响，实际上都体现了学生的主体性，都彰显了整个教育教学活动的两边互动性。总之，在他们看来，双主体论克服了传统单一主体论的缺陷和弊端，能够积极有效地发挥教师和学生各自的积极性、主动性、创造性等主体性，能够有效地改善当前高校思想政治理论课教育教学所存在的不景气现象，能够最好地发挥高校思想政治理论课在加强和巩固马克思主义意识形态阵地的主渠道、主阵地作用。

毫无疑问，把教师和学生同等地视为整个教育教学活动不可缺少的主体，都是对教师和学生这两个根本要素或重要参与者的尊重，而充分地发挥两个方面的主体性，能够实际有效地促进教育教学活动的顺利进行、持续进行，实际地有利于青年大学生思想、心理、人格等各个方面的培养。从根本上来说，双主体论因为基于对传统单一主体论的突破和超越，因而其在思想观念、思维框架的突破和创新方面具有不可抹杀的历史性意义。这在于，双主体论不再局限于教育教学活动中的某个单一因素的作用，注意这一活动本身是由多种因素特别是教师和学生这两个根本性因素主导和决定的，因此它实际上突破了形而上学的僵化思维模式。特别是，双主体论较好地把整个教育教学活动分成了两个重要的维度或侧面分别加以考察，充分地认识到教师在教的过程中的主体性地位和学生在学的过程中的主体性地位，对于科学地发挥各自的主体性作用进行了有益的探索,尤其是,还充分地认识到整个教育教学活动中存在着师生的互动,而师生的互动实际地促进了整个教育教学效果的改善,因此比较客观地认识到教与学不同维度上的内因与外因的彼此作用和影响。显然,这些思想观念上的突破对于整个高校思想政治理论课教育教学或青年大学生思想政治教育工作的深化改革具有重要的启示性意义。

但是,值得指出的是,尽管双主体论存在着上述的优点或成绩,而在实际的教育教学中依然无法得到很好的体现或贯彻。之所以造成这种困境,从根本上说,还在于双主体论本身实际上是单一主体论的两个极端形态,即教师主体论和学生主体论的简单折中或折合,在看到问题的同时并没有真正地改进或解决问题。例如,当强调教师在教的活动中的主体性作用时,无疑坚持和沿用着教师主体论的传统观点,所强调的正是教师主体论所强调的教师主体性,即教师是整个教育教学活动的主导者、管理者、操纵者和支配者,其所讲授或传播的马克思主义理论具有绝对的权威性、无可置疑性,而强调学生在学的活动中的主体性时,类似地依然坚持和贯彻着学生主体论的传统观点,即认为只有如此才能真正尊重学生的人格、自主性、创造性、积极性等主体性因素,才能更好地培养和造就社会主义国家公民。尽管他们能够认识到教师和学生在整个教育教学活动的确存在着彼此间的互动,但并没有科学地揭示两者互动的科学机制,只是简单地认为教师不可能完全不顾学生的主体性地位和特征开展教育教学活动。尤其是,双主体论者认为,只要学生发挥了反馈作用,即实际地影响和左右了教师的教学活动,就算得上发挥了主体作用,具有主体地位。显然,这种理解把学生的主体性地位和作用过分简单化了。

当然,双主体论所存在的根本问题还在于它实际上混淆了整个教学活动中的各种要素之间的主客体关系、逻辑关系。客观而言,当前学术界对整个教育教学活动中的主体、客体以及主客体关系的认识和理解存在着根本性的分歧。这种分歧不仅从根本上决定着人们究竟提出和坚持什么样的教学理念,而且也决定和影响着他们在实际教育教学中究竟如何实施自己的活动。对于双主体论来说,情况尤其如此。双主体论承认整个教育教学活动中存在着两个主体的典型特征。但是,究竟谁为客体呢?对此问题,他们坚持,主体与客体总是相对而言,因而当教师为主体时,学生就是客体;而当学生为主体时,教师相应地成为客体。而且,从根本上来说,由于人们对这些问题存在着理解上的重大偏差,因此在双主体论者内部就产生了很大的分歧,出现了各种形态的双主体论,如主导主体论、主导主动论、轮流主客体论、双主体主从论和三体——双中心人物论等不同的观点。所谓主导主体论,是指教师是整个教育教学活动的主导因素,而学生则是主体,学生在教师的主导下学习、理解和接受教师所讲授的知识。显然,这种教学理论旨在强调学生是整个教育教学活动中的真正主体,而且教师依然起着主导作用,换句话说,教师的主导作用是为学生的学习服务的。从根本上说,这种教学理念试图兼顾教师和学生,但侧重于学生的主体性的强调,而又不愿轻视或忽视教师的作用。所谓主导主动论,是指教师是整个教育教学活动的主导力量,而学生是在整个教育教学活动中具有自觉能动性,能够主动地参与教师主导下的活动,从而学习和掌握教师所讲授的知识或理论。从根本上说,主导主动论尽管不同程度地强调了教师与学生各自的主体性特征,但依然没有真正地揭示清楚学生的主体地位是如何得到保障和体现的。难道在教师的主导下自觉地学习就算得上是学生主体性的发挥?显然,这把主体性理解得过于狭隘。所谓轮流主客体论,是指在整个教育教学活动中,教师和学生并非同时为主体或客体,而是因为教或学的侧重性不同而出现轮流处于主体或客体的地位,即当教师为主体时,学生就自然降为客体,而当学生成为主体时,教师则自然成为客体。显然,这种轮流主客体论并没有真正理顺教育教学活动中的主客体关系,一会儿强调教师这一边,一会儿强调学生这一边,因此显得非常辩证,充分地照顾到了教师和学生各自的主体性。但是,这种辩证法实际上是折中的表现。所谓双主体主从论,是指虽然教师和学生分别是两个主体,但存在着主从关系,即教师是处于主导地位,而学生处于从属地位。事实上,这种意义上的双主体论混淆了主体性概念,因为一旦存在着主从关系,甚至无论是谁处于主导地位、谁处于从属地位,都说明不是真正地处于主体地位,也就谈不上发挥主体性作用。归根结底,这种说法只不过在玩弄词语而已。其他一些观点,如三体——双中心人物论等,其性质非常类似,并无实质性的理论创新。从根本上说,双主体论所以存在着这么多的问题,主要在于它没有摆正教育教学活动中的主体、客体关系,没有理解教育教学的本质。

事实上,双主体论虽然认识到教育教学过程是师生双方共同参与的两边活动,教师与学生存在着互动关系,但是,它从总体上局限于主体、客体或主客二元对立的思想框架之内,因此理所当然地认为对于主体而言,其对立面就是客体,既然教师和学生都是主体,那么,他们也都是客体,只不过当一方为主体时,另一方就注定成为客体。因此,囿于这种二元对立的思维框架之内,双主体论者就因为各自的理解差异而演绎出多种多样的双主体论。但是,从总体上而言,这些双主体论都没有清楚地阐释作为受教育者的学生究竟在何种意义上成为真正意义上的主体,即拥有主体地位、享受主体权利、具备主体功能和主体特征。如果仅仅停留在学生对教育教学活动存在着一定的反馈作用,就认定学生具有主体性,那么,这种理解显然是肤浅的、粗陋的,也是缺乏说服力的。因此,双主体论只不过从两个角度看来同一教育教学活动,尤其把教师和学生的一方视为对方的客体,并没有科学地解决"教师"、"学生"和"知识"三者之间的关系,造成概念上的混淆,在阐释具体问题时不免陷入自相矛盾之中。

3. 多元主体论

多元主体论是主体性教学理念的进一步发展,旨在超越已经形成的单一主体论和双主体论,亦称多主体论。多主体论认为,思想政治理论课教育教学或大学生思想政治教育工作不应该局限于学校特别是课堂,而应该扩大到更大的领域内,把党、政府、社会、家庭等都涵盖其中,所以如此做,就在于思想政治理论课教育教学或大学生思想政治教育工作本身是一项复杂的工程,绝不是高校教师在学校或课堂能够解决的问题。因此,在多元主体论者看来,在思想政治理论课教育教学过程中实际存在着多个主体,即教师、学生、介体、环体等都是主体。例如,罗金远教授在介绍袁小鹏所著《教育多元主体论》一书时强调:"教育多元主体论从一个更宏大的视角和更宽阔的视域确认了教育活动的各个主体——教师、学生、作为社会集合形式的学校、教学班级和其他教育组织的集合体——家庭、社会、国家等在教育活动中的主体地位、作用及其本质属性,揭示了各个教育主体相互之间的关系和互动规律,这就为理论研究的深入发展提供了一种全新的视角和范式,表现了研究者的远见卓识和筚路蓝缕的创新精神。"①毫无疑问，罗金远教授对袁小鹏等为代表的学者所提出的多元主体论基本上是持肯定态度的。在他看来，"十余年前的争鸣，虽然丰富了理论研究的成果，推动了教育实践的发展，但如果我们稍加考察就不难发现，由于受教育发展现状和理论研究水平的限制，以'教师主导，学生主体论'为代表的新观点，全都局限于'教育'、'内部'立论，研究者的眼光还没有超越传统教育观念的外延和内涵，观点虽然新颖，却缺乏理论上的突破和创新"②。相反，多元主体论却"提供了全新的视角和范式，表现了研究者的远见卓识和筚路蓝缕的创新精神"。应该说，多元主体论确实扩大了人们的视野，使人对思想政治理论课教育教学或思想政治教育工作的认识突破了学校、课堂、教师和学生等这些传统的范畴、范围，更是不断地注意到其复杂性和内部要素的多样性。无疑，这实际上拓展了人们研究的思路，开拓了新的领域视角，有利于教育教学理论的不断深入研究。

　　然而，多元主体论在扩大认识范围，创新研究视角，实现思维框架突破，全面地考虑和关注思想政治理论课教育教学整个活动和过程本身的复杂性、要素的多样性等同时，无疑也造成了一定的思想理论混乱。例如，多元主体论充分认识到党、政府、社会、家庭等都在思想政治理论课教育教学中发挥着实际的影响和作用，因而都是一定意义上的主体，都需要发挥其特殊的主体性，只有如此，才能形成合力，达到培养和造就社会主义事业合格建设者和优秀接班人的教育目的。客观而言，大众

---

① 罗金远:《教育发展期待理论创新——〈教育多元主体论〉评介》，《黄冈师范学院学报》，2007年第1期。
② 罗金远:《教育发展期待理论创新——〈教育多元主体论〉评介》，《黄冈师范学院学报》，2007年第1期。

传媒,即媒介,学者称之为"介体",和社会环境,学者称之为"环体",在思想政治理论课教育教学特别是大学生思想政治教育中发挥着不可估量的作用,而且随着时代和网络信息技术的发展,网络已经进入了自媒体时代,任何一个网民都可能充分利用网络技术,如微信、短信、微博、QQ等方式发布和传播信息,这一切都将直接地对高校大学生的思想、心理、情感和行动等产生直接或间接的影响。因此,应当承认,这些都是值得广大高校思想政治理论课教师和思想政治教育工作者认真研究和对待的。但是,像"介体"、"环体"等概念,虽然具有较强的学术味,却不能很好地为人们所理解和接受,而且它们也明显地具有把复杂抽象的因素、条件、环境等实体化的趋势。显然,这种做法实质上混淆了概念,把问题弄得更为复杂。当然,更为严重的是,尽管像政府、社会、家庭等因素在大学生的思想、心理健康成长的过程中发挥着至关重要的、不可替代的作用,但一味地把它们都视为思想政治理论课教育教学的主体,却显然不充分。显然,这实际上是对主体概念的泛化运用,混淆了主体与客体、条件与环境等之间的界限,忽视或忘记了主体性所具有的自主性、能动性、创造性等特征。

客观而言,我们应当充分地认识,所谓主体只可能是人,强化思想政治理论课教育教学必须充分发挥主体性作用,也根本在于强调发挥人的主体性特征,显然,任何离开这一大范畴、大背景的所谓理论创新,只可能是泛化、误用主体性概念,而这无疑直接否定了人在教育教学活动中的主体地位,歪曲和贬低了高校思想政治理论课不断加强和巩固主体性地位和作用的根本思想宗旨。总之,多元主体论因为存在着这样的根本性错误,它不仅不能很好地解决如何发挥主体性作用的问题,而且还可能造成其他一系列思想上的混乱,直接影响着高校思想政治理论课教育教学的实际效果。

4. 相对主体论

相对主体论旨在解决教师主体论、学生主体论甚至多元主体论在教育教学活动中究竟由谁起着根本性的主导、支配作用这一核心问题。可以说,正是因为出现了教师主体论和学生主体论这样的对峙,以及试图解决这一对峙的双主体论和多元主体论从根本上并没有取得人们所期望的结果,从而达到人们的普遍共识,学者们才坚信在思想政治理论课教育教学活动中,所谓的主体、客体总是相对的这种相对主义的主体论理念。

事实上,相对主体论者确实认识到了高校思想政治理论课教育教学或大学生思想政治教育工作本身的复杂性和内部要素的多样性,认识到任何一种要素都实际地发挥着各自的功能和作用,都有不可抹杀的地位和意义,都要给予充分的重视和研究,而只有这样才能达到最佳的教育教学效果。特别是,他们认识到,主体与客体这些概念本身是彼此对待的,任何一方的出现都以对方为条件,因而是相对的。客观而言,这种认识本身并没有根本性的错误。因为没有主体,也无所谓客体,而存在客体也势必是对一定的主体而言的。但是,相对主体论正如哲学上的相对主义那样,在充分认识和肯定事物的相对性的时候,却无限地夸大了事物的这种相对性,忽视甚至否定了事物的绝对性。他们没有深刻地认识到,尽管主体、客体是相对的,但主体之所以为主体,客体之所以为客体,本身还是有其内在的规定性、绝对性的。例如,主体总是意味着本身是人,具有人的自由、自觉、能动等特性,是一定活动的发起者、组织者、管理者;相反,客体是整个活动中主体所面对的对象,本身处于消极的、被动的地位,它为主体所认识、掌握、管理和操纵。因此,虽然我们在一定意义上承认主体、客体的相对性，但我们也不应该轻易地忽视或否定它们各自的内在的规定性，即它们自身的绝对性。事实上，主体、客体只有获得其相应的内在规定性、绝对性，我们才能达成共识，形成正常的对话和交流。换句话说，只有形成比较统一的认识，我们才能形成科学、合理的教育教学理论体系，才能更好地以其为指导，顺利地开展教育教学活动。

从根本上说，我们的思维既不能犯形而上学的、片面、僵化的毛病，也不能犯相对主义、混淆概念界限的错误。相对主体论以教育教学活动实际存在着复杂性为借口而迷信主体、客体具有相对性，从而忽视、抹杀、否定教师和学生等在一定意义上的绝对性，无疑是根本错误的，也不利于教育教学的实践。

5. 超越主客体关系论

超越主客体关系论是主体性教学理念在各种主体论形成之后的形态，它看到了各种主体论所存在的问题，旨在化解它们存在的矛盾。在超越主客体关系论者看来，各种主体论都没有从根本上摆脱主体、客体及其相互关系这种认识论二元对立的思维框架。但是，思想政治理论课教育教学或思想政治教育工作本质上是教师与学生相互作用的关系，两者都应该立足于人的角度或立场才能得到清楚的阐释；相反，如果仅仅用认识论二元对立的主体、客体及其关系这种思维方式思考问题，那么，只可能把问题引向歧路，因为认识论视角下的主体、客体概念本质上在于研究人与世界上的客观事物之间的关系。也就是说，在超越主客体关系论者看来，如果依然运用主体、客体这样的范畴，就难以摆脱"主体"是人而"客体"是物这种运用于认识自然的思维痕迹。因此，应当超越主体客体关系而确立师生之间的"我"与"你"这种人与人之间的交互主体性关系。

鉴于此,超越主客体关系论者认为,与其存在着这样的理论困境,不如不再运用主体、客体及其关系这样的认识论范畴来描述思想政治理论课教育教学活动中的师生关系。客观而言,超越主客体关系论的担心是有一定的道理的,其原因就在于很多人对哲学的理解和认识依然停留在传统哲学教科书的层面上,还没有真正认识到现代哲学精神所形成的共识,即哲学本质上不是如列宁或毛泽东所谓的哲学就是认识论这种意义上的哲学,相反,哲学在基本分支上本质上包括存在论、意识论和价值论。用传统的认识论已经不能科学地全面地认识和解释人的问题和现象,相反,只有从存在论、意识论和价值论相统一的角度才能科学地、全面地把握人的问题。其中,认识论仅仅是意识论的构成部分,还不是整个意识论。与此同时,主体、客体及其关系等范畴也已经在新的哲学视野中得到了新的阐释,它们能够科学地运用于存在论、意识论和价值论,而不仅仅是认识论的范畴。由此,我们可以看到,超越主客体关系论虽然看到了从认识论角度来阐释思想政治理论课教育教学活动中的师生关系存在着诸多问题,还不具备全面的解释力,但他们就此而拒绝这两个重要哲学范畴却显得有些武断。正如上述,他们的这种武断是囿于传统哲学观念的必然产物。

因此,从总体而言,我们应当认识到,尽管超越主客体关系论者认识到师生在整个思想政治理论课教育教学活动中的人与人的交往互动活动难以用认识论视角下的主客体概念来说明,因而存在着一定的合理性,但是,因为他们受制于传统哲学观念,没有认识到现代哲学精神、哲学精神在存在论、意识论、价值论基础上所形成的新的共识,因而武断地拒绝主客体及其关系范畴,却是明显错误的。事实上,我们应当在充分肯定超越主客体关系论者所形成的认识的基础上,批判地继承其积极成果,即我们不能局限于认识论角度来认识和把握思想政治理论课教育教学过程中的师生的人与人之间的关系,而不是两者之间的人与物之间的关系,全面地塑造自由和谐的现代师生关系。

事实上,随着哲学理念的创新和发展,特别是随着马克思主义哲学研究的深化,人们日益认识到马克思主义哲学的存在论本质上是人的实践生成论,而这种实践生成论根本区别于传统理解中的物质本体论、实践本体论,并且这种存在论与马克思主义哲学的价值论、意识论形成了新的马克思主义哲学理论体系。尤其是,人们也越来越认识到,现代西方哲学的发展,特别是以胡塞尔为代表的现象学家们所提出和发展出来的交互主体性哲学思想,与马克思所强调的社会交往本质上存在着紧密的理论关联性,两者都体现了现代哲学的基本精神。以马克思主义哲学的存在论、意识论、价值论为基础,结合现代哲学,特别是现象学对交互主体性思想的理解,完全能够科学地解释清楚思想政治理论课教育教学活动中的师生关系。在这种理论看来,无论是教师还是学生,都是人,师生交往是作为主体的人之间的交往,是交互性的存在论、实践论意义上的交往,而不是认识论意义上的对象性交往。

第二章 教学理念的最新形态：交互主体性教学

自20世纪80年代以来在教育界掀起了主体教学理念的论争，因仁者见仁、智者见智，不断地实现突破和发展，学者们在为自己的观点辩护的同时，也不断地吸收和借鉴其他方的合理意见和建议，因而促使整个讨论日益趋向合理化水平，并逐渐地形成了一些共识。从根本上说，随着现代哲学研究的深化，人们对马克思主义哲学与现代西方哲学所体现的现代哲学精神的理解基本上达成了一致，即现代哲学本质上是一种反传统本体论思维的哲学，它体现了哲学向现实生活世界的回归，体现了哲学对人的生活、生存和实践的关怀，因而超越了传统对本体论、认识论的关注而转向了对人的存在论、意识论和价值论的关注。从本体论到存在论，从认识论到意识论，从没有价值论到凸显价值论在哲学基本分支中的重要地位，都说明了现代哲学已经根本区别于传统本体论哲学、认识论哲学。而从存在论、意识论和价值论对人的考察，特别重要地体现为对人的主体性的认识和把握。换句话说，现代哲学的基本精神主要彰显了人的主体性，现代哲学本质上就是主体性哲学。主体性哲学理念在哲学领域所实现的观念变革直接地影响了人文社会科学诸领域,在教育界,其直接的影响就是主体性教育理念的诞生。客观而言,以马克思主义哲学社会交往理论和胡塞尔交互主体论现象学为哲学基础的交互主体性教学理念是在借鉴、吸收传统教育教学理念的优点、长处,批判、抛弃其不足和缺陷的基础上进行的理论创新。可以说,交互主体性教育理念是目前思想政治理论课教育教学和思想政治教育的最科学、最先进的观念。

一、交互主体性教学理念的提出

目前,"交互主体论"成为主体性教学理念自身辩证发展的当代形态。与现代接受论具有共同的理论渊源,交互主体论教学理念的哲学基础——现代解释学也是在胡塞尔交互主体性现象学基础上发展起来的。

肇始于古希腊神话的解释学成为解释《荷马史诗》和《圣经》的重要方法论。经过德国哲学家施莱尔马赫和狄尔泰的系统阐释,解释学不仅具有方法论的意义,而且成为一种认识论。作为胡塞尔的弟子和再传弟子,海德格尔和伽达默尔在胡塞尔交互主体性现象学基础上对解释学进行了全面改造,实现了解释学的本体论转折,创造了现代解释学[1]。现代解释学旨在解决"理解"与"解释"的关系,对此海德格尔说:"作为理解,此在在可能性的基础上筹划它的存在。……理解的筹划有它自己的可能性——发展自身的可能性。理解的这种发展我们称之为'解释'。在这个发展中,解释理解地同化了被它所理解的东

---

[1] 刘放桐等:《新编现代西方哲学》,第489页,人民出版社,2000年版。

西。在解释中,理解并没有成为不同的东西,它成为自己。"①众所周知,"此在"就是指生存论意义上的人,是作为主体而存在的认识者、解释者,由此,现代解释学改变了人们传统单向度的、静态的理解,而是把理解、解释置入人的生存活动之中,让它体现人的主动性、创造性。正是由此,现代解释学的蓬勃发展极大地开拓了人们的思想视野,改变了传统的认识论和方法论,而交互主体论教学理念是现代解释学广泛适用于众多人文社会学科的成功典范之一。德国教育学家克林伯格强调,现代社会要求于人的"交互主体性学习能力"及其他一切素质,唯有在实践沟通与合作的关系中,借助于活动才能以发展。美国学者波依尔认为,学校应当是教师和学生这两类主体"交互作用"形成的"学习共同体","学习共同体"的中心使命是使所有儿童都有接受优质教育的权利。20世纪80年代末,随着主体性教学理念的确立和深化,交互主体论教学理念也开始逐步深入人心,探讨教学过程中的师生之间的交互主体性成为学术界研究的一个热点和难点。例如,孙发利认为,"研究教学过程中教师和学生主体交往的性质,是教育理论和教育实践发展的重要课题"②;吴松认为,"基于交互主体性理论之下的教学活动,教师与学生之间就不会有非此即彼的紧张,而是在一种共同参与的交往互动中获得教与学的和谐"③;余清臣认为,"从交互主体性为教育目的和教育内容来说,它对教育研究的意义都是重大的,因为这种理念上的变化势必给教育理论的进一步探讨

---

① 海德格尔:《存在与时间》,第185页,商务印书馆,1987年版。
② 孙发利:《交互主体论与主体性教学模式建构》,《延安大学学报》2001年第3期。
③ 吴松:《基于"交互主体性"与"存在之真理"的教学理念》,《云南大学学报》2006年第4期。

带来巨大的冲击"①;万美容则认为,思想政治教育过程是在教育者和受教育者互动交往过程中通过"主体——客体——主体"的转化过程实现的,教育者和受教育者在这个转化过程中,结成"主体——主体"的关系,即一种主体际关系②。当然,更主要的是,人们看到交互主体性教育教学理论贯彻着以人为本的教育思想。例如,康伟强调:"主体间性理论对教育中人与人的现实和可能的交往理解层面的问题解构意义十分重大,对建构新的本真的教育理念和实践,既是可能的又是必然的。"③目前,交互主体论方兴未艾,已经成为引领教学实践的新理念。

交互主体论真正体现了"教学相长"的思想宗旨,超越了以往所有教学理念,克服了它们的缺陷与不足,正确地处理和解决了教学过程中的师生关系。交互主体论教学理念的提出为科学地理顺思想政治理论课教学过程中的师生关系、实现知识的传授与接受的顺利进行提供了科学依据。

二、交互主体性教学理念的哲学基础

交互主体性教学理念看到,在思想政治理论课教育教学过程中,教育者和受教育者,教育主体和学习主体,都是现实生活中的具有一定知识文化、价值取向、主动性、能动性、创造性和鲜明个性等主体性特征的现实的人。从根本上来说,交互主体

---

① 余清臣:《交互主体性与教育:一种反思的视角》,《教育研究》2006年第8期。

② 万美容:《论主体道德教育模式的基本特征》,《学校党建与思想教育》2001年10期。

③ 康伟:《主体间性理论解构师生何以理解:可能与必然》《外国教育研究》,2007年第6期。

性教学理念不仅从认识论角度,而且更是从存在论、价值论角度来全面看待思想政治理论课教育教学活动中的师生关系,克服思想政治理论课教育教学中长期存在的教条主义和形式主义的流弊,打破传统教育教学理论的束缚,充分调动师生两个主体的积极性,对提高思想政治理论课教育教学水平、增强思想政治教育教学的实效性提供了新的理论支撑。当然,客观说来,能够为这种新的教学理念奠定理论基础的恰恰是现代哲学,特别是马克思主义哲学和现代西方哲学中以胡塞尔为代表创立的交互主体性现象学。

具体说来,现代意义上的马克思主义哲学在继承前人和现代西方哲学,特别是现代西方交互主体性现象学的基础上,提出了许多创造性的理论,如人的存在论、人的意识论、人的价值论、人的需要论、人的主体论、人的自由全面发展论、人的身心和谐论等。此外,胡锦涛为代表的党的领导集体,创造性地推进了马克思主义中国化,提出了科学发展观。科学发展观全面地概括和总结了马克思主义关于发展的思想理论,对如何实现发展提出了许多新思想、新观点、新论断,对指导人们在各个领域实现科学发展提供了强有力的理论指导,因此它对高校思想政治理论课教育教学和大学生思想政治教育工作具有重大而现实的指导意义。总之,以马克思主义哲学和现代西方交互主体性现象学为代表的现代哲学,以及马克思主义中国化的积极成果——习近平新时代中国特色社会主义思想,为高校思想政治理论课教学中大学生主体性的发挥提供了哲学依据。

(一)人的存在论

客观而言,世界存在着万事万物,每一个存在者,都有其存在的理由或客观原因。然而,人为万物之灵,正因为有了人的存在,整个世界才形成了以人为中心或核心的有机体系,才形成一个等级鲜明的价值秩序,或者说,正是人的出现,整个世界才有真正的生机和意义,一切事物的价值才得以显现出来。事实上,人的存在问题是人之所以为人的客观前提,也是使世界获得生机和意义的客观前提。但是,在历史上,人们对人究竟如何存在却存在着观念上的分歧。马克思主义人的存在论把人的存在与社会紧密地联系起来,因而科学地解释了人如何存在的根本问题。从学术发展史上看,马克思主义人的存在论是马克思主义人学的核心的、首要的内容。马克思主义人的存在论对人的科学论述是我们全面地认识和把握学生这一特殊群体的人如何存在的思想基础。

在马克思主义人的存在论看来,人的存在表现为以下特征:一是人不仅是自然存在,也是社会存在,是自然存在与社会存在的统一。在阐释唯物史观的基本观点时,马克思、恩格斯强调:"全部人类历史的第一个前提无疑是有生命的个人的存在。"[1]马克思自己先前也强调,人必须首先作为"肉体的主体"而存在[2]。换句话说,只有首先作为有生命的肉体而存在,人才能创造历史,才能生活。但是,人为了能够生活,也绝不能离开社会,马克思强调:"个人是社会的存在物。因此,他的生活表现——即使它不直接采取集体的、同其他人共同完成的生活表现这种形式——是社会生活的表现和确证。"[3]因此,马克思

---

[1]《马克思恩格斯文集》,第1卷,第519页,人民出版社,2009年版。

[2] 马克思:《1844年经济学哲学手稿》,第46页,人民出版社,1979年版。

[3] 马克思:《1844年经济学哲学手稿》,第76页,人民出版社,1979年版。

主义人的存在论看来，人不仅首先表现为自然存在，即有生命的个人，而且还表现为它本质上就是社会存在，人既无法离开自然界而生存，也离不开社会而孤立存在。二是人的存在是一种实践生成性的存在。也就是说，人既不可以还原为纯粹的自然物，也不是先验地预成的，相反，是在生活实践的基础上不断地发展和生成的。换句话说，人正是通过自由自觉的生活实践、生产实践或劳动实现的。实践生成性说明，人只有不断地通过改造、改变自身存在的状态，才能不断地实现自身的发展。三是人的存在是一种身心俱在。也就是说，人的存在与桌子、椅子、杯子等事物的存在有着根本的区别。桌子、椅子、杯子都是一种实体，它们的存在只是一种实体式存在，而人的存在只能是一种在场的存在，是身心俱在。身心俱在意味着自己的存在都是一种有意识的存在。马克思强调，动物与自身的生命活动直接同一，而人则把自己的生命活动本身变成自己的意志和意识的对象，只是由此，人才是自由的。当然，身心和谐是人存在的最高境界。四是人的存在本质上是一种关系性存在。人们的利益、快乐、幸福、痛苦、荣誉与耻辱等无不是在与周围的人或事物之间发生的。完全脱离社会关系的人不是真正的社会人，不具有社会意义。马克思强调："人的本质不是单个人所固有的抽象物，在其现实性上，它是一切社会关系的总和。"①五是人做事才存在。现实的人每天生活在复杂的事务之中，做事成为人生活和生存的常态。实际上，人只有做事，他才存在，如果光说不做，那么，他实际上就不存在。从根本上说，做事是人的一种在场状态，而真正的在场的存在只能是一种当下的存

---

① 《马克思恩格斯文集》，第 1 卷，第 501 页，人民出版社，2009 年版。

在,只能是一种在事情之中的存在。人只有不断地做事,他才在场,才能存在。六是人存在的最高境界是创造。也就是说,人不仅要做事,而且要创造。如果说人做事已经实现着存在,实际地存在着,处于当下的在场状态,那么,应该认识到,人不能瞎忙活,而只有通过不断地创造,才能实现自身的发展和创新。马克思强调,实际创造一个对象世界,是人作为有意识的类的存在物的自我确证。因此,要想确立自己的实质性存在,就必须创造,创造那些前人不曾拥有的事物或业绩,因为只有这些才能实现自我确证。可以说,创造是人存在的最高境界。七是人要活出尊严。尊严本身体现了人对自己人格的尊重。人是有人格的,只有做与人格相一致的事,人才作为一个人而存在。总之,人的存在本身是一个复杂问题,马克思主义从人的自然属性与社会属性的辩证关系中把握人,从人的生活实践来理解人,注重人的身心和谐和人的关系性存在、人的本质,并从人所创造的世界上确证人的存在以及强调人在社会生活中的人格独立与尊严,因而全面地、科学地阐述了人的存在问题。

马克思主义人的存在论的提出在哲学发展史上具有重要的意义。例如,黄楠森强调:"人的存在论在人学中的地位就相当于本体论在哲学中的地位,人的存在论就是人的本体论,在西文中,ontology(本体论)亦可译为存在论。我们经常谈到人的哲学,这是一个比较含糊的概念,它是人学还是人的存在论?还是其他?而人的存在论或人的本体论则是比较明确的。因此,在我看来,人的存在论之提出是人学建设的一次进展。"[1]

---

[1] 黄楠森:《人的存在论·序》,第Ⅰ页,广西人民出版社,1995年版。

可以说，从人的存在论考察人，是科学人学的必然前提。而这也告诉我们，立足于马克思主义科学的人的存在论能够比较全面地认识和把握青年大学生这一特殊群体的存在，从而有针对地开展适应其存在特点、存在规律、生存和发展要求的思想政治理论课教育教学。

（二）人的意识论

意识是人类迄今为止依然充满着神秘的现象，无论是哲学，还是以脑科学、思维科学、心理学等为代表的自然科学，都对人类的意识现象进行着不懈的探索。从根本上说，理解了意识也意味着理解了人本身。当然，哲学对意识的探索根本区别于自然科学，更侧重于对其根本属性、对人的生存所具有的意义的探索。多年来，马克思主义哲学一直把意识作为认识论、反映论的重要内容，但随着现代哲学和自然科学的发展，学者们发现，人的意识实际上不只是具有认识或反映的功能，实际上还存在着感情、意志、前意识、潜意识等内容，显然，只有全面地认识和把握意识现象，才能更科学地认识和把握人自己。目前，虽然马克思主义哲学意识论还处于探索阶段，但是，突破传统马克思主义认识论，特别是反映论的理论框架，从更宽广的理论视域全面地揭示意识的各种复杂现象，能够为我们展现出更为广阔的理论前景，结出更为丰富多彩的理论成果。从马克思主义哲学意识论来思考高校思想政治理论课教育教学和大学生思想政治教育，来认识和理解大学生的特殊生活、生存和发展，势必具有非常重要的理论和实践意义。

马克思主义意识论实际上是认识论，特别是对马克思主义反映论研究深化的产物，当然更是对人的本质研究深化的必然结果。可以说，意识现象自人类诞生之际就已经出现，而对意识现象的自觉认识恰恰意味着人对自己认识的开始。众所周知,恩格斯曾强调:"在远古时代,人们还完全不知道自己身体的构造,并且受梦中景象的影响,于是就产生一种观念:他们的思维和感觉不是他们身体的活动,而是一种独特的、寓于这个身体之中而在人死亡时就离开身体的灵魂的活动。"①在恩格斯看来,人类正是因为对思维和感觉的不理解最终导致了灵魂观念的出现,导致了有神论或唯心主义的诞生。然而,从根本上来说,灵魂观念的产生恰恰意味着人们开始认识自己,但是,人类处于蒙昧状态之中,根本不理解自己,即不理解自己身体的构造。然而,尽管近代以来随着自然科学的发展,人们对自身的认识正逐渐地深入、全面,但是,意识现象依然是世界科学界难解之谜。我们还知道,多年来我们的马克思主义哲学教科书上所教导我们的基本理念就是自从人类从自然界分化出来并产生了意识以来,世界上的万事万物归结起来无非是两大类现象,即物质现象和精神现象。众所周知,恩格斯在《路德维希费尔巴哈和德国古典哲学的终结》中强调:"全部哲学,特别是近代哲学的重大的基本问题,是思维和存在的关系问题。"②但是,在恩格斯进一步的表述中,他不仅提思维与存在的关系,还提精神与自然界,例如,他说:"思维对存在、精神对自然界的关系问题,全部哲学的最高问题,像一切宗教一样,其根源在于蒙昧时代的愚昧无知的观念."③显然,思维、精神都被视为意识的替代语。自此之后,无论是列宁还是其他人,都没有做出进一步的区分,结果是,意识、精神和思维三个范畴在马克思主义

---

①②《马克思恩格斯文集》,第4卷,第277页,人民出版社,2009年版。
③《马克思恩格斯文集》,第4卷,第278页,人民出版社,2009年版。

哲学认识论中基本上是同等的范畴,只不过随着语境的不同而有所选择而已。例如,胡子政强调:"总之,在原有的理论基础上,现行的马克思主义哲学界所理解的意识提出意识的动词用法,与思维、精神、心理相等同;同时理解为名词用法,将意识视为一种精神现象予以考察。"① 从根本上说,对思维、意识、精神三者不加分别,意味着人类对自身的认识还停留比较粗浅的层面。但是,这种状况很难得到彻底的改观。

事实上,人类对意识的认识经历过复杂的过程。在远古的时代,人类对意识的认识虽然粗浅,但却认为意识、精神或心灵是独立的客观实在,而正是在这种思想认识的层面上,出现了使人倍受困惑的身心问题,即肉体与灵魂的问题。然而,随着启蒙运动理性主义的胜利,近代自然科学出现了从根本上否定精神、意识存在的严格唯物主义,进入20世纪,意识现象一时成为主流科学敬而远之的对象,成为研究的禁忌。但是,直到20世纪70年代,随着哲学思维方式的根本改变,人们不再以还原论的思维方式思考意识现象,意识问题引起人们的关注,而到20世纪90年代,意识研究获得了普遍的合法性,意识科学成为引人注目的一门新兴前沿科学②。意识科学的兴起在哲学领域所引起的变革就是人们认识到对意识现象的研究却不能仅仅局限于认识论,认识只是意识的一部分功能或作用。例如,苏联著名哲学家、认识论专家科普宁强调:"认识论不能停留在意识同物质的对立上去理解意识。它从一定的方面开始更深入地分析意识。这个方面就是,意识是作为关于某种处

---

① 胡子政:《马克思主义意识论研究的多重镜像》,《哈尔滨学院学报》,2010年第8期。
② 曾向阳:《当代意识科学导论》,第2页,东南大学出版社,2003年版。

于它之外的东西的知识,即关于客观实在的知识。在意识同物质的关系中,分出知识的一个方面——客观实在的主观形象。"①也就是说,在科普宁看来,意识同物质的关系实际上存在着很多方面,而知识仅仅是其中的一个方面,从知识这一定的方面理解意识,是深入地分析意识的一个重要途径。但是,很可惜,科普宁的这种观点并没有得到很好的继承,相反,人们更多地秉承了"意识就是作为关于某种处于它之外的东西的知识"这一观点。由于以苏联哲学教科书为主导的哲学教学从根本上全面地影响着中国哲学界的理论思考,这一事关重大的理论问题很迟才为学者们所认识到。例如,李德顺强调,"gnosiology"旧译为"认识论",按照现在的理解,最恰当的译法应当是"意识论",它是18世纪形成的哲学的基本分支之一②。"gnosiology"或写为"gnoseology",亦译成"生成论"。当然,在西方语境中,表述传统认识论人们普遍运用的概念主要是"epistemology"。不过,这一概念却仅仅局限于"认识"或"认知"活动中,其规范的译法实际上是"知识论",其词根是"episteme",即"知识"。换句话说,如果用"epistemology"来全面概括意识的活动、功能、作用或现象,那么,这无疑是把意识片面化了,因为人的意识活动不只是认识、认知以形成知识。对于意识的复杂现象,田心铭强调:"以往的哲学原理研究,对认识以外的其他意识因素重要不够。'认识论'的研究相对说来开展得比较充分,而哲学中的意识论的研究则较为薄弱。如果把'意识论'充分展开,还应该有'感情论'、'意志论'('唯意志

---

① [苏联]科普宁:《马克思主义认识论导论》,第48页,求实出版社,1982年版。

② 李德顺:《价值论》,第5页,中国人民大学出版社,2007年版。

论'不对,哲学层次的'意志论'却是需要的)。在'感情论'、'意志论'研究的基础上,加上'认识论'的成果,经进一步概括和发展了的'意识论',其内容将远不止现在哲学原理教学中讲的'意识的起源、本质和作用',而是要丰富得多。这种哲学意义上的'意识论',又不同于作为具体科学的心理学对于意识的研究。哲学意义上的'意识论'也有人在研究,但还很不够。"①在他看来,一方面,我们要充分肯定情绪、情感、前意识、信仰、意志等非理性因素在认识过程中的作用和影响,但同时也不能把认识等同于意识,把上述非理性因素纳入到"认识"概念之中,使之成为与认识并列的认识论对象。针对部分学者提出的把上述因素包涵于认识论之中因而使认识论成为包罗万象的"全面的反映论"的做法,田心铭指出:"实际上,这种'全面的反映论',是意识论,而不是认识论。应该加强对意识论的研究,但是不能用意识论取代认识论。"②因此,就目前而言,如何深入研究意识论已经成为学术界研究的热点、难点,特别是随着西方心灵哲学的兴起,中国的马克思主义意识论研究已经逐渐实现突破,如何以西方心灵哲学为背景重新审视马克思主义意识论,或借鉴西方心灵哲学的研究成果不断丰富和发展马克思主义哲学意识论,就已经成为重要的时代课题。例如,高新民等人强调:"100多年前形成的马克思主义意识论,即使用当今认知科学、心灵哲学的眼光来审视,仍不失为一种有自己独立品格的'本体论变革'尝试,一种新颖而彻底的唯物主义。"③严国红强调:"我们可以说在马克思主义哲学的总体框架中包

---

①② 田心铭:《认识的反思》,第15页,人民出版社,2000年版。
③ 高新民、殷筱:《马克思主义意识论阐释的几个问题》,《哲学研究》,2006年版,第11期。

含有一种意识论或心灵哲学理论。然而,自马克思主义诞生以来,它的意识论几乎没有得到应有的发展,这与当代西方心灵哲学的方兴未艾形成鲜明对比。马克思主义哲学体系的这种不对称性的发展在某种程度上阻碍了其健康成长。"①因此,客观而言,现代心灵哲学研究,特别是马克思主义意识论研究,为我们更深入地认识和把握意识、心灵等问题提供了新的理论思维框架,我们不能再局限于认识论,特别是马克思主义反映论的角度来研究具有高度复杂性的意识现象。

既然马克思主义意识论实现了人的意识的全面的、深入的认识和把握,比较充分地揭示了意识现象的本质、结构、要素、规律和特点,认为意识实际上包含着情感、情绪、前意识、潜意识、意志、信仰等复杂内容,那么,在思考和审视高校思想政治理论课教育教学和思想政治教育问题时,我们就能够比较全面地认识我们的教育教学过程中的师生及其彼此关系,特别是认识和把握大学生在思想的学习、认识、接受过程中的重大根本性问题,促进其身心健康发展。

（三）人的价值论

价值问题是困惑人类的永恒问题之一。因为什么是价值或价值的本质是什么,它具体表现为那些内容,很难让人清楚地回答。事实上,尽管价值问题自人类诞生以来就一直存在着,但在哲学发展史上,作为专门研究价值的学问,价值论出现比较晚。价值论为哲学的研究内容,肇始于以德国哲学家文德尔班为代表的价值学派。只是在其后,价值论才逐渐地成为现

---

① 严国红:《新二元论的崛起与马克思主义意识论的发展》,《自然辩证法》,2009 年第 5 期。

代哲学中与存在论、意识论并列的三大基本分支之一。价值论不仅阐释事物的价值,而且还重点说明人的价值。但是,对于人的价值论,不同的哲学派别的态度是根本不同的。人的价值论是马克思主义人学中的基本分支。马克思主义人的价值论从生活实践的角度全面地阐述了人的价值问题,这为马克思主义相关学科,特别是为马克思主义思想政治教育和思想政治理论课教育教学,提供了科学的思想基础。

理解马克思主义人的价值问题,首先应当理解马克思主义关于价值的一般认识及其思维特征。客观而言,马克思对价值问题的思考,其出发点是实践基础上的主客体关系思维。例如,马克思说:"商品首先是一个外界的对象,一个靠自己的属性来满足人的某种需要的物。"①在此,马克思肯定了价值本质上是一种关系性范畴,其实质在于外界事物、客体满足主体、人的需要。李德顺强调:"'价值'作为一个哲学范畴,必然有其普遍的客观基础和存在形式。这个普遍的基础和存在形式,正是人类一种普遍的基本关系——主客体关系的一个方面,即:在主客体相互作用中,由于主体及其内在尺度的作用,使客体趋向于主体,接近主体,客体主体化,客体为主体的需要及其发展服务。"②因此,真正说来,一切价值关系都存在于主体与客体的关系之中,都是主体通过自身内在的尺度衡量客体、要求客体、使客体按照主体的需要和发展变化的结果。这也告诉人们,价值既不单独存在于客体自身,不是客体的某种属性,也不单独存在于主体自身,不是主体心中的观念,更不是某种神灵

---

① 《马克思恩格斯全集》,第 44 卷,第 47 页,人民出版社,2001 年版。

② 李德顺:《价值论》,第 36 页,中国人民大学出版社,2007 年版。

赋予的东西。特别是,由于马克思主义得以确立的坚实基础是社会生产实践、生活实践,因此,人满足自身需要的对象、手段和方式都是实践的产物,与动物直接依赖自然界来满足自己存在着根本的区别。因此,马克思主义价值论归根结底是实践价值论。

既然价值都是外在事物满足特定主体或人的需要,那么人的价值实质上是指作为客体的人对作为主体的人需要的满足关系。毫无疑问,人的价值是价值现象中的特殊形态,与物的价值不同,人的价值无论是价值客体还是价值主体都是人。也就是说,人的价值问题在于考虑什么样的人或何种意义上的人对另一些什么样的人或何种意义上的人的需要的满足。客观而言,所以要谈人的价值,就在于人的价值与物的价值存在着根本的差别。尽管物能够在人的不同视域里呈现出不同的维度,因而能够满足人的不同层次、不同维度上的需要,但物基本上没有根本性的变化。然而,人却不一样,人具有自觉能动性和创造性,因而人是发展、变化的,此时此地的人、此种发展状况的人对彼时彼地的人或另一种发展状况的人就将意味着不同的价值。因此,人能够通过自己的物质财富和精神财富的创造满足自身、社会或他人的生存发展需要。也可以说,人正是通过人的创造性的实践活动,通过自己创造出来的客观事物,才能够确证自己的价值。马克思说:"实际创造一个对象世界,改造无机的自然界,这是人作为有意识的类的存在物(亦即这样的一种存在物,它把类当作自己的本质来对待,或者说把自己本身当作类的存在物来对待)的自我确证。"①事实上,世界

---

① 马克思:《1844年经济学哲学手稿》,第50页,人民出版社,1979年版。

上的任何价值本质上都是人创造的,人是价值的创造者,同时也是价值的享有者;人是万物之灵,其实质就是人是世界上最高的价值存在。

在马克思主义人的价值论看来,人的价值可以分为人的自我价值和社会价值,是两个方面的辩证统一。马克思说:"我们已经看到,在被积极扬弃的私有财产的前提下,人如何生产人——他自身和别人;直接体现他的个性的对象如何是他自己为别人的存在,同时是这个别人的存在,而且也是这个别人为他的存在。"①因此,人没有孤立的价值,人的价值都是人在社会关系中发生的。人的价值存在着两个不可分割的维度:人的自我价值和人的社会价值。所谓人的自我价值,就是人自己的一切行为、劳动对自身生存和发展需要的满足。所谓人的社会价值,就是人的一切行为、劳动对整个社会或人类生存和发展需要的满足。这两个维度是紧密地联系在一起的,因为任何一个人不仅生活在私人世界里,还注定生活在公共世界里,人本身具有双重维度。特别是,人的自我价值的实现必须依赖社会,必须通过社会价值,也就是说,只有人为社会创造了价值,他个人的自我价值才能得到实现。因此,任何时候我们都不能割裂自身价值与社会价值之间的关系。

马克思主义人的价值论科学地揭示了人的价值的实质,认识到人的价值本质上是自我价值与社会价值的辩证统一,这实际上为我们在思想政治理论课教育教学中客观地看待学生的价值及其价值实现、价值创造提供了科学的理解视域,即我们不仅要关注学生在自身发展过程中对自己价值的特殊追求,也

---

① 《马克思恩格斯文集》,第 1 卷,第 187 页,人民出版社,2009 年版。

应当科学地引导学生为社会创造价值,只有如此,才能科学地调动学生学习的自觉性、积极性和创造性,科学地发挥其学习主体性。

（四）人的需要论

作为生命有机体,人如同其他生命,特别是与动物一样,为了维护自身生命的存在,首先必须满足肉体生存的需要。在马克思、恩格斯看来,人类社会历史的诞生就起源于人自觉地为满足生存和发展的需要而进行的物质生活资料的生产。他们强调:"全部人类历史的第一个前提无疑是有生命的个人的存在。因此,第一个需要确认的事实就是这些个人的肉体组织以及由此产生的个人对其他自然的关系。"①也就是说,全部人类历史的前提或事实就是有生命的个人及其由其肉体组织产生的对其他自然的关系。在此,所谓肉体组织对其他自然的关系,最为核心的就是依赖关系,或满足需要的关系。所以,马克思、恩格斯接着强调:"一当人开始生产自己的生活资料,即迈出由他们的肉体组织所决定的这一步的时候,人本身就开始把自己和动物区别开来。"②因此,人之所以成为人,不仅取决他必须满足自身肉体生存的需要,而且还取决于他满足自身需要的特殊方式,即他能够实际地生产自己的生活资料。正是在对人的需要及其满足方式与动物的需要及其满足方式相区别的论述中,马克思确立了科学的人的需要论,而深入地理解和把握马克思主义对人的需要及其满足方式的论述,能够让我们清楚地认识和把握高校思想政治理论课教育教学或大学生思想

---

①② 《马克思恩格斯文集》,第1卷,第519页,人民出版社,2009年版。

政治教育过程中师生各自的需要及其满足方式,能够使我们更自由自觉地解决在此过程中出现的各种复杂问题。

在马克思主义看来,人之所以区别于动物,不仅在于人与动物的需要存在着根本区别,而且人与动物各自满足自己需要的方式也存在着根本区别。首先,人与动物的需要是根本不同的:动物的需要本质上是动物基于自身的肉体本能所产生的需要,而人的需要除了肉体组织所决定的本能需要之外,还有更高级的生存和发展的需要。袁贵仁等强调:"动物的需要是受其肉体存在限制的需要,人的需要则可以超出自己的机体的限制,而且只有超出机体的限制时,需要才真正表现为人的需要。我们知道,动物的需要是对纯粹自然界的需求,而人则是对自己改造过的对象物即人化自然界的需求。"[①]因此,人通过改造对象物,通过使自然界人化而创造新的事物满足自己的需要。正是因为如此,马克思看来,无论是人还是动物都从事生产,都为自己构筑巢穴或居所,然而两者的生产及其所满足的需要却有着天壤之别。因为,"动物只生产它自己或它的幼仔所直接需要的东西";"动物只是在直接的肉体需要的支配下生产,而人则甚至摆脱肉体的需要进行生产,并且只有在他摆脱了这种需要时才真正进行生产";"动物的产品直接同它的肉体相联系,而人则自由地与自己的产品相对立";"动物只是按照它所属的那个物种的尺度和需要来进行塑造,而人则懂得按照任何物种的尺度来进行生产,并且随时随地都能用内在固有的尺度来衡量对象";"所以,人也按照美的规律来塑造物体"[②]。因

---

① 袁贵仁等:《人的哲学》,第 93 页,工人出版社,1988 年版。
② 马克思:《1844 年经济学哲学手稿》,第 50~51 页,人民出版社,1979 年版。

此,一旦人摆脱开肉体需要而按照自身内在固有的尺度来认识、衡量、改造对象从而满足自己的需要时,就不仅与动物严格地区别开来,而且开始按照美的规律来构建自己的生活世界。

按照自身的尺度和需要,甚至按照任何物种的尺度进行生产、创造,就使人完全脱离了动物世界而进入了人的世界、人化的世界或属人的世界。黑格尔强调:"动物用一套局限的手段和方法来满足它的同样局限的需要。人虽然也受到这种限制,但同时证实他能越出这种限制并证实他的普遍性,借以证实的首先是需要和满足手段殊多性,其次是具体的需要分解和区分为个别的部分和方面,后者又转而成为特殊化了的,从而更抽象的各种不同需要。"①还强调:"动物是一种特异的东西,它有其本能和满足的手段,这些手段是有限度而不能越出的。有些昆虫寄生在特定一种植物上,有些动物则有更广大的范围而能在不同的气候中生存。但是跟人的生存范围比较起来总是有某种限制的。人有居住和穿衣的需要,他不再生吃食物,而必然加以烹调,并把食物自然直接性加以破坏,这些都使人不能像动物那样随遇而安,并且作为精神,他也不应该随遇而安。"②这是说,动物的需要及满足需要的手段都是具有局限性的,因此它们本身就是一种特异的东西,即具有特殊规定性的东西,但是人却具有普遍性,而这就表现在人能够通过各种方式满足自己的各种随着生存实践不断派生出来的需要。针对人的需要及其满足手段的多样性、普遍性,马克思也曾强调:"人(和动物一样)赖无机自然界来生活,而人较之动物越是万能,那么,人赖以生活的那个无机自然界的范围也就越广阔。

---

① [德]黑格尔:《法哲学原理》,第205页,商务印书馆,1961年版。
② [德]黑格尔:《法哲学原理》,第206页,商务印书馆,1961年版。

从理论方面来说,植物、动物、石头、空气、光等等,部分地作为自然科学的对象,部分地作为艺术的对象,都是人的意识的一部分,都是人的精神的无机自然界,是人为了能够享乐和消化而必须准备好的精神食粮;同样地,从实践方面来说,这些东西也是人的生活和人的活动的一部分。"①因此,在马克思看来,人与动物虽然都依赖自然而生存,但人却具有普遍性,因而能够把整个无机的自然界作为满足自己需要的对象,也正是在此意义上,马克思强调:"实际上,人的万能正是表现在他把整个自然界——首先就它是人的直接的生活资料而言,其次就它是人的生命活动的材料、对象和工具而言——变成人的无机的身体。自然界就它本身不是人的身体而言,是人的无机的身体。"②因此,从根本上来说,人的需要具有无限的普遍性,这种需要的满足依赖于整个自然界。

然而,人的需要及其满足需要的手段不仅实质上区别于动物,而且人的需要还恰恰彰显了人的本性。马克思在《德意志意识形态》中强调人在任何时候都不是孤立存在的个体:"他们的需要即他们的本性,以及他们求得满足的方式,把他们联系起来。"③因此,人的需要与人的本性实际上存在着内在的联系。对此,袁贵仁等强调:"人的需要就是人类活动的内在动机和力量源泉,就蕴含在人性结构之中。人的需要与人性、人的本质是统一的。"④因此,人的需要本质上正是人活动的内在动力源泉,它不仅实际地驱使着人朝向某种特定方向前进,而且

---

①② 马克思:《1844年经济学哲学手稿》,第49页,人民出版社,1979年版。

③ 《马克思恩格斯全集》,第3卷,第514页,人民出版社,1960年版。

④ 袁贵仁等:《人的哲学》,第92页,工人出版社,1988年版。

还只是在此过程中不断地确证人的特殊本性、特殊本质。马克思说:"我真正喜爱什么东西,我就会感到这种东西的存在是必需的,是我所需要的,没有它的存在,我的生活就不可能充实、美满。"①所以说,人所必需的、需要的东西恰恰就是使人的存在或生活充实、美满起来的东西。换句话说,人的需要与人的存在、生活、本性和本质存在着内在的联系,人正是在满足自己需要的过程不断地实现自身的存在、充实和丰富生活的。

当然,对人来说,人的需要不仅具有多样性,而且具有多层次性,而这充分地反映了人的本质内涵的丰富性。马克思首先充分肯定了人只有保证了"肉体的主体的生存",然后他才能成为一个真正意义上的社会存在者。马克思在批判异化劳动时曾指出:"劳动者在两个方面成为自己的对象的奴隶:第一,他接受劳动的对象,亦即接受工作;第二,他接受生活资料。因而,他首先作为劳动者,其次作为肉体的主体,才能够生存。这种奴隶状态的顶点就是,他只有更多地作为劳动者才能维持作为肉体的主体的生存,并且只有更多地作为肉体的主体才能是劳动者。"②如前所述,人的自然需要、肉体主体的需要与动物虽然很相似,但也不是完全相同的。因为人的需要及其满足实际上具有鲜明的社会属性。例如,马克思强调,就是摄食需求来说,对人来说,也"不是纯粹的自然需要,而是历史上随着一定的文化水平而发生变化的自然需要"③。也就是说,人的生

---

① 《马克思恩格斯全集》,第1卷,第145页,人民出版社,1995年版。

② 马克思:《1844年经济学哲学手稿》,第46页,人民出版社,1979年版。

③ 《马克思恩格斯全集》,第47卷,第52页,人民出版社,1979年版。

活需要本质上就是一种为了满足生活、生存和发展而产生的需要，是一种有意识、有目的的需要，而且无论是满足需要的手段、方式还是途径，都具有鲜明的生活实践性和文化特性。事实上，在人的自然需要随着人类的社会实践和文化水平的变化而不再是纯粹的自然需要的同时，人逐渐地发展出了社会需要。在马克思主义看来，人的任何需要本质上都是人的社会需要，这不仅包括人的肉体生存的需要，更包括人在社会生产、生活、交往、交换过程中产生的需要，包括政治、经济、文化、精神、发展等各个方面的需要。因为作为社会化的人，既然任何人实际上都离不开社会而孤立存在或生活，因此，人的任何需要，包括自然需要，都是在社会中或通过社会实现的。由于人的社会生活本身是丰富多彩的，因此，人的需要无论对于社会还是个人来说，都是多种多样的。袁贵仁强调："马克思不仅把人的需要和人性、人的本质的理论相联系，提出人的自然需要、社会需要和精神需要，以及人的劳动需要和社会关系的需要，而且进一步提出人的个体需要和社会共同需要，以及人的生存需要、享受需要和发展需要。"[①]因此，在马克思主义看来，人的多样化的需要不仅是一种客观事实，而且是应当尊重的客观事实，只有充分地实现和满足人的各种正当需要，整个社会才能很好地发展。众所周知，美国著名心理学家马斯洛还提出人的需要的五层次理论，即从低级向高级人的需要依次表现为基本需要——生理需要、安全需要、归属和爱的需要、自尊需要和自我实现的需要。当然，在马斯洛看来，人的各种需要在人的生活中所处的地位实际上是不同的，他强调："生理需要在所有需

[①] 袁贵仁：《马克思的人学思想》，第152页，北京师范大学出版社，1996年版。

要中占绝对优势。具体说,假如一个人在生活中所有需要都没有得到满足,那么生理需要而不是其他需要最有可能成为他的主要动机。一个同时缺乏食物、安全、爱和尊重的人,对于食物的需要可能最为强烈。"①显然,在此,马斯洛所以强调生理需要在所有需要中占绝对优势,正是基于马克思所说的人首先作为肉体主体才能存在的这一生活事实。当然,马斯洛更强调,一般情况下,当人的基本需要得到满足(不一定百分之百地满足,很可能部分地满足)之后,人才会逐级地追求高级的需要②。

当前,随着社会生产力的极大发展,特别是我国改革开放的深化,人们的物质生活不断得到改善,不仅人们各种不同的物质欲望或需要都得到了不同程度的满足,而且还进一步催生了新的更高的精神文化需要、心灵需要。在此背景和趋势下,思想政治理论课教育教学就必须以认识、了解和解决学生的各种合理的需要,特别是精神需要、心灵需要为契机,全面规范和调整教育教学的内容、方法、手段等,确保能够满足学生们的需要,使之在德、智、体、美、劳等各方面得到健康发展。

(五)人的主体论

马克思强调:"作为主体的人必须是出发点。"③马克思的这一论断奠定了唯物史观,特别是马克思主义人学的理论基石。可以说,在整个唯物史观中,马克思全面地探讨了人类社会历史发展的根本前提,充分地肯定了现实的人在创造社会历史的主体性地位,彻底否定了宗教神学和唯心史观捏造出来的

---

① 马斯洛:《动机和人格》,第 41~42 页,华夏出版社,1987 年版。
② 马斯洛:《动机和人格》,第 62 页,华夏出版社,1987 年版。
③ 马克思:《1844 年经济学哲学手稿》,第 75 页,人民出版社,1979 年版。

形形色色的上帝创世论,为人们科学地创造历史指明了方向。但是,"主体"概念并非由马克思、恩格斯最先提出,它本身是一个具有深远历史渊源的哲学范畴,在其漫长的发展过程中,它的意义和运用实际上经历着复杂的现象。只是到了马克思实现了哲学领域里的革命性变革之后,主体概念才获得了科学的内涵。可以说,马克思、恩格斯的经典著作包含着丰富的关于人的主体论思想。尽管如此,由于受苏联哲学教科书教学体系的影响和束缚,我们对主体以及主体和客体关系的认识,实际上更多地囿于认识论的理论视域之内而不能自拔。客观而言,自改革开放以来,随着人们对苏联哲学教科书教学体系的质疑,人们对"主体"概念的认识越来越科学、越来越全面,从而创造性地提出马克思主义"人学"这一划时代的概念,更充分地认识和肯定了人在各种社会实践活动、认识活动中的主体地位。作为主体的人,不仅意味着他是整个实践—认识活动的发起者、组织者、管理者、支配者,而且意味着他的主体地位恰恰是相对于一定的客体而言的,主体、客体之间的相互关系规定了彼此的角色,而彼此间的互动则实际上客观地促进着整个实践—认识活动的推进,意味着主体、客体各自的调整、改造和发展。客观而言,全面地确立人的主体地位,正确地认识、把握客体,管理、控制整个实践—认识活动的发展节奏、速度、趋势和方向,对于人类各个领域里的科学探索活动都具有重大的指导意义。因此,从马克思主义人学,特别是其中的人的主体论,全面地认识和把握高校思想政治理论课教育教学或大学生思想政治教育过程中的师生主体地位、主体性发挥等根本的、重大的理论和实践问题,将为我们打开研究的思路,实际地促进问题的彻底解决。

　　客观而言,"主体"概念在不同的语境中具有不同的含义,因此一词多义,在全面阐释人的主体论之前,必须全面厘清"主体"概念的不同含义,否则就只可能造成思想混乱和话语之争。对于"主体"一词多义的现象,不少学者都做过阐述。例如,李德顺等人强调:"从语义学的角度论,'主体'、'客体'范畴是复杂而充满歧义的。例如,对于'主体'这个词,人们曾在'实体'、'本体'或'某种运动形式的承担者'等意义上使用,而与'现象'等概念相对应;也曾在'主要组成部分'之类意义上使用,而与'次要组成部分'、'副体'等概念相对应;……然而,这些都不是哲学意义上的'主体'范畴的含义。"①齐振海、袁贵仁等强调:"在人们日常生活中,还有'主体工程'、'主体建筑'的说法,这里的主体是'主要'、'中心'的意思,是生活用语,而不属于哲学范畴。"②田心铭还强调:"有时人们也在社会运动的承担者这个意义上讲'人是社会运动的主体',这和讲化学运动的主体是分子,生物运动的主体是蛋白质和核酸,以及前述'物质是一切运动的主体'一样,是在'实体'与'属性'的关系上讲的,不是与客体相对应的主体范畴。"③总之,必须充分认识"主体"的一词多义现象,科学地辨析和厘清其在不同语境中的含义,只有这样才能避免思想上的混乱,避免因话语之争而忽视和掩盖了需要解决的真正问题。从根本上说,我们在此要阐释的人的主体论,其中蕴涵的"主体"概念本质上是马克思主义哲学或人学意义上的主体范畴,而不包含"实体"、"主要部分"、"中心"或"某种运动形式的承担者"等意义,或者说,主要不是

---

① 李德顺、孙伟平、赵剑英等:《马克思主义哲学范畴研究》,第95页,中国社会科学出版社,2010年版。

② 齐振海、袁贵仁等:《哲学中的主体和客体问题》,第92页,中国人民大学出版社,1992年版。

③ 田心铭:《认识的反思》,第63页,人民出版社,2000年版。

在这种日常话语意义上谈论的。

  作为一个哲学范畴,特别是马克思主义哲学或人学范畴,"主体"具有内在的规定性,然而学术界对"主体"的理解和界定却经历了一个复杂的过程,迄今仍然存在分歧。齐振海、袁贵仁等强调:"主体和客体是一对重要的范畴,也是我国哲学界在新中国成立以后很长一段时间内没有开展研究的一个重要问题。对这一问题的研究,是在1978年开展的真理标准问题讨论后才提出来的。"①也就是说,主体和客体作为重要的哲学范畴所以能够引起人们的重视,完全是从认识论领域内关于真理标准大讨论引发出来的。众所周知,1978年哲学界掀起的真理标准大讨论,本质上是一场政治运动,旨在反对党内"两个凡是"的错误思想路线,实现思想领域的拨乱反正。因此,我们对主体和客体的认识,不仅带有鲜明的认识论色彩,而且还带有比较明显的政治意识形态痕迹。然而,也就是这场运动,使人们不仅深刻地反思了认识论领域里的主体和客体范畴,而且还使与主体和客体紧密相联的主体性问题成为哲学界研究的热点。迄今为止,学术界发表或出版了大量关于主体和客体以及主体性等方面的论文和著作,人们对主体和客体及其相互关系以及人的主体性等问题的认识已经越来越深刻。当然,分歧依然存在。例如,李德顺等人强调:"所有分歧都与主体、客体的理解和界定相关,它似乎是以这种方式提出的:主体与客体是否是不可分割的?例如,在人类主体之前,自然界作为客体是否存在?这一问题的实质是:'主体'是否能完全等同于'人'?'客体'是否只表示'外部客观存在'?'主体—客体'是否可以

---

① 齐振海、袁贵仁等:《哲学中的主体和客体问题》,第Ⅰ页,中国人民大学出版社,1992年版。

与'人—世界'等同起来?与此相联系,还有人提出,在主客体问题上坚持唯物主义,就必须承认客体对于主体的优先地位和决定性作用,承认客体第一性,主体第二性。这又进一步涉及:是否能够仅仅在'主观'、'思维'的意义上理解'主体',是否可以把主客体关系完全归结为思维与存在的关系、主观与客观的关系,等等。"①客观而言,这些分歧或疑义实际上极大地影响着人们对主体和客体的正确认识,使人们在许多重大的理论和实践问题上存在着分歧。事实上,对于马克思来说,主体本身是一个属人的范畴。例如,就生产而言所做的种种规定来说,马克思曾强调:"主体是人,客体是自然界,这总是一样的。"②也就是说,人是生产者,所要生产加工的材料则是自然界。但是,尽管主体是属人的范畴,也就是说,只有人才能成为主体,离开人无所谓主体,但并非所有的人在任何时候都能够作为主体而存在。齐振海、袁贵仁等强调:"马克思和恩格斯在吸收前人关于主体思想的合理因素基础上,把主体看作是处于社会关系之中,并从事现实的感性活动的人。"③他们强调,主体和人并不是同等的范畴,不仅徒具人的生理机能的"狼孩"不是主体,就连婴儿也不是严格意义上的主体,因为他们的活动缺乏目的和意识,是本能的活动,不仅没有自我意识,更没有自我与外界对象物,在他成人之前只是可能的主体而已。因此,他们强调:"严格说来,就是正常的人,也只有具备了一定实践技能、经验和科学文化知识,并实际地从事实践和认识活动,才算是

---

① 李德顺、孙伟平、赵剑英等:《马克思主义哲学范畴研究》,第96页,中国社会科学出版社,2010年版。
② 《马克思恩格斯选集》,第2卷,第685页,人民出版社,2012年版。
③ 齐振海、袁贵仁等:《哲学中的主体和客体问题》,第92页,中国人民大学出版社,1992年版。

真正的主体。"①因此，能够成为真正意义上的主体，不仅取决于人是否具有成熟的自我意识，而且还在于他是否实际地从事实践和认识活动。可以说，在对主体的认识方面，这一点已经形成了哲学界的共识。例如，李德顺等亦强调："在实践唯物主义看来，脱离人（主体）的具体的历史的社会实践—认识活动，是不可能科学地解决主体问题的。一般说来，作为实践—认识活动中两个既相对立又相联系的两极，主体是指实践者、认识者，或实践—认识活动的行为者本身，客体是指实践对象、认识对象，或主体行为的对象本身。据此，我们认为，主体与客体这对范畴的特殊规定性和意义，不在于它们描述和代表了人与世界的一般存在或属性，而在于它们表述了双方各自在一定实践—认识活动中的特殊地位。"②也就是说，人与世界、自然界甚至其他人能够成为主体、客体，关键在于彼此间是否存在着实践—认识活动，而主体、客体也只是意味着两者实际上的特殊地位，即主体地位和客体地位。他们强调："逻辑上一贯地把握主客体概念的内涵，就应该清醒地看到，在'人与世界'、'人与事物'、'人与社会'、'个人与他人'等形式上所说的主体和客体，都只是从概念的外延方面把握的主客体关系类型，亦即主客体关系的现实的、具体的、特殊的形式。其中任何一个都不应看作唯一的、绝对的'主体—客体'形式。"③换句话说，"主体—客体"的具体表现形式实际上是多样的，必须基于具体的

---

① 齐振海、袁贵仁等：《哲学中的主体和客体问题》，第92页，中国人民大学出版社，1992年版。
② 李德顺、孙伟平、赵剑英等：《马克思主义哲学范畴研究》，第96～97页，中国社会科学出版社，2010年版。
③ 李德顺、孙伟平、赵剑英等：《马克思主义哲学范畴研究》，第97页，中国社会科学出版社，2010年版。

语言环境和实际对象而确定主体与客体,特别是,人不仅能够成为主体(当然,也只有人能够成为主体),而且也能够成为客体,即成为作为主体的人认识、考察、把握、改造的对象。显然,这种认识就打破了一旦谈到客体时就僵化地认为客体必然是自然界的怪论。客观而言,清楚地阐释主体的规定性以及主体与客体之间的相互关系,为我们更好地理解思想政治理论课教育教学或思想政治教育中的主客体关系奠定了坚实的理论基础。

当然,以马克思主义人的主体论来考察高校思想政治理论课教育教学问题,从根本上还在于探索如何积极开发和发挥师生主体性这一根本问题。如上所述,主体性问题是哲学主体、客体研究过程中逐渐引起人们高度重视的新问题。李德顺等强调:"主体性是指人作为主体时的特殊本质表现。"①毫无疑问,正如并非任何人在任何时候都是主体一样,并非任何人都具有主体性,相反,只有当人成为主体时他才具有相应的主体性。不仅如此,由于一个人只有在特定的主体—客体关系中成为主体,因此如果他实际地在不同的时候处于不同的主体—客体关系,那么,他所具有的主体性在不同的时候也存在着根本性的差异。换句话说,我们不能僵化地理解一个人的主体性,任何主体性都是人作为主体时的特定主体—客体关系中的主体性,因而也都是具体环境下的主体性,根本不存在抽象的主体性,也不能抽象地谈论主体性。例如,我们不能抽象地把主体性等同于人的本性或人性,相反,主体性只是人性在特定环境或关系中的特殊表现而已。主体性的这一特殊性质启示我

---

① 李德顺、孙伟平、赵剑英等:《马克思主义哲学范畴研究》,第102页,中国社会科学出版社,2010年版。

们必须深刻地研究人与外在事物或他人究竟处于怎样具体的主体—客体关系之中,而不是抽象地、一般地谈论具体情形下的具体问题。就主体性的基本内容,不同的学者对此问题的认识并不一致。例如,齐振海、袁贵仁等在界定主体性之前,区别了主体的总体性质和主体性,他们认为:"主体的自然属性、社会属性、精神属性,特别是能动性、创造性和自主性,是主体作为主体存在和在与客体的比较中所表现出来的总体性质。如果说,自然属性、社会属性和精神属性是主体的一般性质,那么,能动性、创造性和自主性则是主体的特殊表现。所谓人的主体性一般是指人作为主体所特有的属性,指人在同客体的相互作用中所表现出来的能动性、创造性和自主性。主体性除了这些主要的、本质的属性外,还有其非本质的、次要的属性,如受动性、重复性和适应性等。"①在他们看来,并非作为主体的人的所有特性都是主体性,主体性是主体总体性质的一部分,并且是最根本、最深刻的一部分。已故著名哲学家黄楠森强调:"主体性不等于人性,而只能是作为主体的人的根本共性。"②在此,黄楠森把主体性视为"作为主体的人的根本共性"。但是,"根本共性"究竟怎样理解依然是一个问题。就主体性的问题,李德顺等人强调:"其基本内容包括主体自身结构规定性的作用、主体在与客体关系中的'为我'倾向、主体的自为性、主体自律和他律的统一。"③在他们看来,所谓主体自身结构规定性的作用,是指人的身心结构的统一、人的自然属性

---

① 齐振海、袁贵仁等:《哲学中的主体和客体问题》,第 92 页,中国人民大学出版社,1992 年版。
② 黄楠森:《论人的活动的主体性》,《阵地》,1991 年第 6 期。
③ 李德顺、孙伟平、赵剑英等:《马克思主义哲学范畴研究》,第 102 页,中国社会科学出版社,2010 年版。

和社会属性的统一、人的社会意识和社会存在的统一,这些都是使人成为主体的一些前提和条件,也是最高层次的主体——人或人类主体性的内容;所谓主体在与客体关系中的"为我"倾向,是指在一切主客体关系中,都带有以主体或我的存在和活动为起点,以主体或我的发展为归宿的特点,没有"为我"就谈不上主客之分,"为我"就是主体性和主体性意识的一个重要标志;所谓主体的自为性,是指主体在同客体相互作用时必然按照自身的内在规定性和本质行事,成为主客体相互关系的首动者,在承认客体客观存在的前提下通过自觉的活动改变现实,并通过各种方式力求保持自己在这一主客体关系中的主动地位,这些自为的特征具体表现为主体的独立性、能动性、目的性、创造性等;所谓主体自律和他律的统一,是指实践—认识活动中主体不仅以自身的尺度和方式承担和衡量主客体相互作用的后果,调节自己的需要、目的和行为,并且随时检验相互作用的过程和结果是否符合自己的需要、目的和能力等,依据检验结果做出调节,调整自己与客体的关系,而且主体还受客体及各种客观条件的约束,遵循客观规律或他律,实现两者的统一。毫无疑问,一个真正意义上的主体所具有的主体性,实际上既要考虑其主体的层次,如个体主体、群体主体、社会主体或人类主体,又要考虑主体所处的具体的主客体关系;既要考虑其主观性的一面,如能动性、自主性、创造性、又要考虑其客观性的一面,如自身存在着特殊的内在规定性和本质;既要考虑自身的需要、目的、行为、能力、责任,又要考虑客观事物的规律性,遵循规律性。毫无疑问,这种对主体、主体性的认识是深刻而全面的,我们探讨高校思想政治理论课教育教学或大学生思想政治教育过程中所蕴含的主客体关系以及如何发挥师生主体性的问题,就必须深刻地认识到主体性的发挥离不开对师生各自规定性的认识,离不开如何科学地看待师生在不同的教育教学活动的层面上的自主性、能动性、创造性等问题,离不开如何看到师生在教与学的过程中各自的需要、目的、行为、能力、责任以及自律和他律问题,从而全面地规划和协调教育教学的活动。

总之,马克思主义人学中的人的主体论实际上为我们全面地考查高校思想政治理论课教育教学或思想政治教育这样的活动中所蕴含的主客体关系以及如何发挥师生各自的主体性,提供了科学的理论基础。

(六)人的自由全面发展理论

人的发展问题是人类有史以来最为关注的核心问题。科学地解决人的发展问题,同样是教育教学所面对的核心问题。客观而言,马克思主义关于人的自由全面发展的理论科学地阐明了关于人的发展中的一切问题,因而为教育教学奠定了坚实的理论基础。

客观而言,马克思主义关于人的全面发展理论本质上是马克思主义创始人在批判近代以来西方资产阶级关于人的学说的唯心主义神秘性的基础之上形成的。与资产阶级学者不同,马克思主义创始人向来反对抽象地谈论人、人性,相反,认为人是社会的人,社会是人的社会,强调社会本身生产作为人的人,而人也生产社会。马克思在《关于费尔巴哈的提纲》中指出:"人的本质不是单个人所固有的抽象物,在其现实性上,它是一切社会关系的总和。"[①]由此,在马克思主义创始人看来,人的

[①]《马克思恩格斯文集》,第1卷,第501页,人民出版社,2009年版。

发展与社会的发展本质上是同一个过程的两个方面,只有深刻地认识到人的社会性才能充分地揭示人的发展问题,而从人的社会性来看待人的发展,就会看到人的发展客观地存在着两个维度,即类的发展和个人的发展,前者反映的是人的发展的社会历史性,而后者反映的则是人的发展的个体性。在马克思看来,人类社会从质态上来说,实际上经历着三种形态的转变:第一个历史阶段是人的依赖关系占统治地位的阶段;第二个历史阶段是以物的依赖关系为基础的人的独立性的阶段;第三个历史阶段是人的自由个性的阶段。这三个阶段意味着人的不同发展程度,越是随着人类社会历史的发展,人获得的自由越大,发展越全面,因而自由与发展实际上存在着内在的关联。马克思不仅从人的社会历史发展、社会形态演进的角度阐明了共产主义社会是人类的理想社会,而且还从个人的角度全面地考察了人的体力、智力、个性和交往能力等方面的全面发展。具体说来,这种从个体角度对人的全面发展的考察,可以分为三个维度,即个人的全面发展、个人的自由发展和个人的充分发展。个人的全面发展总是相对片面发展而言的。与片面发展只是人的单方面能力得到发展而其他方面的能力没有机会得到发展或者一种能力的发展抑制了其他能力的发展有着根本不同,全面发展是指人的各方面的才能和能力的均衡发展、协调发展。人的发展是自由的发展,即人通过自己的发展获得越来越多的自由,自由反过来又成为发展的前提。特别是,自由时间的拥有是人能否自由全面发展的标志。人的发展同样也是呈现个性特色的发展。当人的全面发展与个人在某个或某些方面的特殊才能相协调时,个人就能够实现个性的塑造,形成个性特点。人的发展也是个人的充分发展,即人实现了最高程度上的发展、最充分的发展。充分发展是人在具体的社会历史环境和条件下充分地利用了一切有利因素而实现了自己才能和能力的最大化,并且没有造成任何一个方面或维度的畸形发展。总之,马克思主义关于人的自由全面发展理论为思想政治理论课教育教学提供了科学的理论基础。

作为民族的希望和祖国的未来,大学生是宝贵的人才资源。全面地贯彻马克思关于人的自由全面发展理论,把青年大学生培养成德、智、体、美、劳全面发展的人,是高校思想政治理论课教育教学的根本目的。

（七）科学的发展观

实现什么样的发展、怎样实现发展是马克思主义者在认识世界和改造世界上考虑的一个重要现实问题,如何彻底地改造旧世界,实现国家、民族的发展,以建设富强、民主、文明、和谐、美丽的社会主义现代化强国,是改革开放以来中国共产党人关注的重大理论和现实问题。确立科学发展观作为党的指导思想的历史地位,是党的十八大做出的历史性决定和历史性贡献。坚持科学发展观,是事关党和国家前途命运的重要问题,我们的中国特色社会主义事业能否持续推进,全面小康社会能否建成,都直接取决于我们是否坚持和贯彻了科学发展观。然而,坚持科学发展观的重要意义不只在于它创造性地回答了作为社会主义发展中的大国——中国究竟实现什么样的发展、怎样发展的问题,而且它本质上是马克思主义关于发展的世界观和方法论的集中体现,它凝聚着一代代中国共产党人对发展问题的集体思考结晶。因此,科学发展观不仅对指导党和国家事业的发展具有重要的指导意义,而且对任何涉及发展问题的事情都有科学的指导意义。高校为了更好地培养和造就中国特色社会主义事业的合格建设者和可靠接班人,促进青年大学生的健康成长,就必须在思想政治理论课教育教学和大学生思想政治教育工作中坚持和贯彻科学发展观。

客观而言,科学发展观的提出直接根源于我国经济社会发展的不科学、不均衡,是我国进入新世纪、新阶段,随着社会发展的阶段性特征日趋明显,发展进入关键时期、改革进入攻坚期、矛盾进入凸显期,为了更好地解决社会矛盾,消除发展中的不平衡、不协调、不可持续等根本问题而创造性地提出的。然而,科学发展观作为对马克思主义关于发展的世界观和方法论的继承和发展,因为其对发展问题的深入思考,本质上具有普遍的指导意义。具体说来,科学发展观继承和发展了马克思主义唯物史观关于社会历史主体的理论,提出了以人为本的价值核心理念,继承和发展了唯物史观关于社会有机体和社会结构的理论,提出了全面协调发展的理论,继承和发展了唯物史观关于人、社会对于自然界的依赖性和社会历史的连续性思想,提出了可持续发展的理论①。

马克思主义唯物史观关于社会历史主体的理论科学地解释了历史是谁创造的这一根本性的历史哲学问题,彻底揭去了宗教神学和唯心史观蒙蔽在人类社会历史上的神秘面纱,打破了上帝造人、世界历史的发展受外在神灵或唯心主义哲学家所宣称的各种精神力量,如黑格尔的"世界精神"所支配的神话,全面地确立了人民群众是历史的创造者这一伟大的思想理论。在马克思主义看来,整个社会生活在本质上是实践,人民群众的物质生活实践是推动人类社会历史的根本动力,是劳动创造了人,人民群众才是历史的真正创造者。特别是,马克思主义

----

① 吴元梁等:《马克思主义哲学形态的演变》,第 936~949,中国社会科学出版社,2010 年版。

从来不抽象地看待人,而是认为任何一个人都是现实的人,有血有肉的人,是从事着生活和生产实践的人,是处于社会关系中的人。马克思说:"人的本质不是单个人所固有的抽象物,在其现实性上,它是一切社会关系的总和。"①因此,马克思主义关于人类社会历史主体的认识全面地粉碎了宗教神学和唯心史观长期以来对人类社会历史领域的思想统治,使人能够更自觉地认识社会历史,更主动更自由地创造历史。这种社会历史主体意识的觉醒不仅实际地使人民群众认识到自己是历史的创造者,而且还深刻地使人们认识到自己就是最高的社会历史价值主体,也就是说,人类不仅创造社会历史,而且一切创造活动都必须以自身为根本的衡量尺度或价值尺度,社会历史的得失本身都是相对于人而言的,人民群众就是科学地评判一个国家、民族经济社会发展的最终尺度。科学发展观的核心价值理念就是以人为本。李德顺强调:"从哲学上看,尽管我们的存在论和认识论在事实上都要以人为本的,但'以人为本'却并不是一个存在论和认识论的命题,而是一个纯粹的价值观命题。"②以人为本,就是确立人的价值主体地位,使人成为衡量一切价值关系的尺度。当然,更为重要的是,科学发展观视域中的人正是马克思主义唯物史观视域中的人,都是现实的人,而且从根本上来说都是人民群众。换句话说,以人为本就是以人民群众为本,人民群众实际上是衡量国家、民族经济社会发展的最终尺度。因此,科学发展观旗帜鲜明地确立了以人为本的核心价值理念,这从根本上肯定和维护了人、人民群众的根本利益。

---

① 《马克思恩格斯文集》,第 1 卷,第 501 页,人民出版社,2009 年版。

② 李德顺:《与改革同行——中国特色社会主义的哲学理路之思》,第 233 页,黑龙江教育出版社,2008 年版。

在高校思想政治理论课教育教学或大学生思想政治教育领域坚持和贯彻科学发展观以人为本核心价值理念,就是以师生为本,特别是以学生为本,真正地以学生的科学发展、健康发展为最终的衡量尺度,真正维护和实现学生的根本利益。

唯物史观关于社会有机体和社会结构的理论科学地阐明了人类社会存在和发展的机制和规律,阐明了社会有机体内部各要素的相互作用关系并由此而产生的复杂结构及其动态变化,彻底打破了宗教神学和唯心史观对人类社会的僵化理解,全面地认识到整个社会运动和协调发展的客观规律。马克思主义的社会有机体理论,认为社会如同生物学中的生命有机体一样是由各种不同的组成部分构成的,各个部分尽管发挥着不同的功能和作用,但这些功能和作用形成了互补与互动,而正是这种互补和互动使各部分紧密地构成了一个统一的社会有机体。作为一个有机体,社会内部的各组成部分始终处于与其他部分的互动中,并在这种互动中实现着自身的更新与演变,由此促使着整个社会有机体的变化。在马克思主义看来,社会有机体从总体上是不断地向前发展的,必将经历着由简单形态向复杂形态、由单一向多样的发展历程;特别是,这种发展因为是基于有机体内部各要素或组成部分的自觉互动和调整,因而是存在着自身特殊的机制和客观规律的。特别是,马克思主义深刻地认识到,整个社会发展的根本动力源泉就是人们的物质生产实践和劳动,也就是说,只有物质生产、劳动或实践,整个社会才成为一个有机体,才获得不断发展的内在动力。与社会有机体理论紧密相关,马克思主义的社会结构理论深刻地阐释了构成社会的要素,以及它们的彼此互动所构造起来的社会关系。马克思、恩格斯强调,基于人类肉体生存的客观需要,人们必须从事满足生活消费资料的物质生产,而人们通过历史地形成的物质生产方式、物质生产力、物质生产关系不仅全面地影响着人类与自然界的关系，而且还深刻地影响着人们的社会交往与合作，从而形成了社会分工和社会阶层分化，最终形成了一个复杂的社会有机体。在马克思、恩格斯看来，生产力与生产关系（即经济基础）、经济基础与上层建筑之间的矛盾关系构成了社会有机体的根本内容，而彼此间的矛盾运动构成了社会发展的根本动力。从总体而言，马克思主义的社会有机体理论和社会结构理论，全面地阐释了人类社会发展的基本规律及其内在的动力源泉，是科学发展观全面协调发展的理论依据。显然，全面协调发展是把社会视为有机体的必然结论。对于高校思想政治理论课教育教学或大学生思想政治教育工作来说，如何实现整个教育教学过程中的全面协调问题，实现大学生的全面发展、协调发展问题，都是非常重要的议题。显然，只有全面地尊重高校思想政治理论课教育教学规律、思想政治教育规律，充分地认识到学生全面发展、协调发展的必要性、迫切性，才能真正地开展好教育教学活动，达到真正培养和造就社会主义事业合格建设者和优秀接班人的目的。

马克思主义唯物史观体现着人、自然、社会三者辩证统一的思想，科学地揭示了人、社会对于自然界的依赖性，阐明了社会历史的连续性，根本否定了关于人与自然截然对立和社会静止不动的僵化思维。在马克思主义看来，人不仅是自然界长期发展演化的产物，而且人与动物一样只能依靠自然界来生活。马克思强调："人（和动物一样）赖无机自然界来生活，而人较之动物越是万能，那么，人赖以生活的那个无机自然界的范围也就越广阔。"①也就是说，相比动物而言，人实际上通过自己的不断进步和发展，不断地在更广阔的无机自然界实现自己的生存、生活和发展。就人之所以是依赖自然界而生活的，马克思还深刻地把自然界比喻成人的身体。他说："实际上，人的万能正是表现在他把整个自然界——首先就它是人的直接的生活资料而言，其次就它是人的生命活动的材料、对象和工具而言——变成人的无机的身体。自然界就它本身不是人的身体而言，是人的无机的身体。人靠自然界来生活。这就是说，自然界是人为了不致死亡而必须与之形影不离的身体。"②马克思把无机自然界比喻成人的"无机的身体"，充分地说明了他对自然界作为人赖以生存、生活的客观前提的高度肯定。也就是说，在马克思看来，人对看似僵硬的无机自然界实际上存在着深层的依赖关系，而正是对这种依赖关系的认识和理解，使人成为真正有根基的生存者。不仅如此，在马克思主义看来，人对自然界的依赖关系是通过社会这一必然的中间环节实现的，任何人都离不开社会。马克思强调："正象社会本身创造着作为人的人一样，人也创造着社会。活动及其成果的享受，无论就其内容或就其存在方式来说，都具有社会的性质：是社会的活动和社会的享受。自然界的属人的本质只有对社会的人来说才是存在着的；因为只有在社会中，自然界才对人说来是人与人间联系的纽带，才对别人说来是他的存在和对他说来是别人的存在，才是属人的现实的生命要素；只有在社会中，自然界才表现为他自己的属人的存在的基础。只有在社会中，人的自然的存在才成为人的属人的存在，而自然界对人说来才成为

---

①② 马克思：《1844年经济学哲学手稿》，第49页，人民出版社，1979年版。

人。因此,社会是人同自然界的、完成了的、本质的统一,是自然界的真正复活,是人的实现了的自然主义和自然界的实现了的人本主义。"①马克思甚至还强调:"社会的活动和社会的享受决不仅仅以直接集体的活动和直接集体的享受这种形式而存在,虽然集体的活动和集体的享受,亦即直接通过同其他人的实际聚合来表现自己和确证自己的那种活动和享受,在社会性的上述直接表现以这种活动或这种享受的内容本身为根据并且符合于这个内容的性质的地方,是到处存在的。"②因此,在马克思主义看来,人的活动总是具有鲜明的社会属性,社会就是人与自然界联系的纽带,任何离开社会的想法本身都是不科学的幻想。马克思、恩格斯强调,人与自然通过社会这一中介环节的统一,是人类通过物质生产或劳动实现的。马克思强调:"劳动首先是人和自然之间的过程,是人以自身的活动来中介、调整和控制人和自然之间的物质变换的过程。"③因此,马克思主义不仅科学地揭示了人、自然和社会的辩证统一,而且深刻地揭示了实现人与自然统一的活动,即物质生产。也正是基于这种认识,马克思、恩格斯强调,社会历史的发展本身都经历着非常复杂的演化过程,社会每前进一步都是长期积累的结果。例如,他们强调:"周围的感性世界决不是某种开天辟地以来就直接存在的、始终如一的东西,而是工业和社会状况的产物,是历史的产物,是世世代代活动的结果。"④马克思、恩格斯

---

①② 马克思:《1844 年经济学哲学手稿》,第 75 页,人民出版社,1979 年版。
③《马克思恩格斯全集》,第 44 卷,第 207~208 页,人民出版社,2001 年版。
④《马克思恩格斯文集》,第 1 卷,第 528 页,人民出版社,2009 年版。

的这一结论事实上充分地认识到,人类社会历史发展本身上是量变与质变的统一,即只有在长期量变的基础上,才能发生不断的质变,最终形成目前人们所看到的周围世界,而实现这种量变向质变转化的过程就是社会物质生产、劳动或工业。总而言之,马克思主义科学地阐释了人、自然、社会三者之间的辩证统一关系,揭示了人类社会历史的发展恰恰就是人通过物质生产劳动不断改造自然界,实现物质变换的过程,人类社会正是在此过程中不断地得到延续和发展。以此为理论根据,科学发展观更进一步阐明了人、自然和社会三者之间的相互关系,揭示了人、社会对自然的依赖关系,揭示了人类社会本质上经历着一个复杂的演进过程,认识到我们实现经济社会发展,始终必然科学地认识和处理人、自然和社会之间的矛盾关系,特别是解决由物质生产所造成的对自然生态环境、资源、气候等的破坏和危害问题,消除人与自然之间的紧张,尤其是,认识到经济社会的发展本身存在着代际平衡问题,不能因为一代人对自然的过度开发利用而危及后代人,甚至以后几代人的发展权益。客观而言,马克思主义和科学发展观所揭示的经济社会必须坚持可持续发展原则的深刻道理,对于高校思想政治理论课教育教学或大学生思想政治教育来说,具有深远的指导意义,因为无论是就教育教学来说,还是就青年大学生自身的健康成长、发展来说,都理所当然地必须纳入综合发展、可持续发展的战略视野,认识到教育教学或大学生健康成长都实际上涉及如何保持可持续发展的问题,只有坚持可持续发展,才能更科学地规划教育教学,按照大学生自身健康成长、发展的规律实施教育教学活动。

党的十八大以来,以习近平同志为核心的党中央,不断坚持马克思主义基本原则,创造性地丰富和发展了科学发展观,提出了新时代中国特色社会主义思想,立足新的历史方位,紧扣我国社会基本矛盾的变化,坚持以人民为中心的思想,协调推进"五位一体"战略布局。这是马克思主义理论的创新,符合当代中国实践的需要。

(八)现代现象学

现象学(Phenomenology)源于希腊文 phainomenon(显现)和 logos(理论),字面意思为"关于显现的理论"。毫无疑问,"显现"或"显露"是相对于"隐蔽"、"遮蔽"而言的。但是,在西方哲学传统中,"显现"被视为真象,而"隐蔽"的则是假象,而康德运用现象学一词,认为其任务就是确定感觉与知识的原则,即适用于现象世界而非物自身的原则。黑格尔虽然强调了现象学,但他认为所谓现象本质上就是精神现象,即精神在自身发展过程中的各个阶段或形态,并非物自身与现象意义上的现象。现代现象学的创始人是德国哲学家胡塞尔,正是他使现象学成为20世纪的一场哲学运动,为现象学在现代的发展做出了突出的贡献。

尽管胡塞尔现象学本质上依然停留于一种揭示和说明人的不同体验类型的内在结构和本质特点的哲学方法论,但随着其德国弟子舍勒、哈特曼、海德格尔以及法国马塞尔、萨特和梅洛—庞蒂等的发挥,现象学逐渐与存在主义、解释学融合在一起,成为研究人的意识的哲学。胡塞尔受笛卡尔的启示,要求知识必须具有明晰性,不能依赖于任何先天假设,因而在研究或解释事物时主张"面向事情(现象)本身",强调任何意向对象不管是实存或非实存,都能够并且应该以其自身方面被描述。海德格尔则强调,所谓"现象"意味着"那在自身中显现自身者",而现象学意味着"让那在自身中显示自身者被从其自身看到"。海德格尔把现象学与解释学紧密结合在一起,把自己对"此在"与存在的探讨称之为"解释学的现象学"。毫无疑问,这种解释学的现象学实质上就是使人进入"此在"境遇而自身显现的哲学方法。

当然,更为重要的是,现代现象学对事物的认识和诠释不再寄希望于唯我论意义上的单一主体,而是超越先验的唯我论认为任何的认识和诠释都必须通过人们之间的交往互动,要借助于交互主体性。交互主体性现象学就是胡塞尔超越自己早期先验唯我论的重要成果。胡塞尔认为:"在先验的具体性中,与这个共同体相一致的还有一个相应开放的单子共同体,我们就把这个单子共同体称之为先验的交互主体性。"①可以看出,他对交互主体性的理解是,现象学必须从先验的"自我"走向"他人",从单数的"我"走向复数的"我们",也就是说从"主体性"走向"交互主体性",从"主体"走向"共同体主体"。他指出,"存在者与存在者共在于一个意向的共同体中。这是一种在原则上独一无二的联结,一个真正的共同体,并且恰好是那个使一个世界、一个人和物的世界先验地成为可能的共同体"②,而"无限开放的自然本身变成了这样一个自然,即在其开放的多样性中,它也包括那些还未被认识的、分散在无限空间中的以及作为可能变化着的共同体之主体的人(更普遍地说,也包括各种动物)"③。他认为,"自我"和"他人"在这一意

---

① 胡塞尔:《笛卡尔式的沉思》,第178页,中国城市出版社,2001年版。
② 胡塞尔:《笛卡尔式的沉思》,第176~177页,中国城市出版社,2001年版。
③ 胡塞尔:《笛卡尔式的沉思》,第178页,中国城市出版社,2001年版。

义上共同地具有交互主体性,而人们通过构建彼此间交互主体性而构造出一个共同生活世界:"每一个人都先天地生活在同一个自然中,并且是生活在这样一个自然中,即每一个人在他自己的生活与他人的群体化中,必然会通过个体的和群体化的行动而制造出一个文化世界,一个具有人的意义的世界——尽管这个世界还仍然处于一个如此原真的阶段上。"①"交互主体性"概念包括两方面的含义:一方面,主体彼此之间能够达成共识,即交往互动过程中两个或两个以上的主体如何对同一事物的理解能够达到一致性、共同性;另一方面,主体之间互识,即交往互动过程中两个或两个以上的主体能够形成对对方的认识,达到相互理解。

客观而言,现代现象学,特别是交互主体性现象学,对于人文社会科学的发展产生了深远的影响,对于思想政治理论课教育教学改革传统观念具有不可估量的意义。从单一主体论到交互主体性论,就是现代现象学,尤其是交互主体性现象学在思想政治理论课教育教学领域贯彻的重要成果。

(九) 现代解释学

解释学起源于"解释"。顾名思义,所谓"解释"就是解说、阐释、诠释、说明。从根本上说,只要存在着使人不解之处,都可以通过解释、阐释或诠释而使人明白。解释学最早可追溯到古希腊。相传,在古希腊神话中,有一个宙斯的使者,名叫"赫尔默斯"(Hermes),负责向人类传递信息,其方式就是用词所对应的事物解释词的意义。但是,在西方文化语境中,"解释"

---

① 胡塞尔:《笛卡尔式的沉思》,第181页,中国城市出版社,2001年版。

却具有特殊的意义,它尤指对圣经的阐释。这种意义上的"解释"出现于中世纪,并成为一门神学的次级学科,从事圣经、圣经批评和圣经史的阐释,它试图通过弄清圣经作者身份、早期来源理解其圣经内容、阐释文义。因此,解释学(Hermenutics)就成为专门诠释圣经的学问。但是,现代解释学不再是圣经诠释学,不再是认识论、方法论意义上的科学方法,而是成为具有存在论(或本体论)意义的哲学理论。

现代解释学的开创者海德格尔把解释学从方法论领域引入存在论领域,使之成为哲学解释学。传统解释学基本上是人文科学的普遍的科学方法论,仅仅把诠释的任务局限于文本或经典著作,如《圣经》。但是,现代解释学则从现象学意义上的存在论来全面地诠释人的"此在"与世界的关系,在时间中把握"此在"的命运。因此,如何理解"此在"成为解释学的根本任务。海德格尔强调,"解释"实际上存在着"解释学循环"问题,即解释者对被解释的对象本身抱有"认识预期",则这恰恰是待解释的意义的构成部分,理解的"前结构"、"前见"或"前概念"实际地影响着理解结果。在海德格尔看来,"解释学循环"始终存在着,它不仅不是制约或阻碍理解的因素,而且还是"此在"进行认识、诠释活动的基本条件。可以说,这种基于人或"此在"的诠释或理解完全使人的解释活动超越了文本的局限,使解释更富有人文意蕴,更彰显人在与世界或事物的交往互动中的生命关联。当然,现代解释学最终能够成为独立的哲学理论,甚至哲学运动、哲学派别,肇始于20世纪50年代末德国哲学家伽达默尔把海德格尔的存在论与传统解释学的结合,他的《真理与方法》成为标志性的著作。在此书中,他立足于海德格尔的"此在现象学",把现象学视为描述和分析人的存在活动的哲学方法。伽达默尔认为,人文科学不可避免地具有历史相对性与文化差距性,所谓历史性就是时间性,就是"此在"存在的根本特征,即"此在"在与世界的碰撞、作用、融通之中生成着自己的历史性,彰显着自己的时间性,人不能离开历史而存在,或在历史之外、之上而存在,历史也总是人的一部分,对人的任何理解都必须内在于历史。因此,历史既不是纯客观的,也不是纯主观的,但历史绝对先于人的反思和认识而存在,它预先决定了反思的对象和方向。伽达默尔把这种蕴涵着"此在"与世界主客观关系的历史叫作"效果历史",而其实质就是人们对历史理解的同时也是历史造就的客观效果。换句话说,历史既是理解的前提,又是理解的产物。伽达默尔的"效果历史"观点说明,既然人对任何事物的理解注定都是某种特定处境中的理解,因而它也注定会带上该处境特别的影响因素。其中,作为理解者,人本身还存在着因理解而随时可能产物的"视域"或"界域",任何具有"效果历史"性质的理解都是"视域"与"处境"相互作用的结果。只有当人们或你与我的"视域"融合时,解释或理解才能达到目的。换句话说,解释者才能清楚地向他人诠释清楚自己所解释的事物或词义。总之,现代解释学不再是单纯的人文社会科学的方法论,而是以现代现象学,特别是海德格尔"此在现象学"为存在论根基的哲学解释学。

　　客观而言,思想政治理论课教育教学中始终贯穿着对思想理论或关键术语、范畴、知识点难点和要点的解释、诠释或理解,而这些解释也并非单纯的词语阐释,而是涉及人的生命存在、生活意义、生命价值等重要人文意蕴的解释。因此,现代解释学无疑为思想政治理论课教育教学提供了新的哲学方法论基础。

三、交互主体性教学视域下的思想政治理论课教学

交互主体性教学理念完全改变了奠基于传统灌输论的思想政治理论课教育教学形象,实现了思想范式或思维框架的革命性变革。这种革命性变革主要体现于教学活动的本质、教学活动的内在机制和教学活动的根本特征都实现了根本性的改变。从教学活动的本质来说,它是师生间的交互主体性活动;从教学活动的内在机制来说,理解和接受是实现知识从教师向学生顺利过渡的根本机制;从教学活动的根本特征来说,师生在交往互动中促进了教学相长。不难看出,交互主体性教学理念下的高校思想政治理论课教育教学相比传统灌输式教学,已经发生了根本性的变化。

(一)教学:师生间的交互主体性活动

高校思想政治理论课是通过教师和学生在教育教学活动中的交往互动实践而实现的,这种活动是一种典型的教与学相统一的交互主体性活动。李秉德等强调:"教学是在教师与学生之间进行信息传递的交互活动。这种信息交流的情况进行得如何,要靠反馈来表现。不注意反馈的教学是寡效的。而寡效也仍是反馈的一种表现。"[①]对于思想政治理论课来说,教师与学生所进行传递的信息就是马克思主义理论知识,正是在师生交往、交流或沟通的交互主体性互动活动中,达到了教育教学效果。

---

① 李秉德等:《教学论》,第12页,人民教育出版社,2001年版。

具体来说,从教学任务的分工来看,教师是以学生为对象的,是知识的传授者,是实施思想政治理论课教育教学的主体;学生以教师为意识对象,是知识的领悟者,是领悟知识的自我学习主体。教师和学生共同构成以知识传授、领悟为交往载体的交往共同体,他们面对着共同的客体——知识。从教学过程来看,"教"与"学"是处于一个完整教学过程中既相互独立又彼此相互关联的双向活动。教师和学生分别是"教"与"学"的主导角色,分担着"教"与"学"的双向任务,构成一个教学相长、各抒己见的教学共同体。教学与交往紧密相连,共同统一于师生互动的师生共同体之中。在这一共同体中,教师与学生以相互承认对方的价值、尊严和能力为前提,共同参与教学活动,是彼此不可分离又相互独立的主体。孙发利指出:"许多人遵循'一项活动只有一个主体'的理论,直接把学生看作教学实践活动中被主体认识和改造的客体,或者认为教师和学生是同一主体,始终不把教师和学生放在不同的主体地位上,这和教学实践是不相符合的。"[①]从交互主体性教育教学理念来看,教师和学生本来都是具有独特个性的独立个体,但是,个体的个性只能通过教学实践的师生交往互动才能得以实现,师生通过双向的教学交往与实践活动而构建出一种自由和谐的交互主体性关系。

因此,交互主体性教学理念改变了传统灌输论视域下的师生关系和思想政治理论课教育教学的本质,师生通过塑造、构建自由和谐的交互主体性关系而不断地推进教育教学活动的顺利开展,从而达到教育教学的目的。

---

① 孙发利:《交互主体论与主体性教学模式建设》,《延安大学学报》2001年第3期。

（二）理解与接受：思想政治理论课教学的内在机制

自20世纪60年代以接受美学的提出为契机发展起来的现代接受理论日益引起马克思主义大众化研究者的高度关注。20世纪60年代，接受美学以一种新型的文学批评范式开启了现代西方文学批评史的新阶段，从"作者—作品—读者"三维互动的动态整体统一中诠释文学作品，打破了单纯从作者或作品诠释文学作品的传统模式，实现了文学批评史上的方法论创新。现代接受理论以接受美学提出为契机，全面地吸收胡塞尔的现象学、海德格尔和伽达默尔的现代解释学的思想精髓，逐渐发展成为人文社会科学领域里一种极为重要的、影响深远的方法论，成为世界性的研究课题。20世纪80年代初期，接受美学开始传入中国，并迅速在文学批评领域产生了重大的影响，而经过十几年的发展，接受理论已经成为各个学科研究的热点。值得注意的是，接受理论尤其受到广大教育界和马克思主义思想政治教育界学者的青睐。20世纪80年代以来，教育界教育活动的本体论研究始终贯穿着"教师主体论"、"学生主体论"、"双主体论"和"教师主导—学生主体论"等多种观点的论争。正是立足于具有方法论创新的接受理论视域，刘先义教授指出："我们认为，导致各派论者难以调和的症结之一，就在于以往的研究没有把教育活动中施教与接受这两个既互相联结、又相互分离的过程进行客观的剥离，而是笼统地把它们作为一般意义上的教育活动去定义。只有理清施教与接受这两个共时性过程的理论界面，才有可能为教育活动本体论研究中这一两难命题的解决开辟道路。"①进入20世纪90年代,思想政治教育接受理论就成为思想政治教育理论学术界高度关注的前沿问题。例如,有学者更明确地指出:"思想政治教育接受理论是思想政治教育学的基础理论之一。"②

不可否认,我们每一位教师在教学实践中都遇到过许多困惑。例如,付出的辛苦常常得不到应有的回报,教学效果不理想,甚至学生干脆不接受,产生明显的抵触情绪,尤其在思想政治理论课教育教学中甚至出现事与愿违现象。对此,刘先义强调:"原因何在?说到底,这个问题的实质是教育与接受的契合问题。事实上,任何一种教育活动都是教育者主动地向受教育者传输知识、观点和技能的施教活动与受教育者能动地对教育内容进行选择、吸纳性接受活动的联结和统一。离开教育就谈不上接受。而没有接受,一切教育活动则都会成为无效劳动而失去意义。"③在他看来,"作为外因的教育活动只是引发受教育者觉悟和提高心智水平的手段与条件,而教育目的与教学效果最终只能通过受教育者的接受活动来完成和体现"④。因此,从根本上来说,抓住"接受"问题就抓住了教育活动的关键。

正是逐渐认识到"接受"在教育活动中的核心地位,人们开始更加关注思想政治教育或思想政治理论课教育教学中的"接受"问题。例如有学者强调,"思想政治教育接受规律是指思想政治教育接受过程本身所固有的、本质的和必然的联系及发展

---

①③④ 刘先义:《接受理论:教育研究的新领域》,《教育理论与实践》,1998年第2期。

② 陈成文、高小枚:《回顾与评价:思想政治教育接受理论的研究进展》,《甘肃社会科学》2006年第2期。

趋势"①。当然,思想政治教育或思想政治理论课教育教学中的接受问题具有自身的特殊性,因为思想政治教育接受与其他一般知识的接受不同,而是马克思主义理论知识,其目的就是为了使人们学习和掌握马克思主义科学的世界观、方法论,学会运用马克思主义基本立场、观点和方法观察、分析和解决现实问题。从内心地接受一种思想观念或理论,从根本上说已经不同于一般意义上的理解,而是把它奉为自己思想和行动的指导,奉为自己信仰的对象。与之不同,对一种思想观念或理论的理解,实质就是认识到它到底是什么、究竟如何,也就是认识和把握"其所是",但是,这种理解意义上的认识和把握,并不意味着理解者自然而然地把它奉为自己思想和行动的指导,奉为自己信仰的对象。所以说,接受的实质在于信仰、信奉,而不是单纯的理解。

总之,不管如何,思想政治教育或思想政治理论课教育教学的内在本质就是接受,是接受基础上的信仰、信奉,已经成为学术界的一个普遍共识,却是一个事实。

(三)教学相长:交互主体性教学的根本特征

教学是师生间的交互主体性活动,在此过程中,作为"教"的主体——教师和作为"学"的主体——学生,两者始终处于交往互动的状态之中,这种交往互动并不只是意味着学生对教师的教育活动有所反馈或影响,而且意味着学生只能实际地促进教师不断地改进教育教学方式、态度和模式,不断地在与学生的交往、交流中受到新的启示、启发而提高自己,相应地,学生

---

① 赵志华、徐永赞:《论思想政治教育的接受规律》,《河北学刊》,2007年第3期。

在教师逐渐改善教学状况的过程中知识不断得到新的增长和能力不断得到新的提高。显然,这就是交互主体性教学所具有的根本特征,即教学相长。

教学相长是师生交往互动的必然规律,它打破了传统灌输式中教学由教师处于绝对权威地位向学生单向灌输、传授知识而学生被动接受的传统师生关系模式,真正地改善和促进了师生关系的自由和谐,实现了教育教学的动态发展,真正地促进了师生对马克思主义理论知识的科学把握。因为,在此情形下,任何一方都不再是知识的垄断者或权威阐释者,相反,作为师生双方共同面对的知识客体——马克思主义理论,尽管作为教学内容必须由教师引入话题,但是,无论是教师还是学生,本质上都有资格和理由从自己的人生立场、生活阅历、实践经验做出自己的认识和理解,从而展开师生间的交流、对话,最终达到师生间的共识。在此过程中,正是因为每个人都有自己的特殊认识和理解,因此,师生间的交往互动就促成了新的认识和理解的出现,而这也往往是知识的创新和发展的新的契机。换句话说,无论是教师还是学生,往往能够超出教材所提供的认识结果、认识水平而达到了新的认识或独到的认识。毫无疑问,这种效果的出现绝非传统灌输式教学所能够做到的事情。

特别是,如果学生对教材中某些马克思主义理论知识提出了"质疑",这就使学生首先自己深入地思考问题,试图自己找到解答,无论是学生最终是否找到了自己的合理解答,在与任课教师的沟通、交往、交流的过程中,他势必会把自己的"质疑"或困惑向教师说明。显然,在此情形下,教师就同样必须深入思考问题,首先让自己得到一个比较满意的答题,然后耐心地回答学生的"质疑",并使学生同样满意。如果在接下来的交往、交流中,学生对教师给出的解答并不满意,那么,无论是教师还是学生势必就理论问题本身开展持续的探索和研究。而这种深化了的研究不仅能够引导教师深入地开展学术研究,而且也引导学生从教材中走出来,深入马克思主义原著中去探索究竟。可以看出,交互主体性教学正是因为打破了传统灌输论对师生思想的僵硬束缚,给师生以平等的主体性地位和自由,才能够做到这种教学相长。

总之,教学相长是交互主体性教学的根本特征,它不是单纯意义上的教师根据学生的反馈调整自己的教学方式。相反,它体现了教师与学生针对教育教学内容自由地开展沟通、交流和互动,从而促进师生对马克思主义理论知识形成普遍的共识,最终达到为学生所理解、接受和信仰的目的。

第三章　交互主体性教学视域中的主体：教师与学生

教学离不开教师和学生，但是，在不同的教学理念视域下，教师和学生所处的地位、所发生的作用却是显然不同的。在传统灌输论视域下，教师是整个教学活动的唯一主体，因而绝对地支配、统率、操纵着教学活动，而学生则被视为教育、教学的对象，即客体，而结果是，作为客体的学生完全处于消极、被动的地位，只有被迫接受灌输的资格和权力，根本谈不上拥有自己的独立地位。但是，交互主体性教学理念却完全改变了传统灌输论对师生相互关系的规定，因而从根本上改变了学生的地位。按照交互主体性教学理念，教师、学生和马克思主义理论知识是思想政治理论课教学过程中的三个基本要素，整个教学活动是师生通过彼此的交往、交谈和实践共同趋近精神客体（理论知识）的过程，是"教师—知识—学生"三方互动，多极主体（教师与学生）通过解释学循环对共同客体（知识）形成重叠共识，并加以实践验证和发展的连续、完整的交互过程，而师生间的平等关系、合适的交往媒介、自由和谐的教学环境是思想政治理论课教育教学活动不可缺少的重要因素。毫无疑问，把学生视为主体，而不再是客体，相反，把客体视为思想政治理论课教育教学内容，视为师生通过交往互动共同认识、理解、诠释并最终形成共识的对象，这是主体性教学理念演进和发展到交互主体性教学理念的根本性突破。

一、交互主体性教学理念下的教师：教的主体

毫无疑问，无论在何种教学理念之中，教师都是教育教学的至关重要的因素或核心要素。但是，以往我们谈起教师时，总是把其视为"教学"的主体。事实上，这是一种糊涂的观念，因为这种观念根源于人们对"教学"的错误理解，根源于人们没有科学地认识和把握"教学"的本质，把原本蕴涵"教"与"学"两方面内容的概括片面地抽象为单方面的"教"。换句话说，传统理解的"教学"，实际上遮蔽或抹杀了学生的"学"。从交互主体性教学理念来说，教师、学生和马克思主义理论知识是思想政治理论课教学过程中的三个基本要素，整个教学活动是师生通过彼此的交往、交谈和实践共同趋近精神客体（理论知识）的过程，是"教师—知识—学生"三方互动，多极主体（教师与学生）通过解释学循环对共同客体（知识）形成重叠共识，并加以实践验证和发展的连续、完整的交互过程。因此，在交互主体性教学理念下，教师和学生恰恰承担着整个教学活动的两个方面或两个维度，任何一方都有独立存在的权力和理由。相反，如果缺失其中任何一方，教学活动就不可能真正地开展，会陷入由教师决定、主导的单方面灌输的困境。

客观而言，把教师视为"教"的主体，而不再是笼统意义上的"教学"的主体，不仅没有剥夺教师在整个教育教学过程的地位、资格和权力，而且找到了教师科学发挥其主体性作用的根本切入点。毫无疑问，交互主体性教学尽管是通过师生的交往

互动来开展和推进教学活动的,但是,教师在整个过程中具有不可置疑的重要作用,因为从客观教学实践来说,教师基本上是整个教育教学活动的发起者、组织者、管理者、协调者,很多重要的话题或教学内容是教师引出的,是教师在引导和激发学生参与教学过程、积极思考问题。也就是说,尽管不排除有些时候学生可能成为整个教学活动的发起者,如一些好钻研、好提问的学生在课下或课外向教师提出了一些自己困惑的理论、思想问题,从而引起师生针对这些问题的思考与讨论,但是,从整体而言,教师无疑具有重要的地位,是主导、引导学生积极参与师生交往互动动态机制的决定性要素。

特别是,教师作为整个教学活动的宏观管理者,他能够根据教学大纲、教学计划、教学日历、教学任务对自己所承担教学任务的所有班级进行统一的规划与协调,对自己的课堂教学或课外实践教学进行科学的驾驭和管理,与负责全校该课程教育教学的教研室、其他课程组成员进行全方位的、全学期的、全学年的统一协调。相反,学生人数众多,必须按照一定的组织形式,如班级、专业等进行科学的组织管理,否则就会陷入难以控制的混乱状态之中。再者,学生往往根据自己的兴趣与爱好,选择某些自己感兴趣的理论话题向教师提问,而对不喜欢的话题或理论问题的思考则缺少积极性、主动性,因此,学生的话题、提问或引发整个教育教学活动的现象是零碎的、不规则的。这说明,不能把发动教育教学完全寄希望于学生,并且要求他们担当组织、管理和协调整个教育教学活动的重要职责。总之,从客观实践来说,教师依然是交互主体性教学理念下思想政治理论课教育教学活动中的核心要素,在强调学生学习的主体性的同时,要全面地肯定教师的地位、资格和权力,尊重和维护教师的权益,科学地、客观地评价教师在整个教育教学活动中的主体性作用。

"教"是"教学"的重要方面或维度,作为"教"的主体,教师不仅拥有着发起、组织、管理、协调整个思想政治理论课教育教学活动的权力和资格,而且更主要地担负着"教"的职责。可以说,"教"好自己的课是从根本上科学地衡量一个教师的价值的尺度。如果说,积极地发起、组织、管理和协调好了整个教育教学活动,教师已经发挥了自己的主体性作用,换句话说,已经发挥了自己的作用和价值。但是,这些还远远不够,因为这些从根本上还停留于整个教学的粗浅层面上,还没有涉及所谓的"教"。真正说来,"教"就是把自己认识和理解的马克思主义理论知识向学生进行科学的说明和阐释,使学生清楚地学习和把握马克思主义理论知识自身的科学内涵、重要范畴、理论体系或内在逻辑,使学生为参与继之而来的师生针对这些问题的对话和讨论实质性地开展起来。毫无疑问,一般情况下,如果教师能够做到这一点,学生就会实际地拥有一个沟通、交流的思想平台,就能够有针对性地与教师开展有效的交流和互动,相反,如果没有奠定这种必要的思想交流平台,学生就会对教师所讲授的内容坠入十里云雾,不知教师所云,因而就会消极、被动,难以开展有效的交流和互动。

所以说,针对交互主体性教学来说,我们首先应当科学地看待在整个教育教学活动和过程中发挥着至关重要作用的教师,并且特别要认识到教师的根本作用不只是在于科学地发起、组织、管理、协调教育教学活动,更在于科学地开展"教"的活动,担当起"教"的主体性责任。

(一)思想政治理论课教师的职业特征

毫无疑问,教育是世上无数行业中的一行,在现代观念中,教师事实上是职业社会中的特殊职业从事者。作为特殊职业从事者，教师正是从其特殊的职业活动、特殊的生命活动方式中获得自己的生命意义的。可以说，如果不是停留于粗浅的传统观念，相反，而是从哲学的高度全面地理解教师之所以为教师的特殊职业活动和特殊生命活动方式，那么，我们就能够更清楚地认识教师特殊的职业特征。毫无疑问，高校思想政治理论课教师作为整个教师职业领域里的特殊人群，因为其从事的思想政治理论课教育教学这一特殊的职业活动而相应地具有其他专业教师所不具有的职业特征。

认识和把握高校思想政治理论课教师的职业特征，离不开中国传统对教师的认识。众所周知，韩愈在《师说》中提出一个经典名言："师者，所以传道受业解惑也。"一般而言，"传道"解释为"传授道理"，"受业"解释为"授业"，即教授专业知识或技术，"解惑"就是解答疑难问题，消除思想上的困惑。客观而言，这一经典名言极好地概括了为人师者的职责与义务。然而，这种解释毕竟还不够全面。从根本上来说，"传道"不仅在于传授道理，更在于传授、传承"道统"，因为在中国传统文化中，"道"不仅是一个蕴涵客观自然规律、社会伦理规范、道德原则、道德理想、精神信仰等多重意蕴的概念，更是一个塑造人、激励人从而使人自觉担当社会重任、甘愿成为社会民族国家脊梁的精神文化传统，总之是一个形而上的概念。"受业"与"解惑"也不只是教授些字词句、专业知识或专业技术，负责解答一些疑难问题，消除思想上的困惑。韩愈自己就强调："授之书而习其句读者，非吾所谓传其道解其惑者也。句读之不知，惑之不解，或师焉，或不焉，小学而大遗，吾未见其明也。"因此，真正的"受业"与"解惑"实际上不仅在于传授专业知识、专业技术，在于解答学生在专业学习过程中遇到的问题以消除困惑，而且更在于传授立身之事业，传授"修身、齐家、治国、平天下"的大业，更在于消除学生思想上、心理上，特别是心灵上的困惑，使学生的思想和心灵得到启蒙，真正树立起自觉的主体意识、主人翁意识。当然，对于中国传统以儒家"修身、齐家、治国、平天下"的理想必须根据时代发展的客观要求进行重新解读，赋予其新的时代含义。目前，举国上下都在构建社会主义和谐社会，按照我们当前的语境，实际上，"修身"就是不断加强自身的伦理道德修养，塑造自己的道德人格，成为一个道德高尚的人；"齐家"就是不断改善家庭关系，构建和谐家庭，促进家庭健康发展；"治国"就是实现社会和谐、国家的长治久安和科学发展；"平天下"就是实现国际社会自由、平等交往，建构人类命运共同体与和谐世界，协调人与自然、人与社会、人与人、人与自身的关系，促进整个人类的共同发展。毫无疑问，只有培养出真正具有较高的道德修养、勇担社会重任、敢于献身社会民族国家事业的青年才俊，才能真正地实现个人、社会、民族、国家及全人类健康和谐发展的宏伟目标。不言而喻，这一切责无旁贷地规定了教师的职责和义务。因此，教师在现代社会里的意义已经从根本上区别于传统文化中的教师，这对高校思想政治理论课教师来说尤其如此。

　　学高为师，德高为范。教师不仅要通过课堂上的专业知识讲授向青年人、未来的创造者和社会的建设者授业，通过课堂问答或课后答疑为科学探索道路上的未知者、求知者解惑，更必须把科学的社会理念、伦理道德观念和信仰通过身体力行或言传身教传授予学生，培养真正符合民族、国家发展需要的合格人才。无疑，这就是教师的分内职责和应尽的义务。实际上，作为教育事业的传承者和弘扬者，任何一位教师只有一方面不断地加强自身的学习，不断完善自己的知识结构体系，改进传道授业解惑的方法、技能和艺术,另一方面不断地加强自身的师德修养,提升自身的道德境界,才能真正以自己渊博的知识、循循善诱的教学艺术、光辉的道德人格赢取广大学生的信任与爱戴,从而激发和增强他们不断探索科学未知领域,实现科学创新的兴趣和激情。显然,只有做到了两个方面的兼备,才能真正称得上是在传道,是在授业,是在解惑,是在作为一个教师而存在。韩愈说:"道之所存,师之所存也。"①实际上,任何一个存在者之所以存在,就在于它履行着自己的职责与义务,在自己所独有的存在方式中时刻"存在着",即处于当下在场的存在状态之中。马克思、恩格斯说:"个人怎样表现自己的生命,他们自己就是怎样。"②从根本上说,教师的"存在"不在于他实际地拥有了教师资格,从事着教师职业,相反,只有当他实际上尤其是当下地从事着教育事业时,他才真实地存在着。按照中国传统哲学的一贯精神,"道"本身就是一个变动不已的大化流行,这启示我们,道的动态存在恰恰意味着教师只有动态地存在着,即时时刻刻地从事着教育事业,他才真正地存在。相反,一个对教育事业冷淡、职业道德意识淡薄或对教育教学吊儿郎当、对教学任务应付了事的教师,不仅很难称得上合格的教师,更谈不上对教育事业的贡献。因此,只有深刻地认识教师这一特殊的职业身份,一个教师才能科学地摆正自己对待教育教学的态度,才能端正自己的教学行为,才能更好地塑造自己在学生心目中的良好形象,即知识的传授者、科学的引路人、道德的感召者。

---

① 韩愈:《师说》。
② 《马克思恩格斯文集》,第 1 卷,第 520 页,人民出版社,2009 年版。

高校思想政治理论课教师,作为教师,他不仅能够实际地通过自己特殊的生命活动方式,即实际地向学生传道、授业、解惑,使自己成为一名真正意义上的教师,而且还必须全面地担当起对学生开展思想政治教育的任务,担当着帮助青年大学生树立马克思主义科学的世界观、人生观和价值观,为党和社会主义事业培养和造就合格建设者和优秀接班人的重要历史使命。因此,与其他教师不同,高校思想政治理论课教师肩负着重要的历史使命,他们所讲授、传授的知识本质上是具有意识形态性质的马克思主义理论,他们不仅要让学生认识和理解马克思主义理论知识,更要求学生通过理解和接受其精神实质,把马克思主义理论作为自己信仰和信奉的对象,科学地运用马克思主义科学的世界观和方法论分析和解决各种复杂的现实社会问题。当然,更为重要的是,思想政治理论课教师必须通过自己的教育教学活动使青年大学生自觉地认识到自身的历史使命,自觉地担当起为党和社会主义事业继续奋斗的职责,从而真正地成长为党和社会主义事业的合格建设者和优秀接班人,继续开创和推进社会主义伟大事业。

尽管高校思想政治理论课肩负着这种特殊的历史使命,但他们的传道、授业、解惑并不能通过单方面的灌输就能够解决培养和造就人的问题。因为,思想、理论或观念、心灵方面的问题根本不是靠灌输能够解决的,相反,只有靠理服人,才能真正地达到教育教学的目的。通过"说理"达到"以理服人"是思想政治理论课教师所具有的典型职业特点。毫无疑问,无论是学生还是其他人,人们理解一种思想、理论、观念或观点,并不意味着他们就实际地接受了它,尤其是,并不意味着他们信服了它,因而把它奉为信仰的对象。相反,只有当这种思想、理论、观念或观点彻底地"说服"了他们,使他们从内心地真正地信服了,他们才真正地接受,才真正地信仰和信奉。因此,对于高校思想政治理论课教师来说,他们的任务和目标就是通过自己的教育教学活动,向学生全面地讲解、传授马克思主义理论知识,全面地传道、授业、解惑,真正地以马克思主义的科学道理使学生信服、信仰和信奉。当然,为了做到这一点,一个根本的前提就是高校思想政治理论课教师自己必须全面地学习、理解马克思主义,首先使自己彻底地信服、信仰和信奉。相反,如果自己并不信仰、信奉,反倒要求学生信仰、信奉,那么,这种授业或教育教学,显然具有强烈的欺骗性,是纯粹的愚民教育,是拿学生的美好青春和大好前途开玩笑。

自己信服、信仰、信奉,并通过师生的交往互动,与学生对马克思主义理论知识达到普遍共识,从而以理服人,使学生信服、信仰、信奉,思想政治理论课教师就与学生形成了一个信仰共同体、精神利益共同体。所谓信仰共同体,就是所有共同体成员是靠共同的信仰对象而凝聚成的统一体;而所谓精神利益共同体则是指共同体成员把他们所共同信仰、信奉的对象作为共同的精神利益而形成的统一体。客观而言,高校思想政治理论课教师与学生通过彼此在整个教育教学活动中的交往、交流和沟通,在对马克思主义理论知识形成共识的基础上,形成以马克思主义为信仰、信奉对象的信仰共同体、精神利益共同体,可以视为高校思想政治理论课教育教学的根本目的。

总之,只有全面地认识和把握高校思想政治理论课教师的职业属性,才能科学地揭示其特殊的职业特征。概括说来,高校思想政治理论课教师正是通过对马克思主义理论知识的科学讲解、阐释,在师生交往、交流、沟通的基础上解决、解除学生在学习过程中产生的困惑,从而达到以理服人、共同建构信仰共同体和精神利益共同体的目的的。

（二）高校思想政治理论课教师的根本职责

如果着眼于高校思想政治理论课教育教学的内在本质，认识到教师特殊的职业特点在于以理服人，即教育教导学生科学地认识、理解并最终信仰、信奉马克思主义，使之与自己形成信仰共同体、精神利益共同体，那么，根据客观的时代和实践的发展趋势，不断地履行自己的历史职责和特殊使命，不断地加强和巩固马克思主义意识形态阵地，以抵御各种敌对势力、各种错误思潮的侵蚀和腐化，显然就是高校思想政治理论课教师不容推卸的根本职责。

客观而言，任何时代，对于一个民族、国家来说，都必须牢固地树立起自己的思想旗帜，巩固自己的思想文化阵地，用一套完整的思想理论凝聚本民族、国家的人心。但是，作为民族、国家主导思想或精神支柱的思想文化，往往存在着自身特殊的产生、形成、发展、成熟甚至僵化、没落的过程。如果不加以科学地改革和创新，那么，曾被奉为主导思想或精神支柱的思想文化不仅不能很好地巩固和保障民族、国家的根本利益，而且还会腐化、腐蚀人心，导致人心涣散，导致民族、国家的没落和衰败。特别是，当外来文化进行强劲的入侵时，这种现象尤其明显。不可否认，我们中国就经历了这样的遭遇。众所周知，进入近代以来，中国传统以儒家思想为核心的文化价值体系遭遇到了历史性的打击，随着儒家思想作为民族发展和国家建设哲学的失效、失败，以儒家核心价值观念为实质的"道统"出现了历史性断裂，并随着清末民初士大夫援引西学以救亡图存的持续努力而逐渐地退出历史舞台。虽说在20世纪30年代"科玄论战"之后，现代新儒家试图重新恢复儒家道统，实现儒学的现代化转型，以发挥儒家的现当代价值，然而自"五四运动"之后,随着马克思主义作为中国共产党观察国家和民族命运的新工具的运用,以马克思主义为灵魂的新的道统已经逐渐在中国人,尤其是中国共产党心目中确立起不可动摇的地位。如果说没有共产党就没有新中国,那么,毫无疑问,没有马克思主义在中国的广泛传播,也就没有中国共产党。毛泽东曾说:"没有一个革命的党,没有一个按照马克思列宁主义的革命理论和革命风格建立起来的革命党,就不可能领导工人阶级和广大人民群众战胜帝国主义及其走狗。……自从有了中国共产党,中国革命的面目就焕然一新了。"①对中国共产党人来说,认马克思为老祖宗,坚信马克思主义从马克思、恩格斯、列宁到毛泽东、邓小平再到当代马克思主义者的一脉传承,坚持马克思主义在中国的创新和发展,就客观地形成了一个不容置疑的新的思想传统。马克思主义不仅是一套科学的理论,而且在中国社会主义革命和建设过程中处于意识形态的支配地位,作为民族发展和国家建设的指导思想而存在。

我们的高校是社会主义大学,如何充分地发挥马克思主义重要的指导作用,巩固马克思主义意识形态阵地,抵制西方资本主义各种有害思潮的渗透和侵蚀,是任何一个教育者、高校教师必须清醒面对、认真解决的问题。显然,如何更好地坚持马克思主义理论,实现马克思主义,特别是当代中国化马克思主义,即包含邓小平理论、三个代表重要思想、科学发展观和习近平新时代中国特色社会主义思想等一系列理论创新在内的中国特色社会主义理论体系的"三进"(进教材、进课堂、进头脑)问题,真正培养出适合社会需要和国家建设的中国特色社会主义事业的合格建设者和优秀接班人,对于高校思想政治理

---

① 《毛泽东选集》,第4卷,第1357页,人民出版社,1991年版。

论课教师来说,就是一个直接、现实而迫切的问题。因此,高校思想政治理论课教师实际上肩负着两个方面的重要职责,即:一方面要清楚而明白地向广大青年大学生传授马克思主义基础理论知识,使其科学地学习和掌握观察国家民族命运的思想工具,更好地以马克思主义理论,特别是马克思主义中国化最新成果,即中国特色社会主义理论体系,特别是习近平新时代中国特色社会主义思想指导自己的思想和行动,积极投身中国特色社会主义现代化事业;另一方面必须使广大青年学生继承和发展马克思主义,以更好地发展中国特色社会主义事业,巩固社会主义思想意识形态阵地,巩固和壮大世界社会主义阵营,更好地促进人类的彻底解放和每个人的自由全面发展。可以说,对于思想政治理论课教师而言,宣传、教授、普及马克思主义这一新的思想理论体系,不断弘扬和延续马克思主义,回答青年大学生在学习马克思主义理论知识过程中遇到的疑难问题,消除他们在树立科学的世界观、人生观、价值观的过程中遇到的思想上、心理上、心灵上的困惑,以促使他们科学地运用马克思主义的立场、观点和方法分析和解决各种现实的思想和理论问题,正确地认识和批判西方资本主义各种思想的消极作用,揭露其分裂和瓦解马克思主义意识形态阵地的实质和邪恶目的,就是广大高校思想政治理论课教师所肩负的首要的根本的职责。

毫无疑问,当前,西方国家从没有放弃过与社会主义国家争夺意识形态领导权的斗争,其"西化"、"分化"中国的意图不仅没有随着我国社会主义事业的日益强盛而有所收敛,而且越来越强烈、鲜明,特别是随着我们提出社会主义核心价值体系以来,他们更利用所谓的"普世价值观"分裂、瓦解人们的价值观念,其中,高校里还处于成长过程中、思想还不成熟的青年大学生就成为他们俘虏的主要对象。事实证明,西方敌对势力所宣传的自由、民主、人权对青年大学生具有巨大的欺骗性,很容易使他们产生对社会主义核心价值体系的质疑或否定。特别是"90后"、"00后"大学生,自我意识觉醒较早,个性比较张扬,西方敌对势力所宣传的个人主义尤其能"讨好"他们,适应他们的"口味"。毫无疑问,当前的这种形势表明,高校思想政治理论课教育教学或大学生思想政治教育工作存在着很多新的挑战,如果广大高校思想政治理论课教师不切实加强教育教学,不自觉地增强责任感,那么,我们就很难真正巩固马克思主义意识形态阵地,为全面建设社会主义和谐社会、不断推进中国特色社会主义伟大事业提供良好的精神环境和思想基础。因此,全面地认识高校思想政治理论课教师的根本职责,更好地担当和履行职责,在意识形态斗争形势更为严峻、更为微妙的情形下,更显得无比重要。

(三)思想政治理论课教师主体性的基本特征

教师是思想政治理论课交互主体性教育教学过程中的主体之一,是思想政治理论课教学的承担者、组织者、发动者、实施者,是"教"这一方面或维度上的主体。正是通过教师的"教",马克思主义理论知识这一共同客体才能传播、传授给学生,为学生所理解、掌握和接受。因此,教师在思想政治理论课教育教学过程中发挥着特殊的主体性,而具有明确的主体性是思想政治理论课教师的必备条件,不断增强主体性是发挥其思想政治教育主体作用的必要条件。就教师的主体性而言,它具有以下基本特征。

1. 阶级性

思想政治理论教育教学明显地区别于任何自然科学、专业技术甚至社会科学、人文学科的教育教学。这在于思想政治理论本质上具有鲜明的阶级属性,思想政治理论课教育教学本质上都是为特定的阶级集团、政党、国家的利益服务的。任何阶级、政党、国家都会为了自己的根本利益,为了自己的事业,有针对性地宣传自己的思想政治理论。因此,客观而言,无论是哪个阶级,即无论是资产阶级还是无产阶级,都会面向自己事业的继承者全面地开展具有阶级属性的思想政治教育工作,这是无例外的。显然,思想政治理论课本身的阶级性决定了从事课程教育教学的教师其主体性特征的首要方面就是阶级性。

目前,我们面向青年大学生开设思想政治理论课,以传播、普及马克思主义理论,宣传党的路线、方针、政策,帮助青年大学生树立马克思主义科学的世界观、人生观和价值观为己任,其真正的目的在于为党和中国特色社会主义事业培养和造就合格建设者和优秀接班人。可以说,我们开设思想政治理论课,开展大学生思想政治教育工作,同样具有鲜明的阶级性。这在于,马克思、恩格斯在《共产党宣言》、《德意志意识形态》等多部著作中都旗帜鲜明地表明共产党人的立场,强调思想政治理论都具有鲜明的阶级性。例如,他们在《共产党宣言》中强调:"现在是共产党人向全世界公开说明自己的观点、自己的目的、自己的意图并且拿党自己的宣言来反驳关于共产主义幽灵的神话的时候了。"① 在这篇历史文献中,他们还强调:"任何一

---

① 《马克思恩格斯文集》,第 2 卷,第 30 页,人民出版社,2009 年版。

个时代的统治思想始终都不过是统治阶级的思想。"①最后在结尾时还强调:"共产党人不屑于隐瞒自己的观点和意图。他们公开宣布:他们的目的只有用暴力推翻全部现存的社会制度才能达到。让统治阶级在共产主义革命面前发抖吧。无产者在这个革命中失去的只是锁链。他们获得的将是整个世界。"②因此,马克思主义不仅没有隐瞒自己的目的和意图,而且毫不隐瞒自己的目的和意图,不仅没有否定思想政治理论的阶级性,而且公开承认它就是为无产者服务的。因此,马克思主义实际上具有最鲜明的政治立场,马克思主义政党的一切理论和奋斗归根结底都为了实现以无产阶级或劳动人民为主体的最广大人民群众的根本利益。马克思自己曾说:"哲学把无产阶级当做自己的物质武器,同样,无产阶级也把哲学当做自己的精神武器。"③因此,对于无产阶级或广大劳动人民群众来说,马克思主义就是他们实现和维护根本利益的科学的精神武器。马克思主义之所以特别肯定无产阶级,就在于正是马克思主义第一次科学地阐明了无产阶级的历史地位和作用,即无产阶级是人类历史上处于最底层受压迫、受剥削最深的阶级,它是资本主义制度的"掘墓人",是建设社会主义的领导力量,因而是最革命、最彻底、最有前途的阶级,而且只有无产阶级自身的解放与全人类的解放存在着内在的联系,只有首先解放全人类,才能彻底地解放自己。因此,从根本上说,马克思主义就是

---

① 《马克思恩格斯文集》,第 2 卷,第 51 页,人民出版社,2009 年版。
② 《马克思恩格斯文集》,第 2 卷,第 66 页,人民出版社,2009 年版。
③ 《马克思恩格斯文集》,第 1 卷,第 17 页,人民出版社,2009 年版。

无产阶级争取自身解放和整个人类解放的科学理论,具有鲜明的阶级性,而且马克思主义者或共产党人也从来不隐瞒自己的目的和意图,公开声明自己的阶级性。马克思主义者或共产党人这种旗帜鲜明的态度实际上正是我们高校思想政治理论课教师所应具备的科学态度,即我们高校思想政治理论课教师不仅具有阶级性,而且要敢于公开地、自豪地承认自己职业的阶级性。

但是,需要明确的是,马克思主义者、共产党人公开承认自己思想理论的阶级性,并不意味着马克思主义本身具有片面性。张闻天强调:"其实,对事物愈是正确了解,阶级性就愈鲜明。片面性并不能代表阶级性。"①因此,马克思主义作为无产阶级认识世界和改造世界的思想武器,本质上是最为科学、最为全面、最为彻底的世界观和方法论,因而是最完备深刻而无片面性的学说。正因为如此,列宁强调:"马克思的哲学是完备的哲学唯物主义,它把伟大的认识工具给了人类,特别是给了工人阶级。"②所以说,我们理应清楚地认识到马克思主义本身正因为是彻底的、全面的、完备深刻的,它才具有鲜明的阶级性。当然,更为重要的是,马克思主义的科学性还在于其实践性,即马克思主义是经过实践检验的科学真理。例如,毛泽东强调:"马克思主义的哲学辩证唯物论有两个最显著的特点:一个是它的阶级性,公然申明辩证唯物论是为无产阶级服务的;再一个是它的实践性,强调理论对于实践的依赖关系,理论的基础是实践,又转过来为实践服务。判定认识或理论之是否真

---

① 张闻天:《社会主义经济若干理论问题》(1961年8月),载《张闻天选集》,第520页,人民出版社,1985年版。

② 《列宁选集》,第2卷,第311页,人民出版社,1995年版。

理,不是依主观上觉得如何而定,而是依客观上社会实践的结果如何而定。"[①]作为高校思想政治理论课教师,我们不仅要公开、坦然地承认自己的职业、教育教学具有鲜明的阶级性,而且要全面地彰显这种阶级性。具体说来,我们不仅要旗帜鲜明地声明我们开办的大学实际上是社会主义大学,而且要承认自己向青年大学生讲授、传授、普及的恰恰就是马克思主义;高校思想政治理论课教育教学其真正的目的就在于全面加强大学生的思想政治理论教育,就在于为我们党和中国特色社会主义伟大事业服务,为我国最广大人民群众的根本利益服务,为中华民族的伟大复兴服务,就是要公开承认在高校和大学生群体中不断加强和巩固马克思主义意识形态阵地,就是要与西方敌对势力"西化"、"分化"中国的邪恶意图作斗争。

总之,思想政治理论课教师不仅要不断地坚定自己的阶级立场、政治立场,而且还要不断地加强和培养学生的阶级意识,使其始终坚定地站在无产阶级立场之上,始终怀着对共产主义的坚定信念,始终清醒地认识到自己所肩负的历史使命,真正地成长为党和中国特色社会主义事业的合格建设者和优秀接班人。

2. 使命性

从根本上说,思想政治理论课教育教学从属于思想政治教育,从属于思想政治领域里的意识形态斗争,因此,高校思想政治理论课教师作为从事思想政治教育的特殊队伍,其教育教学和工作实际上肩负着特殊的使命。客观而言,这种使命性不仅体现在高校思想政治理论课教师必须肩负起为党和中国特色

---

① 《毛泽东选集》,第 1 卷,第 284 页,人民出版社,1991 年版。

社会主义伟大事业培养和造就合格建设者和优秀接班人的历史使命,而且还肩负着在特定的历史时期,为完成党交付的阶段性的党的方针、政策、路线、形势的教育任务,使青年大学生能够清醒地认识社会发展的客观形势,准确地把握各种现实社会现象的实质。可以说,只要作为一名思想政治理论课教师,任何人的身上都体现着这种使命性,这是一种特殊的主体性特征。

使命并非一般的任务,而是基于无上命令而肩负的重大责任。事实上,马克思主义作为指导无产阶级实现自身解放和全人类解放的科学理论,它本身就赋予无产阶级以伟大而崇高的历史使命,即通过无产阶级的共产主义革命,推翻资本主义制度的统治,建立共产主义社会制度。对于共产党人来说,领导无产阶级和广大人民群众进行无产阶级革命,建立无产阶级政权,实现无产阶级专政或人民民主专政,搞好社会主义建设,不断推进社会主义伟大事业,以最终实现共产主义社会,就是历史赋予的崇高使命。这一点对于中国共产党人来说历来如此。例如,胡锦涛在党的十七大报告中强调:"要站在完成党执政兴国使命的高度,把提高党的执政能力、保持和发展党的先进性,体现到领导科学发展、促进社会和谐上来,落实到引领中国发展进步、更好代表和实现最广大人民的根本利益上来,使党的工作和党的建设更加符合科学发展观的要求,为科学发展提供可靠的政治和组织保障。"①客观而言,强烈的使命感或使命意识是马克思主义者或共产党人站在时代发展的高度全面审时度势对民族、国家或政党的革命事业进行科学决策或驾驭的必然意识,任何具有高度责任感的马克思主义者、共产党人都势

---

① 《胡锦涛文选》,第 2 卷,第 626 页,人民出版社,2016 年版。

必具有强烈的使命感。习近平总书记强调:"使命呼唤担当,使命引领未来。我们要不负人民重托、无愧历史选择,在新时代中国特色社会主义的伟大实践中,以党的坚强领导和顽强奋斗,激励全体中华儿女不断奋进,凝聚起同心共筑中国梦的磅礴力量!"①因此,任何使命都是具有高度责任心的共产党人全面审视时代客观形势发展对自己的事业所做出的正确判断,是自觉为自己提出的无上命令。

目前,从根本上说,随着经济、政治、文化全球化浪潮的迅猛发展,各种西方社会思潮大量涌入我国,这对于正处于改革开放和社会转型的关键时期、各种社会深层矛盾不断暴露和激化状态、人们的思想文化价值观念呈现多元化发展状态的中国当代社会来说,党所处的环境和党所肩负的历史使命,相比于过去任何时期,都更为特殊,即环境越来越复杂,使命越来越艰巨,因此,不断加强使命意识,就是党向高校思想政治理论课教师提出的根本要求。

3. 合法性

思想政治理论课具有鲜明的阶级性,是为特定的阶级、政党或国家服务的,这决定了从事思想政治理论课教育教学的教师只可能是为该阶级、政党或国家所认可的人员,因而是拥有政党或国家颁发的教师任职资格证的合法者。可以说,合法性是思想政治理论课教师主体性与社会上一般从事思想教育或心理咨询的人员主体性的根本区别之处。当然,合法性不仅意

---

① 习近平:《决胜全面建成小康社会 夺取新时代中国特色社会主义伟大胜利——在中国共产党第十九次全国代表大会上的报告》,第17页,人民出版社,2017年版。

味着思想政治理论课拥有在高校从事教育的合法地位、在课堂开展教育教学活动的合法资格和权力,而且意味着他在自己的教育教学活动中必须合法地讲授、传播由国家教育行政主管部门规定的教学内容,而不能随自己的意志或喜好随意地阐释,甚至散播反动言论。

具体说来,思想政治理论课教师必须取得合法的任职资格,取得在高校开展思想政治理论课教育教学的资格和权力。这实质上包含两个方面:一方面,高校思想政治理论课教师如同其他一切高校教师一样,都必须取得国家或政府认可的合法教师资格证书,才能进入高校课堂从事教育教学活动。可以说,这是一个最基本的条件或前提。因为,现代社会是典型的职业社会,每个从业人员必须具有某一职业领域的从业资格证书,即由国家或行业管理机构颁发的合法证书,才能获得在该行业从事活动的资格和权力,并因此也享有相应的权利。显然,这与中国传统私塾教育状况下任何知识分子都能够开办私学已经截然不同。伴随着现代职业社会的发展,只有获得相应执业资格证书才能从事活动的这种趋势将越来越明确,这种观念将会得到更为广泛的普及。另一方面,高校思想政治理论课教师肩负着特殊的使命,其教育教学活动旨在加强大学生的思想政治教育,旨通过讲授马克思主义的世界观、方法论,帮助学生树立马克思主义科学的世界观、人生观和价值观,学会运用马克思主义科学地分析和解决各种复杂的现实社会问题,全面地培养和造就德、智、体、美、劳全面发展的社会主义事业的建设者和接班人,从而不断地加强和巩固高校马克思主义意识形态阵地,为党和社会主义伟大事业服务,因此,其教育教学的内容必须具有合法性,而不能随意地阐释、宣传反动言论或宗教、迷信。众所周知,马克思、恩格斯强调:"统治阶级的思想在每一时代都是占统治地位的思想。这就是说,一个阶级是社会上占统治地位的物质力量,同时也是社会上占统治地位的精神力量。支配着物质生产资料的阶级,同时也支配着精神生产资料。"①这就说明,任何阶级一旦成为支配着物质生产资料的阶级,那么,它势必同时支配着精神生产资料。对于马克思主义者或无产阶级来说,不断地加强和巩固马克思主义意识形态阵地,不仅是一种必然,而且在敌对势力日益强大的时代,也越显得必要和迫切。马克思、恩格斯还指出构成统治阶级的个人在加强和巩固统治阶级思想上发挥着重要的作用,他们说:"既然他们作为一个阶级进行统治,并且决定着某一历史时代的整个面貌,那么,不言而喻,他们在这个历史时代的一切领域中也会这样做,就是说,他们还作为思维着的人,作为思想的生产者进行统治,他们调节着自己时代的思想的生产和分配。"②客观而言,思想政治理论课教师就是这些特殊的个人,他们实际上代表着统治阶级的利益从事着精神、思想的生产和分配。当然,对于他们来说,他们正是通过在学校从事教育教学,以培养和造就符合阶级、政党或国家要求的事业接班人为具体途径。毫无疑问,在我们人民民主专政的社会主义国家里开展思想政治理论课教育教学,教师所讲授、传授的恰恰是马克思主义理论,即关于无产阶级自身解放和全人类解放的科学学说,是指导最广大人民群众创造美好幸福生活的科学的世界观、方法论。所以说,作为思想政治理论课教师,就必须明白自己特殊的主体性特征,就必须合法地履行自己的职务,担当起必要的使命和

---

① 《马克思恩格斯文集》,第 1 卷,第 550 页,人民出版社,2009 年版。

② 《马克思恩格斯文集》,第 1 卷,第 551 页,人民出版社,2009 年版。

职责。

　　思想政治理论课教师的合法性还体现在他们必须遵循"学术无禁区,课堂有纪律"的重要原则。众所周知,在宣传领域,任何宣传机构、宣传工作人员都必须遵循"研究无禁区,宣传有纪律"的根本原则。毫无疑问,任何思想理论本身都是对世界上客观事物的某种认识,由于人们的立场、观点和方法不同,以及认识的深度、广度不同,因此所得出的结论可能存在着很大的差异,甚至截然相反。但是,一旦某种思想理论日益成熟,从而成为一个阶级、政党或国家的普遍性共识,那么,它就日益塑造起一定的权威性。思想理论的权威性不仅能够实际地使整个阶级、政党或国家凝聚起来,形成一个统一体,而且能够提供该阶级、政党和国家进行意识形态斗争的思想力量。在此情况下,为了维护统治思想的权威性,特别是为了更彻底、全面地向民众或学生讲授、传授系统的统治思想时,就必须按照权威性的理解进行讲授、传授,而不容许作私自的曲解,甚至公然与之唱反调。因此,高校思想政治理论课教师必须严格根据教材,按照教学大纲、教学计划、教学内容、教学目的、教学要求,对课程的知识点、重点、难点及常见错误观点进行全面的分析和讲解,使学生能够全面、系统地掌握马克思主义理论知识。可以说,这实质上就是"课堂有纪律"。但是,思想理论的权威性并没有否定不断加强理论研究的必要性、迫切性,甚至只有不断地深入研究问题,才能不断地推进思想理论的创新发展,进而牢固地树立思想理论的权威性。这一点对于马克思主义理论来说尤其如此。马克思主义理论作为科学的理论,其典型的特征就是具有与时俱进的实践品质。不断地深入研究马克思主义,推进马克思主义的创新和发展,不仅是专业科研机构学术研究的重要事情,也是高校思想政治理论课教师所必须面对的重要事情。毫无疑问,高校思想政治理论课教师不仅是马克思主义理论的实际传播者、教育者,而且是马克思主义理论的研究者、创新者。作为研究者,高校思想政治理论课教师,特别是近些年来随着我国研究生教育的普及和发展,拥有研究生学历或硕士、博士学位者,已经越来越多,他们不仅拥有自己的专业研究领域和学术上的一技之长,而且在教育教学实践中往往能够更直接地发现马克思主义存在的问题或不足,因此,能够更有针对性地开展学术研究。特别是,他们能够比较清醒地认识到思想政治理论课教材在教学内容、教学体系、重点难点等方面存在的问题,进而有针对性地开展教学研究。事实上,正如美国前任教育部长厄内斯特·博耶所言,教学和科研都是学术,为此他提出了"教学学术"概念,强调:"学术不仅意味着探究知识、整合知识和应用知识,而且意味着传播知识,我们把传播知识的学术称为教学的学术。"①总之,教师不仅实际地从事着思想政治理论课的教育教学,而且还实际地开展着全方位的学术研究。但是,自觉遵循"学术无禁区,课堂有纪律"的根本原则,可以说是思想政治理论课教师自身合法性特征的特殊体现。

总之,高校思想政治理论课教师具有自己特殊的合法性问题,而这正是其主体性的必要构成要素,而无论是对党和国家来说,还是对教师本人来说,都要科学地维护这种合法性,使思想政治理论课教师堂堂正正地在高校开展自己的教育教学工作。就目前而言,在思想政治理论课教育教学还没彻底走出低俗、专业课教师不理解甚至满怀"质疑"的情形下,思想政治理

---

① 陈大兴:《教学学术是大学教师专业发展的核心》,《中国社会科学报》,2013年8月14日。

论课教师主体性之合法性的彰显尤其重要。

4. 自觉性

就思想政治理论课教师的主体性而言，如果其中的阶级性、使命性、合法性都根源于外在因素，那么，自觉性则鲜明地彰显了其内在的方面。众所周知，所谓自觉，就是指自我意识的觉醒，即自己通过反思而有所认识、有所觉悟。自觉性是主体性的重要表现。李为善、刘奔等强调："所谓自觉性，就是主体有所认识而主动地去做，也就是有意识、有目的的意思。"①因此，自觉性本质上是主体意识的觉醒、觉悟，它使主体能够彻底摆脱外因因素的驾驭、束缚或制约，从而发自内心地、有计划地、有目的地做自己的事情或开展自己的工作。事实上，高校思想政治理论课教师，其最本真的性质或状态就是在于其高度的自觉性。

客观而言，自觉使人从根本上区别于动物，使具有主体意识的人从根本上区别于奴隶或某些阶级、政党的御用工具。众所周知，马克思强调："动物是和它的生命活动直接同一的。它没有自己和自己的生命活动之间的区别。它就是这种生命活动。人则把自己的生命活动本身变成自己的意志和意识的对象。他的生命活动是有意识的。这不是人与之直接融为一体的那种规定性。有意识的生命活动直接把人跟动物的生命活动区别开来。"②因此，有否自觉的意识，实际上是人能否区别

---

① 李为善、刘奔等：《主体性和哲学基本问题》，第123页，中央文献出版社，2002年版。

② 马克思：《1844年经济学哲学手稿》，第50页，人民出版社，1979年版。

于动物的根本标志。与动物没有把自己的生命活动区别于自身相近似,奴隶虽然拥有人身,但从思想、意识上来说,他们从来没有独立过。众所周知,奴隶的典型特性在于其奴性,即甘心受人奴役的品性,在于其奴隶意识,即对奴隶主的甘愿服从。显然,奴隶意识绝非人的主体意识,奴性也绝非人的真正主体性。与奴隶虽然不同,但也很相近,那就是一些人虽然自己并不信服某些阶级、政党的思想理论或统治观念,但他们为了自己的私利而甘愿屈服于权威为之卖命,不惜否定自己从前合理的理论结论而大肆兜售其歪理邪说,为之拉大旗,做虎皮,从而成为其御用的理论宣传工具。不言而喻,这种御用工具类似于奴隶,根本没有独立的人格,也谈不上拥有自己的主体性。按照马克思主义人的价值论来说,人是最高的目的,而绝不能仅仅作为手段。因此,真正意义上的人实际上就是拥有自觉的主体意识的人,就是拥有自己独立的主体性的人,就是真正地把自己的生命活动作为自己的意识、意志对象的人。客观而言,一般情况下,高校思想政治理论课教师从根本上来说都是具有高度的思想觉悟的人,他们不仅自觉地认识到马克思主义是人类历史上最科学的思想学说,而且甘心为宣传、普及马克思主义和社会主义事业而奉献自己的生命,因而他们实际上对自己的教育教学活动有着清醒的意识,是自觉地驾驭和控制自己教育教学活动的。可以说,无论是对党和国家的思想、路线、方针、政策进行自觉自愿的宣传、贯彻,还是真心实意地教育教导青年大学生,帮助他们树立马克思主义科学的世界观、人生观和价值观,为党和社会主义事业培养和造就德、智、体、美、劳全面发展的合格建设者和优秀接班人,归根结底都出于他们对马克思主义这一科学理论的信仰。可以说,这是高校思想政治理论课教师主体性中自觉性的根本体现。

具有高度自觉性的高校思想政治理论课教师相比于其他人而言,能够更自觉、更积极、更有计划、有目的地开展自己的教育教学活动。所谓有计划、有目的地开展教育教学,就是教师根据教学大纲、教学计划、教学目的、教学要求、重点难点、关键范畴等进行全面的规划和设计,以期达到自己所希望的理想教学效果。众所周知,马克思曾强调:"蜜蜂建筑蜂房的本领使人间的许多建筑师感到惭愧。但是,最蹩脚的建筑师从一开始就比最灵巧的蜜蜂高明的地方,是他在用蜂蜡建筑蜂房以前,已经在自己的头脑中把它建成了。劳动过程结束时得到的结果,在这个过程开始时就已经在劳动者的表象中存在着,即已经观念地存在着。"①因此,相比于动物,人的活动实际上能够实现提前的观念预演,能够以表象的形式把结果呈现出计划之中。作为一名高校思想政治理论课教师,不断地深化教育教学研究,特别是学习和掌握驾驭课堂的教学技能和教学艺术,从而科学地控制整个教育教学过程,顺利地达到教学目的,已经成为高度自觉的重要表现。事实上,高度自觉的教师是最善于向别人,特别是经验丰富的教师交流和学习的,也是最善于观察和总结的人,他们能够从别人或自己的成功实践中不断地积累经验,也能够从别人或自己经历的失败中汲取教训,更善于就教育教学过程中遇到的复杂问题展开深入的思考。因此,高度的自觉能够使自己真心地热爱自己的工作,全身心地投入到教育教学活动之中,使自己的生活、生命与之紧密地联系在一起。这在于,按照马克思主义的人的存在论,教育教学就已经成为思想政治理论课教师自己特殊的生命活动方式,他们已经自觉地把自己的生命活动掌控在自己的意识、意志之下,成为

---

① 马克思:《资本论》,第1卷,第208页,人民出版社,2004年版。

自己意识、意志调控的对象。换句话说，高度自觉的教师已经把为党和社会主义事业培养德、智、体、美、劳全面发展的建设者、接班人的教育教学活动与自身融为一体，这一活动既体现着他们最高的人生价值，也彰显着他们高尚的道德境界和人格尊严。

不仅如此，高校思想政治理论课教师的高度自觉性还体现在他们并不迷信权威，不迫于任何强权，敢于直面事实，敢于直面真理。这表现在，虽然高校教师坚信马克思主义是人类历史上迄今为止最为科学的理论，坚信它科学地揭示了人类社会历史的基本规律和历史趋势，坚信社会主义、共产主义是人类最美好的理想社会，但是，高度的自觉性使他们并不迷信马克思主义的教条，而是敢于积极地根据人类时代的发展和实践的进步不断地推进马克思主义的创新和发展；虽然他们以党和教育行政主管部门出版的专用教材为根据，全面地贯彻教学大纲、教学计划以实现预定的教学目的，完成教学任务，达到教学效果，但是，他们并不迷信教材，尤其不迷信某些专家对教材的个性化解读，而是敢于运用自己的头脑大胆地规划自己的教育教学活动，根据自己的实践和习惯创造性地形成自己的教学模式、教学艺术和教学观念；虽然他们肩负着宣传、贯彻党和国家在一定历史时期的路线、方针、政策的职责，负有向青年大学生清楚、明白、全面、透彻地讲解和阐释其根本精神的义务，但是，他们并不迷信这些路线、方针、政策的权威性，而是结合自己的亲身实践进行必要的反思，一旦发现其中存在着问题，坚信自己有权力也有义务向党中央提出自己的不同理解和建议。客观而言，党的路线、方针、政策虽然是经过中央集体讨论决定下的产物，但它们并不具有绝对的完美性、完善性，甚至是对形势"误判"的结果，我们党的历史上已经发生过多次这样的现象，而敢于开展批评和自我批评,勇于承认缺点和错误,实际上正体现了共产党人的坦荡胸怀和革命大无畏精神。特别是,我们知道,我们党曾发生过少数阴谋家,如林彪、"四人帮"篡党夺权,全国上下宣传其荒谬言论的现象。在这些特殊情形下,正是许多坚信真理的人、不信邪的人打破了这些人为制造出来的神话,使我们党的路线、方针、政策更加科学、更加符合实际。总之,高度的自觉性使高校思想政治理论课教师活出自己的本色,即他们既是马克思主义的信仰者、信奉者,也是马克思主义的宣传者、普及者,既全面地贯彻着党和国家的教育方针,又自觉地进行不断的创造和探索,但归根结底,这一切都体现了高校思想政治理论课为党和社会主义事业培养和造就德、智、体、美、劳全面发展的合格建设者和优秀接班人这一伟大而崇高的神圣使命而奋斗终生的高尚情怀。

可以说,自觉性是高校思想政治理论课教师主体性从内在因素而言最具有代表性的表现,正是高度的自觉性使他们成为高校教师队伍中特殊的风景线。

5. 创造性

按照马克思主义人的存在论和价值论,人的生命价值的实现就在于创造,正是创造使人成为不断超越的存在物。李为善、刘奔等指出:"'创造性'是人之活动主体性的最高形式。"[①]客观而言,高校思想政治理论课教师其主体性的最高表现形式就是创造性,创造性使自己不仅与单纯的教书匠区别开来,而且能够使自己更自由自觉地创造自己的生命、生活,使自己的

---

① 李为善、刘奔等:《主体性和哲学的基本问题》,第8页,中央文献出版社,2002年版。

生命价值和生活意义得到最高境界的实现。

如果说高度的自觉性已经使高校思想政治理论课教师充分地认识到自己在高校里甚至在整个社会上的特殊身份、特殊地位、特殊职责、特殊任务、特殊使命,那么,创造性则使得他们能够自由地开展教育教学实践,不断地打破传统教学模式、教学观念,进行独立的探索和实验,从而以自己特有的方式推进整个高校思想政治理论课教育教学的改革和发展。毫无疑问,真正意义上的创新都在于首先保证精神的自由,即使精神完全摆脱任何外在的束缚、钳制或制约,直接地面对事情本身,更客观地、全面地、彻底地审视和把握对象。恩格斯强调:"意志自由只是借助于对事物的认识来作出决定的能力。因此,人对一定问题的判断越是自由,这个判断的内容所具有的必然性就越大;而犹豫不决是以不知为基础的,它看来好像是在许多不同的和相互矛盾的可能的决定中任意进行选择,但恰好由此证明它的不自由,证明它被正好应该由它支配的对象所支配。"①因此,真正意义上的精神自由、意志自由能够使人更真实、更清楚地把握客观对象。当然,精神的自由恰恰彰显了理性精神,因为人的理性的真正实质就在于它是自由的。马克思强调:"精神的谦逊总的说来就是理性,就是按照事物的本质特征去对待各种事物的那种普遍的思想自由。"②因此,真正说来,精神自由、意志自由使人能够不再为任何外在的对象所支配,直面事物本身,全面地、理性地认识和把握事物的客观本质和规律。客观而言,这也正是以胡塞尔为创始人的现代现象学"面向事

---

① 《马克思恩格斯文集》,第 9 卷,第 120 页,人民出版社,2009 年版。

② 《马克思恩格斯全集》,第 1 卷,第 112 页,人民出版社,1995 年版。

情本身"根本精神的体现。对于高校思想政治理论课教师而言，如上所述，他们对马克思主义的信仰、信奉完全出于自己认识到它是一种科学的思想理论。因此就信仰的实质来说，这种信仰典型地体现了自由信仰的性质。因此，真正说来，高校思想政治理论课教师虽然实际上负有按照教材、教学大纲、教学计划、教学目的等规定性因素进行教育教学的职责或义务，但实际上他们拥有着绝对的"精神自由"。这种"精神自由"恰恰保证了他们对自己的教学和科研都能够进行创造性的推进。无数事实证明，真正能够认识到这一点的高校思想政治理论课教师在自己的教学和科研上往往能够取得双丰收，从而无论是在教育教学和人才培养上，还是在对马克思主义的创新发展上，都做出了贡献，最大限度地实现了自己的生命价值和生活意义。

对于高校思想政治理论课教师来说，所谓创造，就是在教育教学活动中，在培养和造就人才活动中，在自己的学术研究中，充分彰显自身的主体性，以自己特殊的尺度全面地衡量和评判一切对象，自由地规划和协调各个方面的关系，最终达到既遵循客观规律，又实现自己目的的理想状态。也就是说，要在自己所能支配的活动中达到合规律性与合目的性的高度统一。恩格斯说："人离开狭义的动物越远，就越是有意识地自己创造自己的历史，未能预见的作用、未能控制的力量对这一历史的影响就越小，历史的结果和预定的目的就越加符合。"① 因此，对于思想政治理论课教师来说，为了实现创造，就必须充分地认识自己的主体性特征和主体性尺度，充分解放思想，尊重

---

① 《马克思恩格斯文集》，第9卷，第421～422页，人民出版社，2009年版。

客观事实,遵循教育教学规律、大学生健康成长成才规律和学术研究规律,科学地规划和设计自己的教育教学和科学研究,设置可行方案和合理的预期目标,创造性地开展活动。客观而言,无论在教育教学上,在人才培养上,在学术研究上,教师都能够充分发挥自己的创造性而实现突破。特别是,从根本上说,这三者本身就具有统一性。正如前所述,美国前任教育部长厄内斯特·博耶提出"教学学术"范畴,就是对教师身份的重新认识。陈大兴强调:"教师要强化教学的责任意识,在教学的过程中积极研究、探索和发展教学学术,使教学学术成为教学的重要组成部分。当教学成为学术后,教师的角色也应该随之发生转变,应从单一的知识传授者转变为知识的研究者,从教学的被研究对象发展为教学研究的主体,从教学的单边关系转变为互相促进与学习的双边或多边关系,即融教育者、学习者与研究者为一体,并将其作为大学教师最重要、最核心的角色。教师要站在学术的视角与高度看待教学活动,自觉追求并致力于教学学术的研究,不断发展和提升教学学术水平。"[①]可以说,这种新观念的提出能够全面地改变人们日常心目中的高校思想政治理论课教师形象。因为在许多其他高校教师眼中,思想政治理论课教师很多仅仅在重复着马克思、恩格斯在19世纪中期的话语没有什么变化,在宣传、普及着党和国家的路线、方针、政策上没有任何个人的思想见解,结果不仅没有任何的创新而且只是传声筒而已。可以说,这是对高校思想政治理论课教师形象的完全误解。不断地从各个方面、各个角度进行全方位的创新和创造,实际上对于目前形势下的高校思想政治理

---

① 陈大兴:《教学学术是大学教师专业发展的核心》,《中国社会科学报》,2013年8月14日。

论课教师而言,不仅是一种必须,而且成为一种迫切。事实上,也只有不断地增强创造性,高校思想政治理论课教师才能更好地彰显自己在高校教师队伍中的特殊的主体性。

当然,就高校思想政治理论课教师创造性来说,不仅是指在思想政治理论课教育教学活动中具有勇于探索、开拓创新的创新精神和创新能力,而且还主要指具有强烈的创造观念、创造意识,即始终以高度的创造观念、创造意识激励和引导着自己不断地在教育教学、人才培养和学术研究等各个方面开拓进取。

(四)思想政治理论课教师的主体功能

客观而言,思想政治理论课教师本质上属于思想政治教育工作者,开展学校教育教学活动,培养和造就德、智、体、美、劳全面发展的合格人才,是其特殊的工作方式。如上所述,作为高校思想政治理论课教学的教师,能否真正成为思想政治教育主体,关键在于是否具有和发挥其主体性。客观而言,如果思想政治理论课教师不具备主体性,即使身为教育者,也不能很好地履行承担、组织、发动、实施思想政治教育的职能,难以真正成为思想政治教育主体。相反,只有独立地具备了主体性,充分地发挥了主体性,切实履行了教育者的职能,才能真正成为名副其实的思想政治理论课教育教学主体。确切说来,具有高度自觉性的高校思想政治理论课教师,通过高度发挥其主体性,就能够保证思想政治理论课科学地发挥高校思想政治教育的主渠道、主阵地的作用。主体性的发挥是借助于各个独特的主体功能实现的。按照交互主体性教学理念来说,思想政治理论课教育教学是一种特殊的师生交往互动的实践活动,在此整个活动过程中,实际发挥着组织、引导、育人及示范等主体性的功能。

1. 高超的组织功能

事实上,任何教育教学活动本质上都是一项复杂的系统工程,它客观地涵盖教师、学生、教学目的、教学内容、教学方法、教学环境、师生互动等至少七个方面的因素或要素,只有全面地认识和把握这些要素在整个教育教学活动中所处的地位或所起的作用,才能科学地规划和协调好彼此间的关系,从而顺利地开展活动。对于高校思想政治理论课教育教学来说,由于所面对的教育对象恰恰是处于思想发展的关键时期的青年大学生,他们思想活跃、个性鲜明,往往在中学时期就已经初步形成了自己比较朦胧的世界观、人生观和价值观,因此,如何科学地组织和开展教育教学活动就是非常值得思考的问题。事实说明,体现和贯彻了交互主体性思想的教师势必会创造性地组织教育教学活动,因而呈现出高超的组织功能。

客观而言,高校思想政治理论课教育教学是一种组织性较强的活动,任何教师都必须通过长期、反复的教学实践才能培养出较强的组织能力,从而发挥在教育教学活动中的组织功能。不言而喻,任何人都不是天生具有组织能力,特别是组织教育教学活动的能力的人,但同样不言而喻的是,人的组织能力并不是靠别人教育教导就能够掌握的,相反,它恰恰需要在具体的组织实践过程中不断地训练和养成。事实上,鉴于高校思想政治理论课教育教学本身是一项组织性较强的活动,许多敢于独立地组织、开展教育教学活动的教师最终也在实践中不断得到了锻炼,从而造就了高超的组织能力。具体说来,具备高超组织能力的思想政治理论课教师能够认真地研究教育对象,即清楚地了解学生身心发展的水平和主体性要求、个性特征、兴趣、爱好、特长、能力倾向、人生理想、价值观念以及已有的知识结构和学习前对课程的准备情况,如此等等;能够根据学生的实际需要详细地设计自己的教学计划、制订教学目的,以满足不同层次、不同性质、不同方面的要求;能够科学地领会教材精神实质,把握教材逻辑体系、知识要点、重点和难点以及重要范畴、易混淆概念,对学生进行科学的讲解、阐释;能够熟练地驾驭各种教学模式、教学方法、教学手段、教学组织形式,充分发挥自己独特的教学艺术,将复杂、艰深的马克思主义理论知识传达、传输予学生,达到潜移默化的功效;能够科学地利用各种有形、无形的教学环境、教学场景,如校园内部的课堂教学、校园外的实践教学等,营造师生共同学习、共同进步的良好氛围,如和谐的课堂气氛,积极向上的班风、系风、院风,等等;能够利用各种条件、各种机会、机缘,有效地开展师生间的交往互动,使师生就共同关心的理论话题、社会热点、价值观念、人生理想等展开积极有益的沟通交流,认真地倾听学生的心声,了解学生的真实想法,彻底解决学生内心存在的困惑和疑虑,促进学生身心健康,如此等等。因此,高超的组织功能的发挥不仅是一个合格的、优秀的思想政治理论课教师的客观要求,而且是教师完成新时代新的大学生思想政治教育的必要选择。因此,严格说来,一方面必须把高校思想政治理论课教育教学视为一项复杂的系统工程,任何教师必须具备必要的高超的组织能力,才能科学地组织、管理、驾驭这一活动;另一方面必须清楚地认识,教师的各种组织管理能力或者说组织功能的具备恰恰是在具体的组织管理活动中培育起来的。任何思想政治理论课教师都必须清楚地认识自身的这种组织功能对于教育教学活动的组织管理所具有的决定性意义,认识到自己本质上在整个教育教学活动中起着教育者、组织者和领导者的作用,而高超的组织功能就是其中最为核心的因素。

毫无疑问,随着时代的发展和思想政治教育形势的严峻,如何科学地、正确地、严密地组织高校思想政治理论课教育教学,对于加强高校马克思主义意识形态阵地,不断培育和造就德、智、体、美、劳全面发展的党和中国特色社会主义伟大事业的合格建设者和优秀接班人,不仅成为一个至关重要的教学问题,而且本身就是一个为党和政府普遍关心的政治问题。总之,高超的组织功能是思想坚定、专业过硬的高校思想政治理论课教师主体功能的应有之义。

2. 正确的导向功能

我们已经知道,思想政治理论课教育教学本质上属于思想政治教育或思想政治工作,因而必须遵循思想政治工作的基本原则。众所周知,针对思想政治工作问题,江泽民曾经强调:"党的思想政治工作的任务是:以科学的理论武装人,以正确的舆论引导人,以高尚的精神塑造人,以优秀的作品鼓舞人,不断提高全民族的思想道德素质和科学文化素质,努力培养造就有理想、有道德、有文化、有纪律的社会主义公民。"①因此,如何按照一定的政治目标要求武装人、引导人、塑造人、鼓舞人,就是思想政治工作的核心问题。高校思想政治理论课教育教学作为面向大学生的特殊思想政治教育活动,实际上就发挥着这种作用或功能。当然,具体来说,作为教育教学的实施者、组织者、管理者,思想政治理论课教师是这种具体功能的承担者,因而是他们不可缺少的主体功能之一。

客观而言,任何一个人虽然出生于一定的社会环境里,但

---

① 《江泽民选集》,第 3 卷,第 85 页,人民出版社,2006 年版。

是他并没有自然而然地就实现了社会化,因而成为一个合格的社会成员或公民而存在,相反,人的社会化是一个接受教育、教导的过程,是一个生活方式、生活习惯、伦理规范、道德观念习得的过程,同样也是对整个社会经济、政治、文化、法律等各种领域、各种现象逐渐认识的过程。在此过程中,科学的教育或伦理规范、道德观念、法律规范的教导与习得能够使人顺利地融入社会,成为一名正常的社会公民,相反,如果教育不科学,对伦理规范、道德观念、法律制度等社会规则系统认识出现偏差,甚至反感与抵制,进而挑战社会秩序,就势必难以为社会所容纳,最终成为社会的异类分子。这一事实告诉人们,科学的教育,特别是思想政治教育,对于人的社会化实际上发挥着至关重要的作用。当然,对于不同的阶级、政党、国家来说,由于社会历史文化传统和政治意识形态的差异,究竟怎样才算得是合格的社会公民存在着不同的衡量标准。但是,对于奉行马克思主义的社会主义中国来说,就是要努力地培养造就有理想、有道德、有文化、有纪律的社会主义公民。因此,高校思想政治理论课教师应当清楚地认识到,青年大学生实际上正经历着从一个非社会人向社会人的过渡、转化的过程,而如何通过正确的积极的引导,把青年大学生培养造就成有理想、有道德、有文化、有纪律的社会主义公民,即中国特色社会主义伟大事业的合格建设者和优秀接班人,就是自身功能发挥的根本内容。具体说来,思想政治理论课教师正确的导向功能,主要体现在两个方面:一是通过讲授、传授马克思主义科学的世界观和方法论,帮助青年大学生树立正确的世界观、人生观和价值观,引导他们培育起积极、乐观、向上的进取精神,勇于面对复杂的人生问题和社会现象,并乐于运用马克思主义科学的立场、观点和方法分析和解决问题;二是帮助青年大学生培养和形成正确的社会历史观和政治观,确保他们的成长成才的正确政治方向,不在政治问题上犯根本性、原则性错误,坚定地成为党和中国特色社会主义事业的合格建设者和优秀接班人。与正确分析社会问题相比,更为重要的是通过教育活动引导青年大学生保持正确的政治方向。毫无疑问,如果这种正确导向功能发挥的第一个方面在于使青年大学生健康地成长为有理想、有道德、有文化、有纪律的社会主义公民,那么,第二个方面功能的发挥则重点在于为党和中国特色社会主义伟大事业培养坚定的建设者和接班人。胡锦涛强调:"对事关政治方向的重大原则问题,要坚持马克思主义的立场,保持清醒头脑,明辨大是大非,保证理论工作沿着正确的方向发展。"①因此,作为高校思想政治理论课教师,清楚明白地向青年大学生阐释事关政治方向这一重要原则的重大理论,坚持马克思主义立场,保持清醒头脑,明辨大是大非,从而正确地引导他们沿着正确的政治方向前进,引导他们成为党的后继人才和干部,就具有至关重要的意义。

当然,需要明确的是,并非所有的高校思想政治理论课教师都清楚地认识到自己所应当具备的导向功能。例如,邓小平曾强调:"思想战线上的战士,都应当是人类灵魂工程师。……作为灵魂工程师,应当高举马克思主义的、社会主义的旗帜,用自己的文章、作品、教学、演讲、表演,教育和引导人民正确地对待历史,认识现实,坚信社会主义和党的领导,鼓舞人民奋发努力,积极向上,真正做到有理想、有道德、有文化、守纪律,为伟

---

① 胡锦涛:《在全国第三次邓小平建设有中国特色社会主义理论研讨会开幕式上的讲话》,载《十四大以来重要文献选编》下,第2163页,人民出版社,1999年版。

大壮丽的社会主义现代化建设事业而英勇奋斗。大多数人正是在不同程度上这样做的。但是,一些人却同时代和人民对他们的要求背道而驰,用他们的不健康思想、不健康作品、不健康表演,来污染人们的灵魂。精神污染的实质是散布形形色色的资产阶级和其他剥削阶级腐朽没落的思想,散布对于社会主义、共产主义事业和对于共产党领导的不信任情绪。"①因此,作为高校思想政治理论课教师,应当全面地检查自己的思想,清除自己身上存在的精神污点,用科学的理论武装自己,坚定马克思主义信仰,为自己开展思想政治理论课教育教学活动,为正确地引导学生奠定坚实的思想基础。

当前,随着时代的发展,意识形态领域的斗争变得越来越复杂、越来越隐蔽,各种反马克思主义、非马克思主义打着各种伪装渗透到我国社会,青年大学生因为思想不成熟、生活阅历和见识较少,对于西方敌对势力所宣传的这种伪理论难以轻易识破,因而在此严峻形势下,高校思想政治理论课教师更肩负着如何科学引导学生正确甄别各种理论真伪的历史使命。

3. 鲜明的育人功能

思想政治教育是思想政治理论课教育教学的内在规定,即开设思想政治理论课的真正目的在于从思想政治角度通过教学教育人、培养人,"育人"是其最终的实质。正因为如此,我们一直强调"思想政治理论课教育教学",把"教育"与"教学"紧密地联系在一起。事实上,"教育"与"教学"是思想政治理论课教师所肩负的两种重要职责,是思想政治理论课不可分割的两种职能,前者构成了后者的真正目的,而后者则成为实现前者

---

① 《邓小平文选》,第 3 卷,第 40 页,人民出版社,1993 年版。

的必要途径。把"教育"与"教学"紧密地联系在一起，就是旨在强调思想政治理论课"教学"离不开"教育"，它本质上就是"教书育人"，相反，没有离开"教育"的所谓纯粹的"教学"。思想政治教育本质上是解决思想问题、心灵问题或精神问题的教育，因此它对于人的教育作用尤其至关重要，而这说明对高校思想政治理论课教师来说，他们实际上承载着鲜明的育人功能，教书育人就是他们的天职。

"育人"实质上就是把学生当成教育的对象，按照一定的社会标准培养和造就社会公民。不言而喻，在不同的历史阶段、不同的国家或社会那里，人们对社会公民的标准或认识存在着极大的差异，但任何国家或社会在特定的历史阶段往往能够形成普遍的社会共识。对于一个阶级、政党来说，它所期望培养造就的好成员、好分子往往就是能够继承和发展其政治事业的人。一旦某个阶级、政党成为统治阶级，它就会按照自己的标准和要求在全社会范围内培养和造就社会公民。换句话说，阶级、政党的育人标准和要求成为整个社会的标准和要求。客观而言，对于任何一个国家、民族或社会来说，这都是一个客观事实，因为一般情况下，任何一个国家、民族或社会不可能在自己的社会内部培养自己的"掘墓人"。可以说，这是思想政治理论课教育教学"育人"的毋庸置疑的典型的、鲜明的特征。对于奉行马克思主义、以共产主义为理想目标的社会主义国家、民族来说，如何培养和造就共产党和社会主义事业的合格建设者和优秀接班人就是思想政治理论课教育教学的实际育人问题。因此，任何一个从事思想政治理论课教育教学的教师实际上都承载着鲜明的育人功能。这种鲜明性不仅表现在他们都把育人作为自己的分内职责，而且还深刻地表现在他们的育人工作具有鲜明的政治方向性或政治目的性。对于我国高校思想政治理论课教师来说,育人的实质就是通过马克思主义科学的世界观、人生观和价值观教育,使青年大学生健康成长为有理想、有道德、有文化、有纪律的社会主义"四有"新人,成为德、智、体、美、劳全面发展的社会主义合格建设者和优秀接班人,成长为担当民族复兴大任的时代新人。

当然,思想政治理论课教师鲜明的育人功能可以具体体现在以下几个方面:一是更自觉地研究育人规律、遵循育人规律,尽可能地做到科学育人。就是说,思想政治理论课的教学不仅考虑如何科学地讲授、传授马克思主义理论知识,而且还着重考虑如何科学地遵循育人规律而达到育人的目的,育人成为教学的更为直接的目的。二是更注意全方位地育人,尽可能地充分利用各种条件、环境、机会、方式进行育人。也就是说,思想政治理论课教师并不把自己的育人活动局限于狭隘的课堂教学或教室,相反,无论在任何环境、条件下都能抓住机会、机缘,采取适应的方式、形式进行育人。三是更尊重学生的需要和个性,尽可能地彰显人文关怀,做到人性育人。客观而言,学生的需要和个性千差万别,只有充分地尊重他们的需要和个性,才可能为每个人的成长、成才创造条件和环境。四是更注意学生的自由全面发展,而不是人为套用一成不变的人才模子塑造所谓标准化人才。无疑,人从来不是按照既定的模子成长的,因此育人同样也不是按照固定的人才模子进行塑造、铸造的。总之,对于具有高度自觉性的思想政治理论课教师而言,充分地发挥自己的育人功能,就是在履行自己的神圣使命和根本职责。

4. 强烈的示范功能

"学高为师,德高为范"是任何教师都必须奉行的行为原则。作为从事思想政治理论教育、思想道德修养教育的高校思想政治理论课教师,尤其应当把这一行为原则奉行为自己的最高原则。可以说,"为师"与"为范"在思想政治理论课教师身上得到了高度的统一,强烈的示范功能就是他们在整个教育教学活动中所充分展现其主体性的极为重要的方面。

不可否认,"学高",即学习、掌握了丰富的科学知识或理论,的确为"为师"创造了坚实的条件,因为如果不学无术,就难以胜任自己的教育教学工作,就没有东西可以向学生讲授、传授。但是,严格说来,"学高"只是胜任教师这一特殊职业的必要条件,而不是充分条件,并不意味着掌握了丰富的科学知识或理论就能够彻底地胜任了,这一点对于从事思想政治理论、思想道德修养教育的高校思想政治理论课教师来说尤其如此。客观而言,作为思想政治理论课教师,他们实际上肩负着教育对象的思想道德品质或政治品质的教育、塑造或养成的责任和义务,而如果能够真正地激起教育对象关注自己的思想道德品质或政治品质,那么,就必须首先不断地加强自己的思想政治修养或思想道德修养,锤炼自己的内在品质,做到以自己的人格魅力、高尚情怀和高贵品质吸引教育对象,从而达到示范和表率的作用。可以说,"德高为范"是高校思想政治理论课教师强烈的示范功能的根本模式,也是他们之所以能够成为思想政治理论课教师的决定因素。

为了发挥这一示范功能,高校思想政治理论课教师首先必须不断学习马克思主义理论原著,丰富马克思主义理论知识,深刻地认识社会历史发展的客观规律,准确地把握时代脉搏和社会发展的历史趋势,科学地分析纷繁复杂的社会现象,及时地捕捉社会问题,透彻地解读社会现象、社会问题,归根结底,必须使自己成为一个马克思主义意志坚定的信仰者和身体力行的实践者。毫无疑问,宣传、教授马克思主义的高校思想政治理论课教师如果自己不信仰马克思主义,自己对相关知识无比地匮乏,对鲜活的社会现实问题和发展趋势毫不关心,对国家民族的未来前途和全人类的自由解放事业无动于衷,那么,他既称不得上是一位合格的思想政治理论课教师,也根本不配为一位马克思主义理论的传播者、教育者。因此,为了履行自己作为一位高校思想政治理论课教师的职责,就必须使自己成为一位意志坚定的马克思主义信仰者、一位身体力行的马克思主义实践者。

具体而言,高校思想政治理论课教师强烈的示范功能通过以下方面得到体现:一是他们对马克思主义真学、真懂、真信、真用,做到了言行一致或知行统一。也就是说,从事高校思想政治理论课教育教学的教师,本身就是把马克思主义作为科学理论来学习的,他们不仅实际地懂得其道理,而且把它奉为信仰的对象,奉为自己思想和行动的指南,因而不仅口头上说、心里明白,而且实际地在日常生活中奉行、实施。可以说,对马克思主义真学、真懂、真信、真用,在生活做到了言行一致或知行统一,是一个合格的思想政治理论课教师的基本标准,而且客观而言,也只有首先用马克思主义理论说服自己,使自己塑造出纯洁的灵魂的教师才有资格去教育学生、引导学生。二是他们不仅在课堂上为人师表,而且在课外日常生活中呈现出来的人格魅力更加吸引人、鼓舞人,给人以示范作用。尽管学生与教师的接触往往是在课堂上,但日常生活中的相遇或交往、交流则更能全面地展现教师自身的人格魅力,因而也更能起着示范作用。三是他们敢于同各种错误的思想言论和行为作不懈的斗争,旗帜鲜明地捍卫马克思主义理想信念。敢不敢同各种错误思想言论和行为作斗争,往往能够衡量一个人是否真正地坚定自己的理论立场和政治信念。而这种自觉地、勇敢地捍卫自己的思想理论立场和政治信念的人最能够赢得人们的敬佩。毫无疑问，如果学生能够看到自己的教师能够旗帜鲜明地反对社会上流行的各种错误思想观念和行为，并对之进行全面的分析和辩驳，那么，无疑他们会非常坚信他们的教师实际上拥有一贯的、坚定的政治立场。四是他们不仅把思想政治理论课教育教学视为自己的职业，而且把它视为自己终生献身的伟大事业。毫无疑问，教师，包括高校思想政治理论课教师，本身都是现代社会内部社会分工的产物，是职业社会里的一种职业。因此，对于不少高校思想政治理论课教师来说，思想政治理论课的教育教学本身首先是作为自己的职业而存在的，但是，真正自觉的思想政治理论课教师却不仅把它视为自己从社会上获得必要的经济收入以维持正常的生活的职业或工作，而且还将之视为自己终生奋斗和献身的伟大事业，认为它是实现自己的人生价值和政治理想的最佳途径、最佳载体或最佳平台。显然，这样纯粹的教师能够牢牢地赢得学生们的敬佩与尊重，也对他们的成长、成才产生着强烈的示范作用。

中国传统教育名言的"身教重于言教"或"言传不如身教"都充分地说明了教师的身体力行的示范作用远远比单纯的说理服人更有力量。客观而言，随着我国社会转型期和改革开放进入攻坚期出现的腐败现象或社会乱象，特别是拜金主义、物欲膨胀，已经严重地渗透到大学校园，再加上西方敌对势力在意识形态领域里的有意分化、诱骗，不少高校思想政治理论课教师出现了不同程度的思想混乱，因而在课堂上、日常生活中，不自觉地表现出对党和政府的不满，甚至对中国特色社会主义伟大事业产生怀疑，立场发生动摇，甚至公然敌视社会主义制度，参与颠覆党和国家政权活动，与敌对势力同流合污，变成人民的敌人。显然,这不仅没有起到好的示范作用,而且注定产生恶劣的影响。因为身为高校思想政治理论课教师的特殊身份竟然公然挑战和否定马克思主义、社会主义制度,它所产生的效果更有轰动作用。这就告诉我们,在目前思想政治教育形势日益严峻的情况下,高校思想政治理论课教师更应该自觉地认识到身上所负载的强烈的示范功能,自觉地加强马克思主义理论修养,不断提高自己思想道德品质和修养,坚定自己的马克思主义政治立场,用自己的人格魅力去吸引和感召学生,达到为学生示范的目的。

二、交互主体性教学理念下的学生:学的主体

无疑,学生是高校思想政治理论课教育教学活动或大学生思想政治教育活动所必须涉及的对象。没有学生,任何教育教学活动既没有必要,也没有意义。但是,学生究竟在教育教学活动中处于什么样的地位、发挥着什么作用呢?按照不同的教育教学理念,其认识和理解实际上存在着根本性的区别。客观而言,我们必须突破传统教育教学理念对学生的认识,以交互主体性教学理念为指导,彻底改变学生在教育教学活动的地位,积极地引导学生发挥其主体性作用,从而达到改变思想政治理论课教育教学效果的目的。在师生交互主体性中,与思想政治理论课教育教学主体相对应的还有一个思想政治理论课的学习主体。李秉德等强调:"教学活动是为谁而组织?是为学生。没有学生就没有组织教学活动的必要与可能。在教学活动中是谁在学习?是学生。学生是学习的主体。没有学生

就不存在教学活动。所以学生是教学活动的根本因素。"① 因此,任何教育教学活动都不是教师这一"教"的主体的单独活动,也不会只有教师的单向作用,在教育教学过程中除了有教师的主体性因素外,还必须充分地考虑学生这一"学"的主体及其主体性因素在整个教学活动中的重要作用。

(一) 思想政治理论课学习主体的概念

根据交互主体性教学理念,思想政治理论课教育教学活动本质上是一个"教师—知识—学生"三者交往、互动的复杂过程,是两个主体(教师和学生)对共同客体(知识)认知、诠释、理解和掌握的过程,交互主体性是这一过程的根本特性。交互主体论把教师和学生视为面对共同客体的平等主体,既创造了自由和谐的教学氛围,又培养了学生学习的自主性、积极性和创造性,达到了培养学生主体性、塑造具有主体意识的合格人才的教学目的。

思想政治理论课教育教学和其他教育一样,是一个师生交往、交流与反馈的过程,或者说是一个教育主体和学习主体之间双向的、互动的过程。因此,必须充分肯定学生的学习的主体地位,肯定学生的自主性、主动性、能动性、创造性等主体性特征。事实上,学习主体的主动性、积极性、创造性正是构成师生交互主体性的重要因素、重要侧面。因为,真正意义上的学习必须建立在学习主体的主观能动性充分发挥的基础之上,而其前提就是主体地位的确立和巩固,否则就根本上谈上学生学习的积极性、主动性、创造性等主体性因素。从"学"这一方面或维度来说,发挥学生对学习的主导作用的目的在于使学习主

---

① 李秉德等:《教学论》,第11页,人民教育出版社,2001年版。

体的学习是自觉的、有效的学习,而这必须以调动和发挥学习主体的主动性、积极性、创造性为前提。不难看出,只有按照交互主体性教育教学理念,实现师生的教育主体和学习主体的功能互动,把教育主体的积极教育过程与学习主体的主动学习的过程融合为一个统一的过程,才能真正发挥学生学习的主动性、积极性和创造性。因此,在目前高扬人的主体性、培育独立人格的新形势下,开展思想政治理论课教育教学必须紧紧围绕培育、培养学生的学习主体意识,把握学习主体的思想特点,舍弃简单、空洞的教条,变单一的灌输式的"教"为双向互动式的师生互动交流,增强高校思想政治理论课教育教学的针对性和实效性。

客观而言,高校思想政治理论课教学中大学生主体性发挥的前提是主体性的培育,因为只有通过逐渐地培育才谈得上如何发挥的问题。目前,学术界存在着一些糊涂认识,片面地强调大学生主体性的发挥问题,仿佛大学生的主体性是一个不言而喻的客观事实。因此,必须端正思路、摆正关系,高度重视高校思想政治理论课教学中大学生主体性的培育问题。以大学生主体性培育为着眼点,不仅能够科学地厘清培育和发挥的相互关系,而且还能科学地认识到哪些主体性是需要培育的问题,如主体意识、主体素质、主体能力等,哪些主体性是国家法律、法规或政策已经赋予而大学生自己没有深刻认识或自觉担当的问题,如主体地位、主体权利、主体责任、主体义务等。毫无疑问,如果混淆这些根本区别,盲目地谈大学生主体性的发挥,显然往往不得要领,隔靴搔痒,无法解决如何增强和改善高校思想政治理论课教育教学、提高实效性的问题。

(二) 思想政治理论课学习主体的特征

交互主体性教学理念重新认识了教育教学的实质,规划和调整了教学活动中各要素之间的关系,因而也改变了传统教学理念中的学生身份、地位和功能,使其彰显出鲜明的主体性,即主观能动性。陈晏清强调:"所谓主观能动性则恰恰是就主观对于客观的关系而言的,它无非讲主观对于客观的关系不是消极被动的关系,而是积极主动的关系。显然,对于根本不存在主客观关系的动物来说,是无所谓主观能动性的。"[①]也就是说,能动性重点在于强调主体的活动是积极主动的,而不是消极被动的。客观而言,对于学生来说,自觉地认识自己的本质、需要、目的、能力、条件和环境等属于自身尺度的因素,深入地研究对象或客体的存在、属性和规律,从而自觉地开展学习活动就使得自己成为真正意义上的主体。因此,能动性对于学生来说,就是彻底摆脱任何外界的束缚和制约,把自己及自己的学习活动完全作为一个客体、对象加强有效地管理和控制,从而实现整个学习活动获得突破性的进展。主观能动性亦称自觉能动性。但是,主观能动性或自觉能动性是一个复杂的概念,它包含着丰富的内容。从思想政治理论课教育教学活动中的师生交互主体性的实际情况来看,学生作为学习主体的主体性或自觉能动性又具体体现为以下四个方面。

1. 自主性

学生作为学习主体就在于他首先作为主体、主人而存在,

---

① 陈晏清:《论自觉的能动性》,第33页,上海人民出版社,1983年版。

即成为自己学习的实际发动者、组织者和管理者,其实质就是,自觉地把自己确立为学习主体、主人,而把学习活动、学习内容、学习方法等作为自己的对象或客体而加以驾驭和控制。在此过程中,学生的学习自觉相比于学习活动、学习内容、学习方法等因素而言,就是呈现了典型的自主性或主人性质。

客观而言,对于学生来说,无数外界的事物、活动或现象都异于他而存在,他对于这些事物、活动或现象并没有直接的联系,甚至不少时候他实际地参与其中,甚至就是由他而产生或出现,但是,他并不能实际地控制它们,相反,更多的情况下为它们所控制。这种情况实际上表明学生并没有成为这些事物、活动或现象的主体、主人,而它们则作为外在必然性束缚和支配着他,因而这些事物、活动或现象归根结底没有为他所认识、理解和驾驭,还没有成为自主地、自由地驾驭和控制的对象或客体。但是,如果学生能够自觉地去认识和驾驭这些事物、活动或现象,因此成为其主人,那么,它们则注定成为学生的客体。显然,在此情况下,这些事物、活动或现象就与学生确立了主客体关系。事实上,正是在此意义上,学生才真正地作为主体、主人而存在,因为在此过程中,人的意志、意图不仅在客体身上得到了体现,而且这些事物、活动或现象随主体意志而发生的改变、改造归根结底彰显和确证了人的本质力量,即自己成为积极主动者、自由者,而客体成为消极被动者、被役使者。就学习活动来说,无论是什么时候开始学习、在哪个地方学习,还是学习什么内容,与谁一起学习,采取什么方式学习,以及其他涉及学习的一切方面,如果学生能够充分地使自己成为学习的主体,那么,这一切都必然地呈现出鲜明的自主性特征。换句话说,这一切都会由他本人作为主人而拍板决定,因为他是主人。

客观而言,在交互主体性教学理念下,学习的自主性全面地改变或颠覆了传统灌输论对教学的理解,即"教学"不再是教师单方面的灌输、讲授或传授,而是分解成"教"与"学"两个维度或方面,其中,学生就成为"学"这一维度或方面上的主体、主人。学生一旦确立了学习的主体地位,在教学活动中呈现出相应的自主性,那么,师生关系的属性就发生了根本性变化,即师生成为在教与学的彼此互动中重要的因素,发挥着主体性作用。因此,学生主体意识或自主意识在思想政治理论课教育教学过程中的彰显全面地改变了人们的教育教学观念,认识到学生独立主体地位必须得到相应的尊重。

2. 自为性

如果说学生的自主性使学生意识到自己是学习的主体、主人,那么,自为性则进一步使学生明确自己的学习目的和需要,从而有针对性地为自己的学习进行谋划、规划,设置科学的目的,并有意识地去追求和实现。自为性相对于自在性或自发性,就学生的学习来说,自发性的学习本质上是盲目的学习,而自为性的学习则体现了自己真正地成为学习的主体。

事实上,正如任何正常的人实际上都经历着从自在、自发的状况向自为、自由状况的过渡一样,学生一般情况下也经历着从自发学习向自觉学习的过渡。自觉的学习实际上就体现了学习主体的自为性。所谓自为性,从根本上说就是有目的的自觉能动性,就是活动着的主体的自主性。自为的前提是对自己的认识和对客体的认识。李德顺等强调:"为我的主体在同客体相互作用时必须是自为的。这表现在:它按照自身的内在规定性和本质行事,成为主客体相互关系的首动者;它承认客体的客观存在,但不终止于此,而要通过自己的活动改变现实;

用各种方式力求保持自己在这一主客体关系中的主动地位。"①具体说来,自为不仅体现为对自己的本质、需要、目的、能力、条件、环境等各个方面的自觉认识和把握,而且体现为对客体的存在、属性、规律等方面的认识和把握,并在对主客体双方全面认识和把握的基础上,有针对性地规划和协调两者之间的关系或交往互动,从而整体地驾驭和控制自己的活动。对学生来说,其学习的自为性就体现为他不仅自觉主动地深入地研究自己的需要和目的,而且同样积极地研究科学学习的方式、方法或规律,从而有针对性地设计学习的计划、目标、方案,控制和管理自己的学习活动,而不再使自己的学习陷入盲目的自发性。因此,成为学习的主体、主人,不仅在于意识到自己是主体、主人,而且还在于实质性地使自己成为主体、主人。有目的、有计划、有实施的能动的自主性就是自为性,正是这种通过具体的、为自己的意志所控制和驾驭的学习活动才能确证自己业已成为学习的主体、主人。

按照马克思主义人的存在论,人的存在在于人的有意识的实践活动,可以说,对于学生来说,他之所以作为学生而存在,就关键在于他学习。换句话说,因学习而成为学生,或"我学习故我在"。相反,如果不学习,那么,他就不成其为学生,或者说,不学习就不存在。当然,在此意义上的学习恰恰就是有目的、有意志、有计划的学习,而不是盲目的学习、自发的学习。

3. 选择性

自觉能动的学习是有选择的学习,它体现着学生学习活动

---

① 李德顺、孙伟平、赵剑英等:《马克思主义哲学范畴研究》,第104页,中国社会科学出版社,2010年版。

的选择性。选择性是自觉能动性的重要方面。针对什么是选择性,齐振海、袁贵仁等强调:"所谓选择性是指主体活动的对象是经过主体的取舍和筛选而确定下来的。"①作为学习的主体,学生对思想政治理论课教育教学活动的参与实际上表现出一定的选择性,其选择性表现在他对教育教学活动的参与程度,如听课的认真程度、讨论的深入程度、与教师的互动程度以及对思想、理论、信息的选择和接受。

客观而言,正如对自己的专业、未来的职业或人生方向存在着主体性的选择一样,学生对自己在整个大学学习期间的专业课、选修课、公共基础课等课程的学习,甚至每门课程的某一节课的听讲,本身都存在着选择问题。显然,这不仅是一种客观的事实,而且如果不从根本上违背学校的教学纪律、影响自己的学业,本身并没有什么不科学,也不值得去谴责。事实上,选择不仅是主体的应当行动,而且只有通过科学地选择,主体才能真正地把自己的自觉学习活动变成现实。这在于,对于每一个学生来说,他所面对的知识海洋无限地广阔,纵使他已经选择了特定的专业作为自己学习的核心内容,但他根本不可能全面地深入其中,详细地就任何一个细节、重点、难点全盘不漏地统统学习和掌握,相反,他必须全面地衡量自己的能力、本质力量和需要,选择最可能的结合点或突破点,因此开展有针对性的、具体的学习活动,相反,对于那些自觉并不感兴趣的,或者稍难的、离自己稍远的,就干脆放弃。可以说,正是在选择的过程中,学生全面地评估自己,谋划着自己的学习生涯、职业生涯和人生理想,时刻激励和坚定自己的意志,激发自己内在的

---

① 齐振海、袁贵仁等:《哲学中的主体和客体问题》,第96页,中国人民大学出版社,1992年版。

潜能，为理想目的而奋斗。因此，选择性使主体的活动变得更加现实、真实，而不再陷入单纯地为自己所想而不知如何实现的状态，因而选择性是自为性的积极扬弃，是自为性的深化和发展。

因此，选择性使学生成为真正个性化发展的人，成为真正具有个性的人才。对于学习和掌握思想政治理论课教育教学内容来说，有选择的学生会针对某些特定的章节、理论知识、要点、难点进行自主的选择，从而在课堂上或积极主动地、或消极被动地、或兴趣一般地参与教育教学活动，相反，对自己不感兴趣的理论观点或教学内容，就可能表现出一定程度上的质疑或反驳。特别是，在与教师的交往、交流、互动过程中，有选择性的学生更会有意识地抓住自己感兴趣的话题推进教学活动，深化对某些理论问题的理解。因此，对于一个学生来说，他的学习存在着自觉的选择性，正是这种选择性使他更清楚自己的学习目的、学习需要、学习动机，从而更科学地调整学习内容、学习方法，以达到最佳的学习效果。

4. 创造性

创造性是人的主体性的最高表现形态，正是创造使人从自己所创造的事物身上确证自己的本质力量，彰显自己的价值，归根结底，确证自己的特殊生命存在。因为创造性不是一般地自觉作用于外界事物，某种程度上改变或改造它们，而是创造出世界上原来并不存在的东西。可以说，创造是使人最终确证为人，确证为主体的决定性活动，也是人根本地区别于动物的标志。历史证明，正是创造不断地推进着人类社会和文明的发展，人类的任何一个领域里实际上每天都发生着创造活动。对于学习来说，创造性的学习始终都是人们探索未知世界、掌握知识、丰富知识的重要方式或途径。

面对浩瀚的知识海洋,面对图书馆丰富的藏书,面对本学科数不尽的专业书籍,究竟应该采取什么样的学习模式、方法或途径开展学习活动呢？显然,这对于不同的学生来说,存在着根本的差异,相反,不可能具有固定的模式。毫无疑问,任何一个学生不仅存在着需要、目的、能力、条件等方面的差异,而且在思想方法、思维模式、心理特征、个人性情等方面也同样存在着极大的差异,因此,他们在学习的兴趣、爱好、兴奋点、着眼点等具体方面就表现出根本性的差别,结果是他们的学习模式、方法、途径就明显地区别开来。所谓学习上的创造性,就是能够打破传统的学习模式、方法,根本地实现了创新,即创造出了新的学习方法、学习技巧,探索出新的学习规律,并取得了良好的学习效果。不言而喻,任何学习模式、方法或途径上的创新都是在传统模式、方法上实现的,但是,正是因为打破了传统学习模式、方法或途径对人的头脑或思维的禁锢,人们才创造地发现了新的视角,从而找到了新的模式、方法或途径。因此,学习的创造就如同给人打开了一个新窗口、一个新的通道,它意味着学习效率的提高,意味着学习成果的丰硕,意味着人们学习时间的缩短,意味着人控制和驾驭外在世界所需要耗费的时间的缩短,当然,归根结底,意味着人的自由时间的增多和生命的延长。因此,创造、创新是学习领域中的革命,归根结底是人们认识和把握外在世界方式的革命。总之,学习上的创造、创新不仅是人们在现实的学习过程中基于不同的学习者自身各种因素的一个必然,而且还是学习者自觉地从新的视角探索知识、丰富知识、创新知识的过程,是认识和把握外在世界的革命活动。

客观而言,思想政治理论课的学习本质上其目的在于实现精神世界、观念世界或心灵世界的改造。然而，精神、思想、观念或理论的学习对于学生来说，并不像许多自然科学学习那样，所面对的是可以观察和实验的具体对象，而是只能靠思维抽象把握的东西，因此，其难度就可想而知。所以，我们应当明白，马克思主义理论作为精神产品，其内容无比丰富，涵盖经济、政治、哲学、历史、文化、科技等众多领域，因此犹如浩瀚的海洋，学习、掌握马克思主义理论，特别是能够准确地理解其逻辑体系、重要范畴、精神实质，对于一个专业的学生来说，尚且需要多少年的努力，对于高校普通大学生来说，要求他们达到这种要求，显然不现实，并且纵使降低标准和要求，让他们达到教育行政管理部门规定的要求，也并非一件容易的事。显然，对于青年大学生来说，学习马克思主义理论就必须时刻抱有创新的观念，始终要开始创造性的学习，因为只有这样，一个学生才能更科学有效地把握需要学习的内容、要点和难点。特别是，只有始终保持着创新、创造意识，他们才能不断地参与到教师所发起、组织的交互主体性教学活动中来，才能在教师的科学引导下不断地深入学习内容，探索其中的奥妙。同样，也只有不断地进行创新、创造，一个学生才能不断地改造自己的思想框架、思维模式和传统观念，从而创造性重新建构自己的知识体系和思想政治品德结构，才能自觉地塑造出认识世界和驾驭世界的主体能力。可以这样说，如果在马克思主义思想政治理论的学习上，不断地开始创造性学习，那么一个学生就能够在精神世界、观念世界或心灵世界上重塑自己，使自己彻底成为一个掌握了马克思主义科学的世界观、方法论的人，成为一个能够熟练地运用马克思主义的立场、观点和方法分析和解决问题的人，成为一个能够认识人类社会发展规律并遵循规律实现自己目的的人。

因此,学习上的自觉创造,特别是思想政治理论、马克思主义理论学习上的自觉创造,对一个学生从根本上确立自己的主体意识、主体地位从而健康成长、成才,成长为德、智、体、美、劳全面发展的社会主义公民具有深远的意义。同样地,对于教师而言,要善于发现学生学习的创造性,尊重其创造性,而不是轻易地认为他们的创造性学习离经叛道,就加以否定。客观而言,尊重和激发学生的学习的创新、创造精神,恰恰是现代素质教育的题内应有之义。胡锦涛曾强调:"全面实施素质教育,核心是要解决好培养什么人、怎样培养人的重大问题,这应该成为教育工作的主题。要坚持育人为本、德育为先,把立德树人作为教育的根本任务,努力培养德智体美全面发展的社会主义建设者和接班人。要加强爱国主义教育,深入开展理想信念教育,引导学生树立正确的世界观、人生观、价值观、荣辱观,增强学生热爱祖国、服务人民的使命感和责任感。要激发学生发展的内在动力,提高学生的创新精神和实践能力。要形成全社会推进素质教育的强大合力和良好环境。"[1]恩格斯曾经说:"社会主义自从成为科学以来,就要求人们把它当做科学看待,就是说,要求人们去研究它。"[2]显然,对于马克思主义、社会主义这样不断发展的科学来说,任何人都有进行研究、探索和创新、创造的理由、权力和资格,作为充满青春激情、渴望知识和创造的青年大学生,他们实际上既有权力,也有资格从事马克思主义的学习、研究和探索,轻易地抹杀他们实现马克思主义创新发展和创造的权力和资格,显然根本不符合马克思主义创始人

---

[1] 胡锦涛:《在第十六届中共中央政治局第三十四次集体学习时的讲话》,《十六大以来重要文献选编》(下),第617页,中央文献出版社,2008年版。
[2] 《马克思恩格斯文集》,第2卷,第219页,人民出版社,2009年版。

的意志。因为,人们不应该忘记,当年发表标志着马克思主义、科学社会主义诞生的经典著作《共产党宣言》时,马克思和恩格斯都还只是年轻人:马克思30岁,而恩格斯只有28岁。因此,对于学生在马克思主义学习上进行创新、创造,不仅不应该轻易否定,而且应该积极地给予鼓励。

三、交互主体性:自由和谐的师生关系

师生关系是思想政治理论课教育教学活动中的核心关系,什么样的教育教学理念就会确立起什么样的师生关系。也就是说,师生关系的类型或性质取决于作为指导思想的教育教学理念。交互主体性教学理念的提出从根本上为塑造新型的师生关系奠定了理论基础。事实上,交互主体性教学理念所要确立的师生关系恰恰就是交互主体性,而交互主体性恰恰就是师生在思想政治理论课教育教学活动中通过彼此的交往互动而塑造和建构起来的自由和谐的师生关系。

(一)师生交互主体性的实质

客观而言,如果给以平等、自由的地位或条件,无论是教师还是学生都成为真正意义上的主体,即教师成为"教"的主体,而学生成为"学"的主体,因此客观地彰显着各自的主体性。但是,实际上,思想政治理论课的教育教学本身是教与学的统一,即通常不可分割地称之为"教学"。因此,真正意义上的"教学"恰恰是具备教师和学生两个核心要素的,即教师的"教"是面向学生的,而学生的"学"则来从于教师的,或由教师引导的。正是教师和学生的相互关系塑造了整个教学活动的有机统一,而教师和学生的互动促进了整个思想政治理论课教育教学过程

的持续和发展。但是,从交互主体性教学理念看来,师生间的关系恰恰是各个主体共同塑造出来的关系,因而呈现为交互的主体性。

  客观而言,作为师生各自通过发挥主体性而塑造和建构起来的主体性——交互主体性具有两个方面的意义:一是师生交互主体性是一种平等基础上的自由和谐的师生关系。交互主体性并非师生各自属性的抽象概括;相反,它本质上是师生之间的关系。正如任何事物间都存在着直接或间接的关系一样,教师与学生在整个教育教学过程中存在着一定的必然联系,即教与学是不可分割的同一活动的两个方面、两个维度,缺乏任何一个方面、维度,都不成其为教学。作为师生间的关系,交互主体性并非传统灌输式教学过程中的师生关系,相反,它恰恰是以平等为基础的自由和谐的师生关系。可以说,交互主体性是以师生个体差异性与多样性需求为前提,强调师生双方对教学活动的过程的自主表达,强调教学活动的广泛参与和对等尊重,在承认个人合理自觉的基础上,强调师生之间对等的持续合作与良性互动,它在承认师生个体自我反思价值的基础上,强调教学活动的批判机制与自由交流。总之,以师生间彼此的交往互动塑造和建构起来的交互主体性是一种新型的师生关系,它对高校思想政治理论课教育教学的有效改善提供了新的视角。二是师生交互主体性是面对、理解、诠释共同客体——马克思主义理论知识的共同体主体性。任何教育教学本质上都是教师向学生讲授、传授知识,高校思想政治理论课教育教学也不例外。但是,从交互主体性教学理念看来,虽然教师作为"教"的主体,学生作为"学"的主体,但一旦处于实际的教学过程中,他们无形之中都只可能把自己作为"理解"或"诠释"马克思主义理论知识的主体。换句话说,在教学过程中,师生共同塑造出来一个"理解"或"诠释"马克思主义理论知识的活动机制,由此形成了一个共同理解共同客体——马克思主义理论知识的共同主体。当然,不可否认,无论是教师还是学生都有可能首先把马克思主义理论知识引入共同"理解"的活动之中。也就是说,一旦师生在教学活动中共同营造出共同理解、诠释马克思主义理论知识的共同体,那么,他们也就充分地彰显了各自的主体性,从而塑造和建构出了师生间的交互主体性。因此,交互主体性是面对、理解、诠释共同客体时的特殊主体性。

(二)师生交互主体性的基本特征

从高校思想政治理论课交互主体性师生关系的内涵来看,交互主体性师生关系具有以下几个主客体对立关系所不具有的基本特征。

1. 师生交往的平等性、对等性

高校思想政治理论课交互主体性师生关系构建的基础是师生的人格平等,正是在此前提下,师生确立了教育教学活动中的对等性。

所谓对等性,是指"师生在教学交往中,彼此双方是作为对等而非压制的交往个体而相互支持、合作与交往"①。对等蕴含着交往主体之间同等对等与相互回应。这种以平等为基础的对等交互主体不同于独立的原子式的主体(无论是教师主体、学生主体还是双主体都是原子式的、单个主体),交互主体是互动着的、生成着的共同体主体,它突出主体与主体之间的

---

① 杨勇:《高校思想政治理论课交互主体性师生关系的基本特征》,《山西财经大学学报》,2010 第 2 期。

相互沟通、相互承认、相互影响。在胡塞尔看来,为了消解自我认识中的私人性和主观性,达到对世界的共同认识,也就是由"私人世界"进展到"共同世界",不同认识主体之间要相互交流、彼此沟通,并设身处地、转换视角,承认他人的主体地位及主体性①。尤其是,交互主体性源于平等沟通。哈贝马斯强调,交往行为的合理性绝不能源自传统,也不能诉诸权威,只能萌生于真正自由平等的对话与商谈。在交互主体性师生关系中,对等既意味着师生双方在同等程度上相互尊重、人格平等,也意味着每一个主体都被给予机会,使其能认识、体验到自身对师生交互共同体的维系、发展起着独特的作用,并能根据自身素质、能力、品质得到对方对等的承认。对等性是以师生双方的品质、能力、人格与个性为前提和基础的,在知识的传授和共享过程中,师生双方对对方都能感同身受而且能够容忍对方的异议和差异,师生交往互动的过程就是充满差异性的活动,然而师生又在尊重差异性的基础上达到了彼此间的自由和谐与统一。

2. 师生交往活动的实践性

马克思指出:"全部社会生活在本质上是实践的。"②教育教学活动本质上是作为社会的人的教师和学生的社会生活的一部分,因而实践性是教育教学活动的本质属性之一。

实践性是指教育教学在现实社会中开展,师生在教育教学的交往中基于实际的教学实践来承载知识的传授,也就是说,

---

① 胡塞尔:《笛卡尔式的沉思》,第178页,中国城市出版社,2001年版。
② 《马克思恩格斯文集》,第1卷,第501页,人民出版社,2009年版。

通过师生相互的教与学的实践活动使得知识的传授与接受成为现实。因此,交互主体性师生关系的生成只能基于师生教育教学交往互动的实践,在教学交往中,教师和学生是积极、主动地参与教学实践的,而不是消极被动地适应教学实践。这就要求教师,一方面要深入钻研专业知识,并根据社会历史的发展而不断地实现理论和方法上的创新发展;另一方面要及时了解社会生活、社会思潮的变化对学生身心带来的生理、心理和思想等方面的影响,帮助学生正确面对和处理好各种心理困惑、思想冲突和现实生活矛盾等等。显然,这对教师的教学水平、知识结构、师德修养、人格魅力等提出了更高的要求。因此,教师要不断总结教学经验、提升理论水平,不断了解和消化各种社会新信息,以更好地适应不断变化的社会发展形势,使其自身能够超越和变革原有的知识结构,实现自身的跨越发展。

总之,基于教学实践活动的师生互动是生成、发展交互主体性师生关系的实践基础和本质要求,是提升高校思想政治理论课教学效果和教学质量的一条切实可行的现实途径,也是增进师生友谊与共识的基本途径。

3. 师生交往主体的相互性

相互性是指师生在教学交往中,基于共享知识的需要,彼此作为独立的交往主体而相互依存地交往。

在相互承认的师生之间,师生个体对自己的认识是其个体人格在构成意义上对他人承认的依赖,诚如马克思所言:"人对自身的关系只有通过他对他人的关系,才成为对他来说是对象性的、现实的关系。"①因而,客观而言,教师传授知识的活动本质上是一个依赖于施教对象的关系,学生接受、领悟知识的对象性活动关系是一个依赖于其传授对象的关系。以知识为媒介对接起来的师生之间的相互依赖性关系在本质上是一种交互主体性关系,它是通过自身对对方的关系得以表现和实现的。确切地说,师生双方在教学互动过程中,首先是根据自己的价值体系、认知结构来评价、判断对方,随着师生交往的逐渐深入,师生个体的认知、判断由双方共同参与。因而,师生互动的交往活动不是单向的对象性活动,而是师生双方相互支持的双向教学活动。在交往过程中,相互性是师生的作用界面,是不确定性与动态的变化性的统一,是使得教师与学生普遍存在着对称性的交往行为和立场。在教学过程中,相互性是师生互动的内在动因。为了实现师生双方共享知识的需求,师生双方在教学实践中不断探寻对方对知识的理解程度、范围,将此纳入自己对知识的学习、认识中。

4. 师生交往环境的开放性

开放性是指师生在教学交往中,在开放共处的教学互动中相互交流、进步。生成于交互主体性的师生共同体是一个"兼容并包"的开放共同体,能够充分吸收师生的知识、智慧、才能,具有开放包容的气度,而且能够随着教学交往的不断深入完善师生共同体共识。在交往中,彼此双方都设身处地去理解对方的立场、观点和想法,彼此都对对方的思想、观点保持长久的开放。在开放的师生共同体中,师生双方基于教与学的交往平台

---

① 《马克思恩格斯文集》,第 1 卷,第 165 页,人民出版社,2009 年版。

能够广泛地交流教学环节和教学过程的几乎所有内容以及师生共同体的教学活动包括教与学的方方面面,如教学观念、教学过程、教学内容、教学方法等。如何有效地组织教学,其中一个重要问题就是师生共同讨论,以双方都能接受的方式来共同完成教学任务。例如,在教学内容的范围、难度、层次的选择上,既要考虑到学生的兴趣,又要考虑到学生的实际接受能力,这样,教师就能根据学生的实际情况来传授知识,更好地把握教学重点、难点。因此,在师生共同体的教学过程中,只有在教学内容上的对等开放才能有效地实现师生关系的持续发展与良性互动。

(三) 塑造师生交互主体性的前提与意义

随着时代的发展,人们越来越认识到,思想政治理论课教育教学无论对于教师还是对于学生而言,都是一种需要发挥主体性的,因而主体性很强的教育教学活动。换句话说,随着人们主体性意识的觉醒,积极地参与教学已经不仅成为一种必然趋势,而且越来越显得迫切、必要,而这实际上说明,发挥师生各自的主体性,共同塑造、建构交互主体性,即自由和谐的师生关系,已经提上了高校思想政治理论课教育教学改革的现实日程。

1. 各自主体性的发挥是塑造师生交互主体性的客观前提

师生交互主体性的塑造或建构需要师生双方的共同参与,相反,它不是由任何一方能够单独完成的事情。换句话说,在整个塑造和建构的过程中,师生都是不可或缺的因素。其所以如此,就在于只有师生的积极参与,只有师生充分地发挥了其各自的主体性,作为师生共同体主体的主体性才能最终营造、建构出来。

　　师生交互主体性既是师生间的一种关系，也是面对共同的客体——马克思主义理论知识时所表现出来的主体特性。显然，作为师生间的一种关系，缺乏了任何一方都将不复存在。而作为面对共同客体的共同体主体的主体性，如果缺乏了任何一方面，就不仅不可能构成共同体主体，而且还注定缺失了相应的主体性。因此，无论是教师还是学生，在塑造和建构师生交互主体性的过程中，都有自己不可推卸的责任，相反，只有充分地发挥各自的主体性，作为师生共同体的主体才真正地塑造出来，其主体性才能彰显出来。毫无疑问，如果由教师或学生单方面支配师生关系，虽然师生共同面对马克思主义理论这一客体，那么，这种共同体主体并非真实的共同体，而只可能是"虚假"的共同体，因此它所表现出来的主体性也只可能是起支配作用的单一主体的主体性，换句话说，这根本不是师生通过交往互动而形成和塑造出来的交互主体性。众所周知，马克思、恩格斯认为，在历史上，虚假或虚幻的共同体只是不成熟的共同体，它势必为真正、真实的共同体所取代。而作为真实的共同体，在马克思、恩格斯看来，那就是"自由人的联合体"。因此，在思想政治理论课教育教学中，师生所塑造出来的共同体如果基于师生间的自由、平等交往，那么，就是真实的共同体，所彰显出来的主体性也就是交互主体性。相反，如果任何一方处于被动的、被支配的不平等、不自由的地位，那么，所彰显出来的就绝不可能是交互主体性，而只可能是单方面的主体性。

　　可以说，充分地给予师生以自由、平等的地位，使其公允地发挥主体性，是科学地塑造和建构师生间交互主体性的客观前提。

2. 塑造师生交互主体性的重要现实意义

客观而言,在高校思想政治理论课教育教学过程中,充分发挥教师和学生各自的主体性,自觉地、积极地、共同地塑造彼此间的交互主体性,对于切实地提高高校思想政治理论课教育教学效果,增强针对性,达到培养和造就党和中国特色社会主义事业的合格建设者和优秀接班人的目的来说,具有广泛而重大的现实意义。

(1) 有利于认清发展人的主体性是现代社会的迫切要求

马克思主义人的自由全面发展的理论告诉我们,人的发展实际上经历着人的依赖阶段、物的依赖阶段和自由个性阶段这三个历史阶段,这三个阶段的不断超越就是人的主体性不断确立和弘扬的过程。客观而言,不断地确立和弘扬人的主体性已经成为现代社会发展的迫切要求,这对于我们社会主义国家来说尤其如此。中国特色社会主义的迅猛发展为包括青年大学生在内的每个社会成员的全面发展提供了越来越便利的环境和条件,高校思想政治理论课教育教学必须顺应时代发展的客观趋势和要求,发展和弘扬学生的主体性,使之成为德、智、体、美、劳全面发展的社会主义公民。

(2) 有利于明确充分发挥学习主体的主体性是思想政治理论课教育教学的本质要求

思想政治理论课教育教学的根本目的是培养社会生活的主体,培养有独立人格和思想的社会主义公民。思想政治理论课教育教学旨在培养人、塑造人,其核心的任务就是培养、培育学生的主体性。客观而言,只有主体性彰显的学生,才能成为真正意义上学习的主体,才能对自己的教育问题提出新的更高的要求,才能积极主动地参与教师主导的教学活动,才能达到预期的学习目的。这就要求教育主体在思想政治理论课教育教学过程中注意充分发挥学习主体的主体性,建立起主体性思想政治教育教学模式,而主体交互关系的确立则是构建交互主体性思想政治理论课教育教学模式的基础。

(3) 有利于顺应科技革命和社会主义市场经济发展对增强人的主体性提出的客观要求

社会主义市场经济体制的建立和完善本质上基于人的主体性,即使每位市场参与者都成为自主、平等竞争的市场主体。因此,随着社会主义市场经济体制的建立,就必须根据客观要求自觉地培育市场主体的主体性,使其能够在市场经济的自主性、平等性、竞争性、开放性的环境中生存和发展。毫无疑问,这种形势对人的主体性提出了更高的要求,而思想政治理论课教育教学只有适应社会主义市场经济发展的要求,以自觉培育学生的主体性为目标,才能使他们成为具有强烈主体意识、自立意识、法制意识、道德意识、科技意识和创新意识的社会主义公民。

第四章　交互主体性教学的客体：知识

无疑，以知识为核心或实质的教学内容是整个教育教学活动中的核心要素之一，也是整个教学活动中具有实质性的因素，因为一切教育教学活动本质上都是教师根据特定的教学目的而向学生讲授、传授知识。但是，在不同的教学理念下，知识究竟处于何种地位，其认识和理解存在着根本性的差别。按照交互主体性教学理念，知识是师生共同认识、诠释、理解并由此实现视域融合达成共识的对象，因而处于师生双方的交往互动的中间位置，是师生共同认识、诠释和理解的对象。也就是说，在交互主体性教学理念下，师生都是主体，而知识成为客体。可以说，这本质上是对传统灌输论教学思想的主体、客体观念的彻底颠覆。

一、交互主体性教学理念下的客体概念

多年来，我们从没有认真地研究过思想政治教育与思想政治理论课教育教学之间的本质差别，没有对两者的不同属性作过深究。因为两者好像在本质上并没有什么区别，都在于通过

一定形式的教育教导使受教育者的思想、观念发生根本性的变化，从而达到培养人、塑造人、引导人的目的。但是，这实际上在看到共性的同时，并没有分辨其中的差别。也因为由此，在人们心目中思想政治理论课教育教学的主体、客体概念与思想政治教育的主体、客体概念是一样的，是没有任何区别的。在学术研究中，在日常话语中，都不难发现，人们实际上从来没有严格地区别过这一点，甚至从来没有意识到、质疑过这一点。

然而，不言而喻的是，思想政治理论课教育教学与思想政治教育事实上存在着不少的差别，也是任何一个认真思考、稍微细心的人都会觉察到的。显然，教育具有比教学更多更广泛而丰富的内涵，它实质上包括教学，教学仅仅是教育中的一个重要构成部分，如果说教育从根本上说侧重于教导、培养，即对人的德育智育方面的培养、培育，那么教学则侧重于知识的讲授、传授与接受，但是，教学本质上履行着教育的职责，因此教育与教学又紧密联系，不可分割。所以，严格说来，思想政治理论课教育教学与大学生思想政治教育一方面两者存在着根本的一致性，即本质上都是为了青年学生思想上的健康成长，另一方面思想政治理论课教育教学恰恰是通过思想理论知识的讲授、传授并使学生理解和接受这一根本途径达到教育人、培养人、塑造人的目的的。因此，严格说来，思想政治教育与思想政治理论课教育教学其所面对的对象、要素实际上存在着根本的区别，前者把学生作为教育的对象，而后者则增加了新的要素，即知识，知识成了师生需要共同面对的对象，即作为共同认识、诠释、理解并达成共识的客体。归根结底，虽然思想政治理论课教育教学与思想政治教育存在着紧密的联系，两者永远也不可能截然地划分清界线，但实际上却存在着不同的客体，即思想政治教育的客体实际上是学生，而思想政治理论课教育教学的客体却恰恰是师生共同认识和把握并达到重叠共识的知识。

按照交互主体性教学理念,在"教师—知识—学生"这一交互主体性核心机制里,教师作为教育主体和学生作为学习主体,共同面对着知识客体。但是,作为共同客体的知识,在教育者和学习者的心目中却存在着一定的差别,即在教育主体看来,它是传授的对象,而在学习主体看来,是学习的对象。但是,它之所以作为师生共同的客体,就在于无论是教师还是学生,讲授、传授并非是单纯的、单向的灌输,而是面向学生的阐释、诠释,学习并非单纯的被动接受,而是自觉的、主动的认识和理解,是在教师引导基础上的重新诠释,即任何知识都必须经由学生根据自己业已掌握的知识、经验等主体性尺度进行重新的诠释,从而纳入原本已经建立起来的知识结构、知识系统。只有当知识在师生通过彼此交往互动的阐释、诠释的基础上达到视角融合,形成重叠共识的时候,知识才能最终从教师一方传授、输送到学生一方。因此,知识也正是在师生通过彼此的交往互动而实现视角融合,形成重叠共识的意义上成了师生这一共同体主体的客体。我们曾经强调,在马克思看来,人是主体,自然是客体。实际上,在此,知识就是客体,而无论是教师还是学生本质上都是人,都是"教"与"学"活动中的主体。可以说,在交互主体性教学理念下,教育主体的"教"与学习主体的"学"一起构成了一个统一的思想政治理论课教育教学过程,而"教"的主体与"学"的主体的交往互动以趋向、认识、理解作为共同客体的知识为目的,以形成关于共同客体的重叠共识为契机,促使学习主体自觉接受客体,恰恰就是思想政治理论课教育教学活动的实质,而这也是它区别于思想政治教育的根本之处。

从根本上说，认真地把握思想政治理论课教育教学与思想政治教育之间的区别与联系，分别把握两者的实质，能够在理论上和实践上帮助人们解决很多长期以来困惑人们的基础性问题，能够更好地开展好教育教学活动。

二、思想政治理论课知识客体的基本特征

思想政治理论课教育教学必须以形成师生对共同客体——知识的重叠共识为前提。客观而言，只有深刻把握思想政治理论课知识客体的本质属性，才能更好地开展教育教学活动，才能实现知识的有效传授与接受。实际上，作为思想政治理论课教育教学的客体，不仅因为教育教学的特殊需要而必须具有一些基本的特征或属性，如知识的系统性、基础性、深刻性、历史性，而且还会因为不同阶级、政党、国家的属性而具有各自的特色。客观而言，我们的高校思想政治理论课教育教学，以宣传、普及马克思主义理论知识，教育教导我国青年大学生学习和掌握马克思主义科学的世界观、人生观和价值观，学会熟练运用马克思主义科学的立场、观点和方法分析和解决现实社会问题，从而培养和造就德、智、体、美、劳全面发展的社会主义公民，成长为中国特色社会主义事业的合格建设者和优秀接班人为根本目的，因而实际上还存在着自己的特殊属性。

（一）思想政治理论课知识客体的一般特征

毋庸置疑，任何教育教学本身都是一项复杂的、系统性的活动，而其要完成的教学任务本质上是多方面的、多层次的。例如，李秉德等强调："教育所应完成的任务是多方面的。它包括思想品德的培养、系统的文化科学知识的传授、技能技巧的

获得、身心各种能力特别是智力、创新及实践能力的发展,以及健康的审美情趣乃至与社会发展相适应的完满个性的形成。"①但是,不管教育教学实际上涉及多少方面或层次,知识却始终处于核心地位。实际上,在此的"知识"应作广义的理解,它既包括各种自然科学、社会科学的知识,还包括各种哲学思想、政治理论、思想观念、价值观念、审美观念、社会规范、伦理道德、风俗习惯、生活方式等内容,总之,它涵盖了世界观、人生观和价值观等各个方面、各个维度的丰富信息。当然,规范化、系统化的文化科学知识是所有这一切的核心内容,决定和支配着现实的教育教学活动。据石中英考察、总结,现代意义上的知识具有如下关键特征:第一,知识不等于信息,它是系统性的经验,任何知识都必须进行合理性辩护。第二,知识是一种被社会选择或组织化了的经验,而不是纯粹个体的精神产品,即知识不等于原初状态的"个体经验"或"个体思想",而是已经得到某种知识制度认可并被整合到整个社会知识传统中去的个体经验和个体思想。第三,知识是一种可以在主体间进行传播的经验,传播的过程既可能是显性的,也可能是隐性的②。可以说,这种对现代知识概念的关键特征的认识为我们全面地认识思想政治理论课教育教学的知识客体提出了很多可贵的启示。

从根本上说,作为高校思想政治理论课教育教学的客体,马克思主义理论知识实际上首先具备了现代知识的一般特征。

---

① 李秉德等:《教学论》,第13页,人民教育出版社,2001年版。
② 石中英:《教育哲学导论》,第137页,北京师范大学出版社,2006年版。

1. 系统性

毫无疑问,现代教育教学已经完全区别于传统教育教学,特别是没有任何凭借而开展的对话式教学。例如,古希腊苏格拉底通过对话就某些令人困惑的问题展开深入交流,从而最终得出一个普遍的结论;而中国春秋时期开办私学的第一人孔子往往针对弟子或别人的提问而做出相应的回答,他说,"吾有知乎哉,无知也,有鄙夫问于我,空空如也,我叩其两端而竭焉"①。就现代教育教学一般而言,都有给定的教材(或教科书)以及相应的教学大纲、教学计划、教学重点难点、教学目的等内容,任何教师事实上都要严格按照教材、教学大纲、教学计划等规定开展自己的教育教学活动。其中,最为核心的方面就是一定要向学生科学地讲解、传授教材规定的教学内容,即知识。这样的知识实际上不再是原始意义上的片言只语,相反,必须是系统化了的理性知识。总之,任何在教育教学活动中讲授的知识必须是经过合理性辩护的知识,是具有自身合理性的知识,而不是零乱的、杂乱无章的或零碎的、独立的经验。因此,作为全面的以理服人的思想政治理论课教育教学来说,它所传授的知识显然必须具备现代知识的系统性要求。

系统性实际上恰恰就是我们的思想政治理论课知识客体的首要特征。客观而言,我们在思想政治理论课教育教学中所传授的马克思主义理论知识本身有一个完整的体系。众所周知,马克思主义作为科学的思想体系,内容涵盖了社会的经济、政治、文化、军事、历史和人类社会发展和自然界的关系等诸多领域和各个方面,是极其丰富而深刻的,是对每个领域的深入

---

① 《论语·子罕》。

研究的结果,分别揭示了各种领域的客观规律,实际地促进了每个学科的创新和发展。作为完整的科学理论体系,马克思主义实际上由一系列的基本理论、基本观点和基本方法构成,它是完整的一个体系。众所周知,列宁曾就马克思主义的完整性、科学性强调:"马克思学说具有无限力量,就是因为它正确。它完备而严密,它给人们提供了决不同任何迷信、任何反动势力、任何为资产阶级压迫所作的辩护相妥协的完整的世界观。马克思学说是人类在19世纪所创造的优秀成果——德国的哲学、英国的政治经济学和法国的社会主义的当然继承者。"①即马克思主义实际上是人类所创造的优秀成果的综合创新,它实际上包括三个方面的内容,即马克思主义哲学、马克思主义政治经济学和科学社会主义。这三个方面共同构成了马克思主义理论的完整体系。众所周知,针对马克思主义哲学的完整性,列宁还有一个非常形象的比喻,他说:"在这个由一整块钢铸成的马克思主义哲学中,决不可去掉任何一个基本前提、任何一个重要部分,不然就会离开客观真理,就会落入资产阶级反动谬论的怀抱。"②在列宁看来,马克思主义哲学本身是一个完整的体系,犹如一块整钢铸造而成。客观而言,马克思主义虽然包括哲学、政治经济学和科学社会主义,但三者是紧密联系的:哲学是马克思主义整个理论体系的世界观和方法论基础,政治经济学是马克思主义科学地解剖资本主义制度的钥匙,而科学社会主义则是指导无产阶级推翻资本主义制度的科学指南。因此,马克思主义虽然内容丰富,如包括经济、政治、文化、历史、科技、军事、意识形态等方面的内容,但马克思主义

---

① 《列宁选集》,第2卷,第309~310页,人民出版社,1995年版。
② 《列宁选集》,第2卷,第221~222页,人民出版社,1995年版。

各个组成部分之间并不是毫无干系的,相反,它们之间既具有相对的独立性,又紧密地联系在一起,其各个方面的基本原理本质上是互相依存、相互贯通的。因此,马克思主义是一个有机统一的科学理论体系。事实上,马克思主义理论知识的这种系统性、完整性恰恰构成了高校思想政治理论课教育教学内容的系统性、完整性的客观根据。

客观而言,思想政治理论课教材(或教科书)的教育教学内容并不完全等同于马克思主义理论知识,因为教材作为宣传、普及马克思主义理论基本知识的载体,根本不可能全面而详尽地容纳马克思主义科学体系的丰富内容,相反,必须有所侧重、有所取舍。但是,不言而喻的是,教材内容必须同样具备马克思主义知识的系统性、完整性,而且这种系统性、完整性必须是马克思主义理论科学体系自身系统性、完整性在某种程度上的近似反映。我们知道,改革开放之后,马克思主义哲学界曾经掀起了长期的关于哲学教科书体系改革的讨论。针对教科书体系与理论体系之间的关系,高清海曾经指出:"教科书体系与一种学说的理论有一致的方面又有不一致的方面。决定后者的主要是思想观点的内在逻辑,前者也要受这个逻辑决定,但它还要考虑读者接受的思维逻辑。"[①]也就是说,马克思主义理论自身的内在体系决定了教科书体系,但教科书本身还有自身的体系,它要实际地考虑读者或学生接受的思维逻辑。当然,教科书所讲授的马克思主义理论知识体系只有深刻地、准确地反映了马克思主义理论自身的体系,也只有当它更加符合接受者或学生的思维逻辑,思想政治理论课教育教学才能具备更强

---

① 高清海:《哲学的创新》,第 273~274 页,吉林人民出版社,2005年版。

大的合理性、科学性。

2. 基础性

思想政治理论课作为公共政治理论课,其性质区别于按照现代学科划分中马克思主义理论学科一级学科下属各二级学科,如马克思主义基本原理、马克思主义发展史、外国马克思主义、思想政治教育等,以及政治学一级学科下属的"科学社会主义与国际共产主义运动"和政治学、历史学等学科所开设的马克思主义相关专业课。从根本上说,这种区别就在于思想政治理论课教育教学作为公共政治理论课,其教育教学内容基本上只涉及、讲授马克思主义理论的基础性知识,而非专门的、深入的知识。可以说,基础性是高校思想政治理论课知识客体的重要属性。

不言而喻,任何完整的思想理论实际上都是由最基础或基本的原理、原则构成的,整个理论体系的各自组成部分就是围绕这些基础、基本的原理、原则相互联系而组成有机的体系的。这些原理、原则之所以是整个思想理论的基础,就在于它科学地凝聚或概括了整个思想理论最核心的要素或价值观念,它们规定了整个理论体系的性质,换句话说,只要理解和领悟了这些基础性的原理、原则,就能够从整体上把握该思想理论的精神实质。客观而言,马克思主义理论作为科学的理论体系,它实际上也包含一些基础性的原理、原则,正是这些原理、原则使得马克思主义从根本上区别于一切资产阶级学说,区别于一切非马克思主义、反马克思主义的学说,也区别于一切伪装成马克思主义的各种机会主义或小资产阶级思想。众所周知,对于什么是马克思主义、历史唯物主义,或者马克思主义具有什么基本原理、原则,马克思、恩格斯、列宁等经典作家们都曾有过概括。例如,1845年春,马克思在《关于费尔巴哈的提纲》中,既全面地批判了包括费尔巴哈在内的旧唯物主义的思想原则,也创造性地提炼和概括了新唯物主义的基本思想,如:对对象、现实、感性应当当作感性的人的活动,当作实践去理解,应当从主体方面去理解;应当把人的活动本身理解为对象性的活动;人的思维是否具有客观的真理性,这不是一个理论的问题,而是一个实践的问题;人应该在实践中证明自己思维的真理性;环境的改变和人的活动或自我改变的一致,只能被看作并合理地理解为革命的实践;人的本质不是单个人所固有的抽象物,在其现实性上,它是一切社会关系的总和;全部社会生活在本质上是实践的,凡是把理论引向神秘主义的神秘东西,都能在人的实践中以及对这个实践的理解中得到合理的解决;旧唯物主义的立脚点是市民社会,而新唯物主义的立脚点则是人类社会或社会的人类;哲学家们只是用不同的方式解释世界,问题在于改变世界等等。对于这篇经典文献在马克思主义发展史上的重要地位,恩格斯曾经做出高度的评价:"这是匆匆写成的供以后研究用的笔记,根本没有打算付印。但是它作为包含着新世界观的天才萌芽的第一个文件,是非常宝贵的。"[①]可以说,《关于费尔巴哈的提纲》是马克思对自己的新唯物主义、新世界观的概括性表述,它清楚地总结、概括了新唯物主义的基本原理、原则,如实践的对象性、感性、人的主体性、人的本质的社会性、改变世界而非单纯解释世界等。再如,恩格斯不仅在《共产主义原理》中借助问答的形式,概括地阐述了共产主义原理,而且在《共产党宣言》1883年德文版序言中,比较全面地概

[①]《马克思恩格斯文集》,第4卷,第266页,人民出版社,2009年版。

括了其中的基本思想。恩格斯指出:"贯彻《宣言》的基本思想:每一历史时代的经济生产以及必然由此产生的社会结构,是该时代政治的和精神的历史的基础;因此(从原始土地公有制解体以来)全部历史都是阶级斗争的历史,即社会发展各个阶段上被剥削阶级和剥削阶级之间、被统治阶级和统治阶级之间斗争的历史;而这个斗争现在已经达到这样一个阶段,即被剥削被压迫的阶级(无产阶级),如果不同时使整个社会永远摆脱剥削、压迫和阶级斗争,就不再能使自己从剥削它压迫它的那个阶级(资产阶级)下解放出来。——这个基本思想完全是属于马克思一个人的。"①此外,马克思还在《政治经济学批判〈序言〉》中还简要地表述了他所得到的、并且一经得到就用于指导他的研究工作的总的结果:"人们在自己生活的社会生产中发生一定的、必然的、不以他们的意志为转移的关系,即同他们的物质生产力的一定发展阶段相适合的生产关系。这些生产关系的总和构成社会的经济结构,即有法律的和政治的上层建筑竖立其上并有一定的社会意识形式与之相适应的现实基础。物质生活的生产方式制约着整个社会生活、政治生活和精神生活的过程。不是人们的意识决定人们的存在,相反,是人们的社会存在决定人们的意识。社会的物质生产力发展到一定阶段,便同它们一直在其中运动的现存生产关系或财产关系(这只是生产关系的法律用语)发生矛盾。于是这些关系便由生产力的发展形式变成生产力的桎梏。那时社会革命的时代就到来了。随着经济基础的变更,全部庞大的上层建筑也或慢或快地发生变革。在考察这些变革时,必须时刻把下面两者区别开来:一种是生产的经济条件方面所发生的物质的、可以用自然

---

① 《马克思恩格斯文集》,第2卷,第9页,人民出版社,2009年版。

科学的精确性指明的变革,一种是人们借以意识到这个冲突并力求把它克服的那些法律的、政治的、宗教的、艺术的或哲学的,简言之,意识形态的形式。我们判断一个人不能以他对自己的看法为根据,同样,我们判断这样一个变革时代也不能以它的意识为根据;相反,这个意识必须从物质生活的矛盾中,从社会生产力和生产关系之间的现存冲突中去解释。无论哪一个社会形态,在它所能容纳的全部生产力发挥出来以前,是决不会灭亡的;而新的更高的生产关系,在它的物质存在条件在旧社会的胎胞里成熟以前,是决不会出现的。所以人类始终只提出自己能够解决的任务,因为只要仔细考察就可以发现,任务本身,只有在解决它的物质条件已经存在或者至少是在生成过程中的时候,才会产生。大体说来,亚细亚的、古代的、封建的和现代资产阶级的生产方式可以看做是经济的社会形态演进的几个时代。资产阶级的生产关系是社会生产过程的最后一个对抗形式,这里所说的对抗,不是指个人的对抗,而是指从个人的社会生活条件中生长出来的对抗;但是,在资产阶级社会的胎胞里发展的生产力,同时又创造着解决这种对抗的物质条件。因此,人类社会的史前时期就以这种社会形态而告终。"[1]马克思的这段概述一般被认为是关于马克思主义唯物史观的"经典表述"。尽管学者们对这种观点实际上存在着不同的认识,但它的确比较概括地表现了唯物史观的基本内容。客观而言,目前高校思想政治理论课教育教学所体现或贯彻的恰恰就是马克思主义的这些基础性知识、基本原理和基本原则。

---

[1] 《马克思恩格斯文集》,第2卷,第591~592页,人民出版社,2009年版。

当然,究竟如何概括马克思主义理论,把握其精神,特别是如何在思想政治理论课教育教学中全面地贯彻和体现,依然是一个重大的、基础性的问题。在当前社会里,人们对马克思主义的认识和把握存在的偏差越来越明显,个性化的理解越来越多。然而,从根本上说,这些个性化的理解尽管能够不断地开拓人们的研究思路,从而创造性地阐释马克思主义,挖掘马克思主义基于传统思维模式不曾被认识到的科学真理,但是,却不应该与高校思想政治理论课教育教学必须以介绍、普及马克思主义理论的基础性知识发生矛盾。高校思想政治理论课作为公共政治理论课,有它特定的教育对象,忽视教育对象的具体性、层次性,显然违背教育的根本精神。

3. 深刻性

思想政治理论课教育教学的根本特性在于"以理服人",这对于已经接受了小学、中学教育的青年大学生来说尤其显得如此。青年大学生,特别是"90后"、"00后"大学生,在当今的网络信息时代,所吸收、接受的各种信息非常地丰富,其思想、价值观念、身心发育都呈现出鲜明的个性来,在这种状况下要使他们接受传统的灌输,轻易地"听话",是根本不可能的事情。这一切都说明,只有坚持"以理服人",才能达到思想政治理论课教育教学的目的。但是,不言而喻,思想政治理论课所以能够"以理服人",关键在于其所阐明的思想政治理论具有相当程度的、必要的深刻性。

事实上,作为高校思想政治理论课核心内容的马克思主义理论知识恰恰就是因为其深刻性而最终赢得了全世界广大无产阶级的欢迎和接受,成为普遍地指导人们思想和行动的指南。理论的深刻性实际上也就是理论的彻底性。马克思曾经强调:"理论只要说服人〔ad hominem〕,就能掌握群众;而理论只要彻底,就能说服人〔ad hominem〕。所谓彻底,就是抓住事物的根本。但是,人的根本就是人本身。"①客观而言,马克思主义基本理论作为思想政治理论课所讲授的知识,并非马克思、恩格斯两个人闭门造车的精神产品或苦思冥想的结果,也不是他们根据自己的狭隘的生活实践而得到的个体生活经验、生活感悟,相反,恰恰是他们通过不断地参与社会阶级斗争实践而得出的对人类社会历史基本规律的深刻洞察,是具有普遍、深刻性的经验,因此,归根结底是具有深刻性、普遍性的理性知识。列宁强调:"马克思主义的哲学就是唯物主义。在欧洲全部近代史中,特别是 18 世纪末叶,在同一切中世纪废物,同农奴制和农奴制思想展开决战的法国,唯物主义成了唯一彻底的哲学,它忠于一切自然科学学说,仇视迷信、伪善行为及其他等等。"②马克思和恩格斯就是最坚决地捍卫哲学唯物主义的革命家,他们彻底而全面地吸收了哲学唯物主义最本质的内容,并在此基础上推进哲学唯物主义向前发展,从而创造出了新的辩证的、实践的唯物主义。尤其是,事实也证明,马克思主义并没有在马克思、恩格斯那里停滞不前,而是随着人类社会历史的发展,为全世界的人们所接受,并在解决各自的民族国家社会发展问题的过程中不断得到丰富和发展,而且已经是广泛地被整合到整个社会知识传统中的经验,是已经被反复证明了的具有深刻性的科学理论。毫无疑问,正是这种深刻性,使得马克思主义能够赢得人们的普遍认同和接受。例如,列宁曾

---

① 《马克思恩格斯文集》,第 1 卷,第 11 页,人民出版社,2009 年版。

② 《列宁选集》,第 2 卷,第 310 页,人民出版社,1995 年版。

说:"马克思的观点极其彻底而严整,这是马克思的对手也承认的,这些观点总起来就构成作为世界各文明国家工人运动的理论和纲领的现代唯物主义和现代科学社会主义。"①他还说:"马克思的全部理论,就是运用最彻底、最周密、内容最丰富的发展论去考察现代资本主义。自然,他也就要运用这个理论去考察资本主义的即将到来的崩溃和未来共产主义的未来的发展。"②因此,马克思主义本质上就是具有深刻性的科学理论,而这是它所以能够赢得世界最广大人民欢迎和接受,并成为指导世界各文明国家人民开展工人运动,考察人类社会发展趋势,推翻资本主义,迎接共产主义的理论和纲领的根本原因。可以说,马克思主义本质的深刻性实际上为高校思想政治理论课教育教学内容的深刻性奠定了必要的基础。

客观而言,深刻性并非等同于把马克思主义理论知识弄得无比的抽象和晦涩难懂。众所周知,马克思曾经特别地批评过德国古典哲学家们故弄玄虚、制造神秘主义的做法。例如,他指出:"哲学,尤其是德国哲学,爱好宁静孤寂,追求体系的完满,喜欢冷静的自我审视;所有这些,一开始就使哲学同报纸那种反应敏捷、纵论时事、仅仅热衷于新闻报道的性质形成鲜明对照。哲学,从其体系的发展来看,不是通俗易懂的;它在自身内部进行的隐秘活动在普通人看来是一种超出常规的、不切实际的行为;就像一个巫师,煞有介事地念着咒语,谁也不懂得他在念叨什么。"③显然,思想政治理论课教育教学的内容不能成为过分抽象的东西,不能因为深刻就注定要抽象。在交互主体

---

① 《列宁选集》,第2卷,第418页,人民出版社,1995年版。
② 《列宁选集》,第3卷,第186页,人民出版社,1995年版。
③ 《马克思恩格斯全集》,第1卷,第219页,人民出版社,1995年版。

性教学理念下，马克思主义理论知识理应成为师生交流、对话的客体，而不能成为巫师自己口中念着的谁也听不懂的咒语。事实上，清楚明白的话语并不意味着浅薄，相反，在很大程度上因为直接面向事情本身，反倒能够准确地把握事物的本质，因而依然是深刻的。

事实上，对思想政治理论课知识客体的深刻性要求，还在于反对把思想政治理论课完全视同为党的文件的汇编，甚至党在某个历史时期为了一定的政治任务而提出的政治口号。毫无疑问，党在任何历史时期针对特定的社会经济发展趋势、政治形势、政治任务、政治目的制定的路线、方针、政策或口号，其根本的指导思想是马克思主义理论科学的世界观和方法论，是科学社会主义的基本原理。如果把党在特定历史时期制定的路线、方针、政策或口号直接地编制成教材，因而使教材成为准中央文件，章章是中央规定，处处是政治口号，缺乏思想性、深刻性、启发性，那么，这样的教材就失去了教育意义。我们知道，党中央制定的路线、方针、政策或口号，每一个党员、干部都必须严格地执行和贯彻，它们在特定的历史时期对特定的政治任务来说，是正确的、对的，甚至是必需的、无可置疑的，但在思想政治理论课教育教学中却不能这样。江泽民曾经强调："只说'对'是不够的。要做出令人信服的回答，就需要理论。我们不能用简单的口号去说服别人，必须用正确的观点、正确的理论进行分析，明辨是非，引导人民群众坚持走社会主义道路，坚定改革开放的信心。"①事实上，对于青年大学生来说，我们何尝不应该如此呢？客观而言，马克思主义的科学理论与党所制定的路线、方针、政策甚至口号存在着紧密的联系，两者的精神

---

① 《江泽民文选》，第1卷，第43~44页，人民出版社，2006年版。

实质是一致的,任何历史阶段的思想政治理论课教育教学必须紧密地结合党的路线、方针、政策,贯彻其精神,从而达到为了完成特定政治任务而铸牢共同思想基础的目的。因此,如何加强思想政治理论课知识客体的深刻性,避免使教材成为"准中央文件汇编"、政治口号的罗列,把握两者结合的度,实际上既是编写教材者面临的重要课题,也是教师们在教育教学活动中面对的实际问题。

总之,思想政治理论课知识客体只有深刻才能达到以理服人的目的,但深刻性并非等同于抽象性、晦涩性,同时要科学地解决如何更好地协调党的路线、方针、政策或口号与马克思主义理论的基本原理之间的关系,把握好两者之间的度。

4. 历史性

任何思想政治理论本质上都是特定历史环境中的产物,离开了这一历史环境,它不仅失去了根基,而且注定失去了存在的意义。与思想政治理论一样,思想政治理论课教育教学活动也是社会历史发展的特定产物,是特定的阶级、政党、集团或国家为了自己阶级的利益在思想上、意识形态上加强自己统治的手段,因此,无论是科学理论,还是作为思想政治理论课教育教学内容的知识客体,本身都存在着鲜明的历史性。

客观而言,作为思想政治理论课知识客体的思想政治理论,其所以具有鲜明的历史性,恰恰在于人类社会历史的不断发展和社会经济形势、政治形势的深刻改变导致原有的思想政治理论已经过时。无数事实证明,随着人类历史的发展,随着社会环境或政治形势的改变,特别是经历了某些具有决定意义的政治变革,社会性质发生了根本改变之后,一定思想政治理论,特别是以其为思想基础的政策、策略与政治口号,很快因为失去了存在的土壤从而失去了意义。当然,从根本上就它所以失去意义,完全在于它只是片面地揭示事物的存在和发展的客观规律。因为,实践的检验证明,只有那些真正全面地揭示事物存在和发展客观规律的思想政治理论,才能赢得牢固的地位。换句话说,只有那些具有深刻的普遍性的科学理论,才能最终赢得胜利。然而,这样的科学理论恰恰是在人类社会实践的基础上随着历史而不断发展的理论。例如,马克思、恩格斯合著的《共产党宣言》之所以能够赢得世界最广大人民群众的广泛欢迎和崇高的历史地位,就在于它能够不断地随着历史的发展而呈现了基本原则的科学性,但也同样证明了其中具体基于特定社会历史环境和政治形势而制定的政策、策略随着历史的发展不再合乎时宜。鉴于这种情形,恩格斯依然自豪地强调:"不管最近25年来的情况发生了多大的变化,这个《宣言》中所阐述的一般原理整个说来直到现在还是完全正确的。某些地方本来可以作一些修改。这些原理的实际运用,正如《宣言》中所说的,随时随地都要以当时的历史条件为转移,所以第二章末尾提出的那些革命措施根本没有特别的意义。如果是在今天,这一段在许多方面都会有不同的写法了。……同样也很明显,关于共产党人对待各种反对党派的态度的论述(第四章)虽然在原则上今天还是正确的,但是就其实际运用来说今天毕竟已经过时,因为政治形势已经完全改变,当时所列举的那些党派大部分已被历史的发展彻底扫除了。"①因此,正如列宁所说:"马克思主义的全部精神,它的整个体系,要求人们对每一个原理都要(α)历史地,(β)都要同其他原理联系起来,

---

① 《马克思恩格斯文集》,第 2 卷,第 5~6 页,人民出版社,2009 年版。

(γ)都要同具体的历史经验联系起来加以考察。"①所以说,我们应该全面地看待思想政治理论课知识客体的历史性特征,用发展的眼光看待马克思主义,看待思想政治理论课教育教学。

可以说,正因为看清这种历史性,列宁比较清楚地认识到在不同的历史时期实际上对待马克思主义理论的不同方面或组成部分的态度或重视程度是发生着变化的,而这也正是许多实际的政策、策略必然发生调整的根本原因。他说:"正因为马克思主义不是死的教条,不是什么一成不变的学说,而是活的行动指南,所以它就不能不反映社会生活条件的异常剧烈的变化。"②同样,他强调:"因为具体的社会政治形势改变了,迫切的直接行动的任务也有了极大的改变,因此,马克思主义这一活的学说的各个不同方面也就不能不分别提到首要地位。"③相应地,在特殊的历史时期,"通常称作策略问题的那些问题被提到马克思主义的首要地位并不是偶然的,而是必然的"④。因此,对于思想政治理论课的知识客体来说,既然它是以马克思主义的科学理论为根本的内容,那么,鉴于马克思主义自身随着社会历史不断发展前进的特性,我们就应当认识其历史性,客观地对待其发生和变化。

(二) 思想政治理论课知识客体的特殊属性

当然,我们更应该认识到,作为一门典型的理论课,思想政治理论课所讲授、传授的根本内容不仅是一种精神产品,即一种思想性、观念性的精神创造产物,而且是马克思、恩格斯等无

---

① 《列宁选集》,第 2 卷,第 785 页,人民出版社,1995 年版。
② 《列宁选集》,第 2 卷,第 281 页,人民出版社,1995 年版。
③ 《列宁选集》,第 2 卷,第 279 页,人民出版社,1995 年版。
④ 《列宁选集》,第 2 卷,第 280 页,人民出版社,1995 年版。

产阶级革命家、理论家在反对资本主义社会制度和资产阶级压迫的过程中形成的关于无产阶级和人类解放的科学理论,是关于无产阶级斗争的性质、目的和解放条件的学说。因而,这种客体不仅具有一般精神产品所具有的特点,而且还具有自身独特的本质属性,即它具有鲜明的阶级性、全面的科学性和彻底的革命性。

1. 鲜明的阶级性

前面已反复强调,思想政治理论课教育教学本质上从属于思想政治教育,从属于思想领域里进行的意识形态斗争,本质上是为特定的阶级、政党、集团或国家服务的,具有鲜明的阶级性。这一点是任何阶级、政党、集团、国家都不能否定的客观事实。但是,就其阶级属性来说,不同的阶级、政党、集团或国家的态度却存在着根本的差异。对马克思主义者、共产党人来说,我们在高校开设的思想政治理论课以及核心内容为马克思主义理论的课,就毫不隐讳地、公开地承认其鲜明的阶级性。

事实证明,在历史上,很多阶级、政党、集团或国家为了更好地实现自己的特殊利益反倒把自己的思想政治理论宣传为具有普遍的、普世的意义,借此欺骗其他阶级、政党、集团或国家。例如,资产阶级为了维护资本主义生产关系和社会制度,认为资本主义经济生活同自然界一样,都遵循着自然规律,因而把对无产阶级的剥削视为历史的必然,在意识形态领域打着自由、人权、平等、公正等旗帜,宣扬"法律面前人人平等",然而在实际生活中,只有拥有金钱与资本才有说话的机会。针对这种欺骗性,马克思曾经强调:"资本是对劳动及其产品的支配权。资本家拥有这种权力并不是由于他的个人的或人类的特性,而只是由于他是资本的所有者。他的力量就是他的资本的那种无可抗拒的购买力。"①而对资产阶级宣称的人人享有的"自由",马克思则指出:"劳动者的活动也不是他的自我活动。劳动者的活动属于别人,它是劳动者自身的丧失。结果,人(劳动者)只是在执行自己的动物机能时,亦即在饮食男女时,至多还在居家打扮等等时,才觉得自己是自由地活动的;而在执行自己的人类机能时,却觉得自己不过是动物。动物的东西成为人的东西,而人的东西成为动物的东西。"②因此,资产阶级所许诺的所谓的普遍自由、人权、平等、公正等都具有无可置疑的欺骗性,但他们却把它们伪装成人类的普遍价值、普世价值,归根结底,就是把它们伪装成非阶级的、超阶级的价值。然而,正如列宁所强调:"一切关于非阶级的社会主义和非阶级的政治学说,都是胡说八道。"③他还说:"有了欧亚两洲的经验,谁若还说什么非阶级的政治和非阶级的社会主义,谁就只配关在笼子里,和澳洲袋鼠一起供人观赏。"④因此,不要迷信什么非阶级、超阶级的思想政治理论,相反,应该明确地承认其阶级性。在这一方面马克思主义者、共产党人的做法就非常值得肯定,因为马克思主义者、共产党人从来不隐晦自己的阶级立场,从来都旗帜鲜明地承认自己思想理论的阶级性。客观而言,马克思主义鲜明的阶级性正在于它公然承认它是为了无产阶级的根本利益服务的。韩庆祥等强调:"阶级性也是马克思主义的一种本质属性:马克思主义真切关注无产阶级的生存处境和发

---

① 马克思:《1844年经济学哲学手稿》,第18页,人民出版社,1979年版。
② 马克思:《1844年经济学哲学手稿》,第48页,人民出版社,1979年版。
③ 《列宁选集》,第2卷,第306页,人民出版社,1995年版。
④ 《列宁选集》,第2卷,第308页,人民出版社,1995年版。

展命运,它的价值指向就是追求无产阶级解放与每个人的自由全面发展。"①

事实上,许多打着其思想政治理论具有非阶级、超阶级性质幌子的阶级、政党、集团或国家,归根结底都在于想方设法隐蔽其谋取阶级、政党或国家私利的意图。列宁告诫说:"只要人们还没有学会透过任何有关道德、宗教、政治和社会的言论、声明、诺言,揭示出这些或那些阶级的利益,那他们始终是而且会永远是政治上受欺骗和自己欺骗自己的愚蠢的牺牲品。"②当前,我们承认思想政治理论课教育教学本质上是为了意识形态斗争而服务,是为了我国最广大人民群众的根本利益而服务,是为了党和中国特色社会主义事业而服务;承认其教育教学内容具有鲜明的阶级性,同样也必须清楚地认识西方资本主义国家向中国输送进来的各种思想政治理论,尽管从某种意义上存在着一定的"合理性",但它们也不可避免地存在着阶级性,绝不能为其伪造出来的"普世价值"观念所蒙蔽、欺骗。

2. 全面的科学性

客观而言,马克思主义理论作为高校思想政治理论课的知识客体,区别于人类历史上一切其他思想政治理论之处,在于它不仅是具有鲜明的意识形态性的学说,而且本身就是一种科学,就是具有科学性的学说。可以说,科学性是马克思主义的本质属性之一。韩庆祥等强调:"科学性是马克思主义的一种本质属性。马克思主义完整而深刻地揭示了人类社会发展的

---

① 韩庆祥、邱耕田、王虎学:《论马克思主义的整体性》,《哲学研究》,2012年第9期。
② 《列宁选集》,第2卷,第314页,人民出版社,1995年版。

一般规律,它是一种以在对资本主义的无情批判中建设社会主义和共产主义为目标的科学理论体系。"①事实上,正是这种科学性使马克思主义作为我们高校思想政治理论课的知识客体具有了合理性、合法性。

诚然,马克思主义最初作为马克思、恩格斯提出的思想观点、理论,只是19世纪中期时众多思想观点、理论中的一种,充其量只算得一种学说。列宁在《马克思学说的历史命运》中曾经强调指出:"在第一个时期的开头,马克思学说决不是占统治地位的。它不过是无数社会主义派别或思潮中的一个而已。"②但是,"1848年革命给了马克思以前的所有这些喧嚣一时、五花八门的社会主义形式以致命的打击。……到第一个时期(1848—1871年)即风暴和革命时期的末尾,马克思以前的社会主义已经奄奄一息"③。进入第二个时期(1872—1904年),"马克思学说获得了完全的胜利,并且广泛传播开来"④。而随着俄国革命的发生,即进入第三个时期以来,马克思学说更得到了具体的实践检验,人们在斗争的事实中得到的不再是绝望,而是振奋。列宁最后强调:"自马克思主义出现以后,世界历史的这三大时期中的每一个时期,都使它获得了新的证明和新的胜利。但是,即将来临的历史时期,定会使马克思主义这个无产阶级的学说获得更大的胜利。"⑤可以说,列宁对马克思学说在世界历史发展中的地位的确立与巩固的叙述揭示了

---

① 韩庆祥、邱耕田、王虎学:《论马克思主义的整体性》,《哲学研究》,2012年第9期。
② 《列宁选集》,第2卷,第305页,人民出版社,1995年版。
③ 《列宁选集》,第2卷,第306页,人民出版社,1995年版。
④ 《列宁选集》,第2卷,第307页,人民出版社,1995年版。
⑤ 《列宁选集》,第2卷,第308页,人民出版社,1995年版。

马克思主义从最初只是马克思主义创始人自己的学说最终演变为无产阶级的学说的过程。从根本上说,马克思主义之所以能够从个人的学说演变成无产阶级的学说,演变成最广大人民群众欢迎和普遍接受的科学理论,其真正的实质在于它本身是科学的,是为无产阶级或最广大人民群众的根本利益服务的,同时也是为无产阶级的革命斗争实践所检验和证明的。

马克思主义的科学性实际上可以从三个方面来把握:一是马克思主义是科学的世界观和方法论,它运用辩证的、历史的、唯物的、实践的思维方法来观察和理解世界和人类社会历史中的一切现象,打破了形而上学和唯心主义蒙蔽在客观世界和人类社会上的种种神秘的、虚幻的、僵化的面纱,科学地解释了人类社会复杂的现象,揭示了人类社会历史内部的基本矛盾、发展的动力源泉和客观规律,从而为人类社会历史的发展和社会形态的更替指明了方向。二是马克思主义代表了最广大人民群众的根本利益,把全人类的解放与无产阶级的解放统一到一起,把每一个人的自由全面发展作为最高的价值追求,因而不谋求任何私利,不抱有任何偏见。众所周知,马克思早在17岁中学毕业作文中就曾庄严地宣誓:"如果我们选择了最能为人类而工作的职业,那么,重担就不能把我们压倒,因为这是为大家作出的牺牲;那时我们所享受的就不是可怜的、有限的、自私的乐趣,我们的幸福将属于千百万人,我们的事业将悄然无声地存在下去,但是它会永远发挥作用,而面对我们的骨灰,高尚的人们将洒下热泪。"① 因此,在投身革命之前,马克思所追求的就不再是个人的可怜的、有限的、自私的乐趣,而强调要为人

---

① 《马克思恩格斯全集》,第1卷,第459～460页,人民出版社,1995年版。

类的幸福而牺牲自己。恩格斯也曾强调:"科学越是毫无顾忌和大公无私,它就越符合工人的利益和愿望。"①三是马克思主义具有无限的开放性、与时俱进性,它不仅接受住了社会历史的实践检验,而且随着时代和实践的发展而不断得到创新和发展,不断得到丰富和完善,特别是,它不是僵死的教条,而只是行动的指南。列宁曾经强调:"无论是借驳斥社会主义来猎取名利的青年学者,或者是死抱住各种陈腐'体系'的遗教不放的龙钟老朽,都同样卖力地攻击马克思。马克思主义的发展、马克思主义思想在工人阶级中的传播和扎根,必然使资产阶级对马克思主义的这种攻击更加频繁,更加剧烈,而马克思主义每次被官方的科学'消灭'之后,却愈加巩固,愈加坚强,愈加生气勃勃了。"②因此,马克思主义的科学性是历史证明了的客观事实,而且随着人类社会历史的发展,也正因为上述三个方面的特征而愈加证明其科学性。

可以说,马克思主义理论本身的科学性恰恰就是我们以马克思主义为指导在高校开设思想政治理论课,帮助青年大学生树立马克思主义的世界观、人生观和价值观,希望他们自觉地学习和运用马克思主义科学的世界观、方法论分析和解决现实社会问题,从而成长为德、智、体、美、劳全面发展的社会主义公民,成长为中国特色社会主义伟大事业合格建设者和优秀接班人这一根本活动的合理性、合法性根据。

3. 彻底的革命性

众所周知,从某种意义上说,马克思主义是无产阶级革命

---

① 《马克思恩格斯文集》,第 4 卷,第 313 页,人民出版社,2009 年版。
② 《列宁选集》,第 2 卷,第 1 页,人民出版社,1995 年版。

斗争的产物,是指导无产阶级争取自身解放和整个人类解放的科学理论,是关于无产阶级斗争的性质、目的和解放条件的学说。因此,马克思主义是革命的理论,具有彻底的革命性。可以说,这也是思想政治理论课知识客体所具有的必然特征。

客观而言,彻底的革命性贯彻于整个马克思主义的科学理论体系,在其哲学、政治经济学和科学社会主义都有鲜明的体现。众所周知,在马克思《关于费尔巴哈的提纲》(以下简称《提纲》)中,他批判费尔巴哈说:"他在《基督教的本质》中仅仅把理论的活动看做是真正人的活动,而对于实践则只是从它的卑污的犹太人的表现形式去理解和确定。因此,他不了解'革命的'、'实践批判的'活动的意义。"①在此,马克思把人的实践活动看做是革命的活动。由此我们也不难理解,活动的革命性实际上恰恰在于实践性,即正是能动的实践,主体性的实践彻底地改变、改造着客观世界。正是基于这种理解,马克思在《提纲》中还多次强调了实践与革命的内在关联。例如,他强调:"环境的改变和人的活动或自我改变的一致,只能被看做是并合理地理解为革命的实践。"②而对费尔巴哈所阐释的宗教自我异化的世俗基础,马克思强调:"对于这个世俗基础本身应当在自身中、从它的矛盾中去理解,并且在实践中使之发生革命。"③而且我们也知道,在《提纲》的第十一条,即最后一条,马克思从根本上阐释了马克思主义的一条基本原则:"哲学家们

---

① 《马克思恩格斯文集》,第 1 卷,第 499 页,人民出版社,2009 年版。

②③ 《马克思恩格斯文集》,第 1 卷,第 500 页,人民出版社,2009 年版。

只是用不同的方法解释世界,问题在于改变世界。"①因此,马克思主义从来不是单纯解释世界的理论,而是富有革命性、旨在改变世界的理论。在随后马克思与恩格斯合著的《德意志意识形态》中,他们再次强调:"实际上,而且对实践的唯物主义者即共产主义者来说,全部问题都在于使现存世界革命化,实际地反对并改变现存的事物。"②可以说,马克思主义创始人对自己理论的彻底革命性的这种认识和理解,实际上贯穿于他们所建构起来的整个思想体系:马克思主义哲学是科学的、革命的世界观、方法论;马克思主义政治经济学是科学地分析资本主义生产方式的内在矛盾、运行机制和发展规律,揭示资本主义剥削制度必然被社会主义代替的历史命运的革命理论;科学社会主义则是阐明无产阶级解放条件和无产阶级历史使命的革命理论。因此,马克思主义从头到尾都贯彻着革命性,彰显着彻底的革命性。从某种意义上说,彻底的革命性是相对于任何改良主义而言的。列宁指出:"只要那些主张改良和改善的人还不懂得,任何一个旧设施,不管它怎样荒谬和腐败,都由某些统治阶级的势力在支撑着,那他们总是会受旧事物拥护者的愚弄。要粉碎这些阶级的反抗,只有一个办法,就是必须在我们所处的社会中找出一种力量,教育它和组织它去进行斗争,这种力量可以(而且按它的社会地位来说应当)成为能够除旧立新的力量。"③毫无疑问,具有彻底革命性的马克思主义恰恰就是在批判各种改良主义的过程中形成和发展起来的。

----

① 《马克思恩格斯文集》,第 1 卷,第 502 页,人民出版社,2009 年版。
② 《马克思恩格斯文集》,第 1 卷,第 527 页,人民出版社,2009 年版。
③ 《列宁选集》,第 2 卷,第 314 页,人民出版社,1995 年版。

马克思主义的彻底革命性为马克思主义的继承者所充分肯定并发扬光大。例如,列宁曾强调指出:"有一句著名的格言说:几何公理要是触犯了人们的利益,那也一定会遭到反驳的。自然史理论触犯了神学的陈腐偏见,引起了并且直到现在还在引起最激烈的斗争。马克思的学说直接为教育和组织现代社会的先进阶级服务,指出这一阶级的任务,并且证明现代制度由于经济的发展必然要被新的制度所代替,因此这一学说在其生命的过程中每走一步都得经过战斗,也就不足为奇了。"①列宁还强调:"全部官方的和自由派的科学都这样或那样地为雇佣奴隶制辩护,而马克思主义则对这种奴隶制宣布了无情的战争。"②革命性就是战斗性、斗争性。列宁在晚年还在《论战斗唯物主义的意义》中强调:"战斗唯物主义为了完成应当进行的工作,除了同没有加入共产党的彻底唯物主义者结成联盟以外,同样重要甚至更重要的是同现代自然科学家结成联盟,这些人倾向于唯物主义,敢于捍卫和宣传唯物主义,反对盛行于所谓'有教养社会'的唯心主义和怀疑论的时髦的哲学倾向。"③在他看来,现代自然科学领域正发生着急剧的革命,哲学家们必须紧密地注意自然科学领域里的最新革命所提出的种种问题,吸收自然科学家加入哲学研究机构,他说:"不解决这个任务,战斗唯物主义决不可能是战斗的,也决不可能是唯物主义。"④显然,在此列宁强调了自然科学研究对维护和保障马克思主义辩证唯物主义的革命性、战斗性的决定性意义。而坚持彻底的革命性,同样是新民主主义革命时期中国共产党人

---

① 《列宁选集》,第2卷,第1页,人民出版社,1995年版。
② 《列宁选集》,第2卷,第309页,人民出版社,1995年版。
③④ 《列宁选集》,第4卷,第651页,人民出版社,1995年版。

的根本原则。毛泽东在区别孙中山先生的"三民主义"与"新民主主义"时强调了两者的"革命彻底性的不同":"共产主义者是理论和实践一致的,即有革命彻底性。三民主义者除了那些最忠实于革命和真理的人们之外,是理论和实践不一致的,讲的和做的互相矛盾,即没有革命彻底性。"①可以说,正是坚持彻底的革命性,在中国革命和抗日战争等一系列问题上,中国共产党人一贯坚持彻底的作风,在中国解放问题上要求彻底解放,在抗日问题上要求彻底打败日本帝国主义的军事侵略,如此等等。当然,彻底的革命性不能简单地等同于彻底的破坏性,毛泽东非常强调破坏与建设的辩证关系。例如,在文艺创作问题上,他坚决反对教条主义的"马克思主义"对创作情绪的破坏,强调指出:"空洞干燥的教条公式是要破坏创作情绪的,但是它不但破坏创作情绪,而且首先破坏了马克思主义。教条主义的'马克思主义'并不是马克思主义,而是反马克思主义的。那末,马克思主义就不破坏创作情绪了吗?要破坏的,它决定地要破坏那些封建的、资产阶级的、小资产阶级的、自由主义的、个人主义的、虚无主义的、为艺术而艺术的、贵族式的、颓废的、悲观的以及其他种种非人民大众非无产阶级的创作情绪。对于无产阶级文艺家,这些情绪应不应该破坏呢?我以为是应该的,应该彻底地破坏它们,而在破坏的同时,就可以建设起新东西来。"②

归根结底,我们应当客观地承认马克思主义的彻底革命性特征,承认我国高校思想政治理论课教育教学本质上依然肩负着重要的革命性任务,即科学地加强和巩固马克思主义意识形

---

① 《毛泽东选集》,第 2 卷,第 688 页,人民出版社,1991 年版。
② 《毛泽东选集》,第 3 卷,第 874 页,人民出版社,1991 年版。

态阵地,充分地发挥思想政治理论课教育教学的主阵地、主渠道作用,全面地培养和造就中国特色社会主义事业的合格建设者和优秀接班人,造就担当民族复兴大任的时代新人。

三、思想政治理论课知识客体的与时俱进

胡锦涛曾经强调:"马克思主义不是静止的封闭的教条,而是一个开放的体系,是随着时代、实践和科学的发展而不断发展的理论。"[①]众所周知,注视实践与理论的统一是马克思主义最宝贵的理论品质。时代和实践的发展是无止境的,理论的创新和发展也绝不会停止。作为高校思想政治理论课教育教学内容的马克思主义理论知识,同样不会、也不应该停留于某种固定、僵化的层面上,相反,必须根据时代和实践的发展,特别是根据我国改革、开放和社会主义现代化建设的伟大实践不断地完善和调整,使之更加科学、合理。

(一)当前思想政治理论课客体的基本内容

"05方案"在对思想政治理论课程进行试点实验的基础上,对高校思想政治理论课程做了新的调整。新的调整中,将原来的"马克思主义哲学原理"、"马克思主义政治经济学原理"与"科学社会主义"一起整合为"马克思主义基本原理概论"(以下简称"原理"),而以前分列的"毛泽东思想概论"、"邓小平理论和'三个代表'重要思想概论"则整合为"毛泽东思想、邓小平理论和'三个代表'重要思想概论"(现改为"毛泽东思想和中国

---

① 胡锦涛:《在全国宣传部长会议上的讲话》,《十五大以来重要文献选编》(下),第2213页,人民出版社,2003年版。

特色社会主义理论体系概论",以下简称"概论")。另两门思想政治课则分别名为"思想道德修养与法律基础"(以下简称"基础")、"中国近现代史纲要"(以下简称"纲要")。这是自改革开放以来中国高校第三次对思想政治理论课进行大的调整,并于 2006 年 9 月 1 日在高校一年级大学生中开始实施。

新方案中的四门必修课开设的目的都是为了帮助大学生树立社会主义核心价值体系,坚信马克思主义指导思想,坚定走中国特色社会主义道路的共同理想,从而把他们培养成为中国特色社会主义事业的合格建设者和可靠接班人;但各自承担着不尽相同的思想政治教育的具体内容。其中,"原理"课主要帮助大学生弄清楚:什么是马克思主义?如何坚持和发展马克思主义?从而帮助大学生掌握马克思主义的世界观和方法论,从整体上把握马克思主义的科学内容和精神实质,为了解和把握"概论"课所讲的马克思主义中国化的理论成果奠定理论基础。"纲要"课主要通过中国近现代历史的讲解帮助大学生弄清楚:中国人民为什么选择了马克思主义?选择了中国共产党?选择了社会主义道路?从而为了解和把握"概论"所讲的马克思主义中国化的理论成果奠定实践基础。在"原理"和"纲要"这两门课提供的理论基础和实践基础的支持下,"概论"课主要帮助大学生弄清楚:为什么马克思主义要中国化?什么是中国化的马克思主义?马克思主义中国化的三大理论成果对中国革命、建设和改革,实现中华民族伟大复兴有什么样的重要性?从而坚定在党的领导下走中国特色社会主义道路的"四个自信"。而"基础"课主要进行社会主义道德教育和法制教育,帮助大学生树立社会主义荣辱观、提高思想道德素质。

总之,这四门课程是一个有机的整体,构成了思想政治理论课教育教学的知识客体,是思想政治理论课教育教学教师讲授、传授而学生理解和接受的根本内容。

(二) 与时俱进:思想政治理论课知识客体的理论品质

坚持一切从实际出发,理论联系实际,实事求是,在实践中检验和发展真理,是马克思主义最重要的理论品质。马克思主义的这种理论品质概括说来,所具有的根本特性就是与时俱进。换句话说,与时俱进的理论品质是马克思主义随着人类社会历史的发展而始终保持生机活力的关键所在。

众所周知,作为马克思主义创始人,马克思、恩格斯从来没有把自己的理论神圣化,相反,他们反复地强调自己的理论不是教条,而是行动的指南。例如,马克思曾说:"新思潮的优点就恰恰在于我们不想教条式地预料未来,而只是希望在批判旧世界中发现新世界。……所以我不主张竖起任何教条主义的旗帜。"①对于此问题,恩格斯亦给予反复的强调:"我们的理论不是教条,而是对包含着一连串互相衔接的阶段的发展过程的阐明。"②"我们的理论是发展着的理论,而不是必须背得烂熟并机械地加以重复的教条。"③"如果不把唯物主义方法当做研究历史的指南,而把它当做现成的公式,按照它来剪裁各种历史事实,那它就会转变为自己的对立物。"④"马克思的整个世界观不是教义,而是方法。它提供的不是现成的教条,而是进

---

① 《马克思恩格斯全集》,第 1 卷,第 416 页,人民出版社,1956 年版。

② 《马克思恩格斯文集》,第 10 卷,第 560 页,人民出版社,2009 年版。

③ 《马克思恩格斯文集》,第 10 卷,第 562 页,人民出版社,2009 年版。

④ 《马克思恩格斯文集》,第 10 卷,第 583 页,人民出版社,2009 年版。

一步研究的出发点和供这种研究使用的方法。"①总之，马克思、恩格斯从来没有把自己的理论视为现成的教条，视为能够剪裁各种历史事实的公式，相反，一直强调它是从事历史研究的方法、指南和出发点。作为马克思主义的继承者，列宁、毛泽东、邓小平等也从来没有把马克思主义视为教条。例如，列宁强调："哲学史和社会科学史都十分清楚地表明：马克思主义同'宗派主义'毫无相似之处，它绝不是离开世界文明发展大道而产生的一种故步自封、僵化不变的学说，恰恰相反，马克思的全部天才正是在于他回答了人类先进思想已经提出的种种问题。他的学说的产生正是哲学、政治经济学和社会主义极伟大的代表的直接继续。"②列宁还强调："马克思和恩格斯的学说不是我们的死背硬记的教条。应该把它当做行动的指南。我们一直这样说，而且我认为，我们的行动是适当的，我们从来没有陷入机会主义，而只是改变策略。这决不是背弃学说，决不能叫做机会主义。我以前说过，现在还要再三地说，这个学说不是教条，而是行动的指南。"③众所周知，毛泽东特别反对对马克思主义的教条式理解，反对某些同志死背马克思主义教条而用来指导中国革命，因此时刻要求人们严格区分创造性的马克思主义和教条式的马克思主义，他曾强调："马克思列宁主义是从客观实际产生出来又在客观实际中获得了证明的最正确最科学最革命的真理；但是许多学习马克思列宁主义的人却把它看成是死的教条，这样就阻碍了理论的发展，害了自己，也害了同

---

① 《马克思恩格斯文集》，第10卷，第691页，人民出版社，2009年版。
② 《列宁选集》，第2卷，第309页，人民出版社，1995年版。
③ 《列宁专题文集：论马克思主义》，第2卷，第300页，人民出版社，2009年版。

志。"①马克思主义不是僵死的教条,而是行动的指南,不是现成的公式,而是研究的出发点,特别是要随时随地进行创新和发展。可以说,这是马克思主义的实践品性,这就是与时俱进性的理论品质。

马克思主义理论的与时俱进本质上是其科学性、彻底性的必然要求,因此其科学性、彻底性使马克思主义不能停留于某个历史阶段,也不能停留于某个理论层面,而为了更好地实现和维护最广大人民群众的根本利益,它就必须不断地深入、全面地认识客观事物及其存在和发展的客观规律,就必须根据社会历史的实践不断地检验其认识是否具有真理性,是否符合客观事实及其规律,就必须不断地发现和纠正认识上存在的失误或错误,从而获得更大、更普遍意义上的真理。因此,不断地超越前人和自己的认识,不断地认识规律、把握规律、遵循规律、运用规律,是马克思主义与时俱进性的根本体现。马克思主义因为内在地蕴涵着与时俱进的实践品质,因而使得它从不固守在既定的理论结论上,而是不断地实现创新和发展。客观而言,自觉地认识到实践的特性,认识思想解放的规律,坚持在永无止境的实践中不断解放思想,才能保证马克思主义理论的与时俱进,才能不断地在实践基础上开阔视野,总结新的实践经验,借鉴人类文明的有益成果,在理论上不断地实现创新和突破,提炼出新的理论结晶。客观而言,170年来,没有哪一种理论、学说能像马克思主义那样保持勃勃生机,对人类社会的推动产生了这么大的作用,迄今为止,马克思主义经典作家所揭示的人类社会历史发展的基本规律并没有为现代社会的巨大变化而否定,相反,实践正日益证明了马克思主义的科学性、无

---

① 《毛泽东选集》,第3卷,第817页,人民出版社,1991年版。

比正确性、合理性。而且因为马克思主义从来不是教条或现成的公式,而是思想和行动的指南,是重新研究的出发点,因而它能够不断地随着实践而不断获得创新和发展。因此,马克思主义这种基于实践的与时俱进性使马克思主义与人类的实践、各个国家、民族的现代化建设实践紧密地结合起来,与客观的世界发展形势结合起来,成为日益丰富和发展着的马克思主义。客观而言,高校思想政治理论课教育教学必须根据马克思主义的创新发展不断地更新内容,而不能简单地重复马克思主义的词句,重复某些教条。正如马克思、恩格斯在1872年《共产党宣言》德文版序言中所说:"这些原理的实际运用,正如《宣言》中所说的,随时随地都要以当时的历史条件为转移。"①因此,如何随时随地地结合中国改革开放和中国特色社会主义现代化建设而运用马克思主义的基本原理,充分体现马克思主义的与时俱进性,就是高校广大思想政治理论课教师的重要论题。

(三)思想政治理论课知识客体与时俱进的根本要求

根据时代特征和实践要求,特别是当前我国改革开放和中国特色社会主义事业建设的历史任务,针对意识形态领域斗争的新形势、新情况、新特点,不断地实现思想政治理论课知识客体的与时俱进,从而科学地发挥思想政治理论课教育教学的主阵地、主渠道作用,就必须充分体现以下五项要求。

1. 体系更加系统

高校思想政治理论课课程体系建设是加强和改进教育教学的首要任务。课程体系是从高校思想政治理论课教育教学

---

① 《马克思恩格斯文集》,第2卷,第5页,人民出版社,2009年版。

的总体布局、总目的任务以及相应学期、阶段性任务对课程门数、课程内容所进行的系统规划、逻辑安排。因此,课程体系重在体系的系统性和逻辑性,这不仅包括在整个学生学习期间所开设的思想政治理论课必须形成系统性的知识体系,而且就某一课程来说,它的内容,如章节之间、知识要点之间等,必须形成严密的逻辑关系。客观而言,不断加强体系的系统性、逻辑性,是思想政治理论课知识客体与时俱进的必然要求。

具体说来,应当紧密结合时代特征和实践要求,不断调整和规范高校思想政治理论课所有课程之间的体系建设,以形成完整的教育教学体系。也就是说,各课程之间理应各有分工,避免重复,而不是单独追求某一门课程内容自身的理论的体系性问题。目前,虽然"基础"、"原理"、"概论"和"纲要"名称与性质都根本不同,但重复的内容还是不少。例如,在关于"社会主义核心价值体系"等问题上,"基础"在讲,"原理"也在讲,尽管各有偏重,但学生则感觉到厌烦。再者,必须加强某一课程内容的体系性、逻辑性,避免不同章节内容的重复。例如,"原理"中,讲"物质的客观实在性"时讲"意识",并阐述了意识的定义、形成的三个阶段,在讲"意识的能动作用"时,又涉及意识的作用。总之,科学地从各个课程上,从某一课程内部协调好各个方面的知识,就能够达到体系完整、逻辑性强的特点。

2. 内容更加丰富

时代在发展,实践在深化,思想政治理论课如果不及时地调整和丰富教学内容,势必会落后时代发展。

当前,现代社会各行业迅猛发展,市场对人才素质要求日益苛刻,大学生面临的挑战越来越多,如来自就业、收入、住房、恋爱、婚姻、社交等各方面的压力,由此产生的浮躁、心理障碍、疾病以及社会复杂问题、思想观念、价值观念等对自身的影响，这些直接地呼唤着现代思想政治理论课教育教学必须不断紧扣时代主题，把握时代脉搏，真正关心学生关注的重大热点问题、难点问题、焦点问题，并给予科学的解释和回答，分析学生所思、所想、所惑。因此，思想政治理论课要有针对性地丰富和完善教学内容，着眼于时代发展和学生实际，使学生真心喜欢思想政治理论课，使学生能够从思想政治理论课学习中不断获得适应现代社会发展需要的知识、技能和素质，增强获得感，从而在成长、成才方面，在就业、创业方面，在社会交往方面，在恋爱、婚姻方面，在健康生活方面，等等，成为德、智、体、美、劳全面发展的社会主义公民。

丰富、完善思想政治理论课的内容，还必须吸收学术研究的最新成果。多年来，我们的教材改革的力度并不大，很多教学内容停留于过去，僵化成了许多教条，这尤其体现在"原理"方面。然而，与此同时，学术界相关研究并非如此，而是取得了丰硕的成果，这两者如此不相称。事实上，一方面要不断地鼓励广大学者在坚持马克思主义指导下不断开展学术研究，深化和丰富马克思主义，特别是实现马克思主义中国化的创新发展，在坚持正确方面的基础上进一步解放思想，勇于突破不符合时代要求的陈旧观念束缚，排除各种错误观念；另一方面要积极吸收学术研究的成果和结晶，即那些经过实践反复检验确证为科学真理的理论创新成果。

3. 特色更加鲜明

思想政治理论课是带有阶级性的，它代表了统治阶级的意志。我国的思想政治理论课教育教学内容是中国共产党在马克思主义科学理论的指导下，立足于中国革命和建设伟大实践的基础上，通过对古今中外思想政治理论课内容的借鉴而设定的，其核心内容是马克思主义。历史证明，马克思主义不仅没有过时，而且在当代社会其所具有的强大生命力正得到张扬。然而，现代意识形态斗争也呈现出越来越复杂的情形，西方敌对势力诋毁马克思主义或社会主义的劲头和热情更为高涨，手段更为新奇、隐蔽。在这种情况下，对思想政治理论课教学内容来说，就需要不断增加特色，保持鲜明的马克思主义、社会主义特色，特别是具有中国风格、中国气派、中国语言的中国特色社会主义特色。

当前，增强思想政治理论课教学内容的特色，重点在于以习近平新时代中国特色社会主义思想为指导，全面规划、调整教育教学内容。其中，要明确马克思主义在中国特色社会主义理论体系中的指导思想地位，坚持把马克思主义基本原理同中国具体实际相结合，不断推进马克思主义中国化，使学生能够在错综复杂的社会现象中看清本质、明确方向，正确把握我国作为发展中大国实现中国特色社会主义现代化的客观规律；要更加坚定中国特色社会主义共同理想，引导学生认识到建设中国特色社会主义是新时代我国各族人民的共同理想，是符合我国社会主义初级阶段生产力和生产关系、经济基础和上层建筑发展的客观要求，体现了我国工人、农民、知识分子和其他劳动者、建设者、爱国者的共同利益和愿望，是保证全体人民团结奋斗、克服困难的强大精神动力；全面弘扬以爱国主义为核心的民族精神和以改革创新为核心的时代精神，使民族精神和时代精神相辅相成、相得益彰，共同服务于中国特色社会主义共同理想的实现；全面树立社会主义核心价值体系和爱国主义、集体主义、社会主义思想，帮助学生树立马克思主义科学的世界观、人生观、价值观。总之，只有不断增强思想政治理论课教学内容的特色,才能更好地发挥其意识形态战斗性作用,全面巩固马克思主义意识形态在高校的阵地。

4. 说理更加服人

思想政治理论课重在以理服人,因此,如何说理、如何服人相当重要。改革和完善思想政治理论课教学内容,其中说理更加服人就是一项重要要求。客观而言,我国目前仍然处于社会的急剧转型过渡期,各种复杂的社会现象不断涌现,由于人们处于思想文化观念、价值观念、审美观念多元化发展明显加剧趋势下,人们在思想观念上或心理上出现各种困惑,而这也鲜明地体现于广大高校大学生身上。因此,使思想政治理论课教学内容不断与时俱进的根本要求之一就是要达到说理更加服人的目的。

说理更加服人的前提既在于说,又在于说出科学的真理。"说理"之说就在于不是传统灌输式的讲理,而是师生交互主体性的言语互动,即既有教师的言说,又有学生的言说,而不是只有教师在说,而学生只有听的份。再者,说理能够服人的关键在于所说之理是科学的真理。科学的真理是把握了客观事物存在的本质、规律的正确认识。特别是,在交互主体性教学中,它本质上必须是师生在交往互动过程中达成共识的真理。也就是说,不仅教师心中明白,而且也是学生同样心中明白的科学真理。显然,这样的科学真理既不是简单地被奉为先哲箴言的教条,也不是教师所掌握的课本上的形式化口号。例如,毛泽东曾说:"我们说马克思主义是对的,决不是因为马克思这个人是什么'先哲',而是因为他的理论,在我们的实践中,在我们的斗争中,证明了是对的。"①则列宁强调:"重复那些背得烂熟,但并不理解、也没有经过思考的'口号',结果就使得空谈盛行,这种空谈实际上完全是非马克思主义的小资产阶级思潮。"②列宁还强调:"对这种危机所引起的问题避而不谈是不行的。企图用空谈来回避这些问题,是最有害的、最无原则的。"③总之,要正确地对待教育教学过程中出现的各种问题,耐心地回答学生提出的各种问题,既不用各种理由和借口搪塞、回避问题,也不用过时的口号、教条错误地回答问题,相反,要始终考虑如何达到说理服人的目的。

5. 形式更加灵活

多年的实践证明,思想政治理论课也是一门能够为广大教师提供发挥教学艺术空间的课程。由于课程无论在理论上还是在现实上涉及的范围丰富宽广,因而教师完全能够在教育教学活动中充分发挥自己的自主性、能动性和创造性,课程的讲授只要在教学大纲规定范围之内,教师完全可以根据现实的需要和可能进行自由的伸缩,因此具有很强的机动性。正是看到这一特点,有学者主张,思想政治理论课教育教学既可以采取讲授课件、播放视频资料、演讲、师生辩论、案例分析、社会评论等通常的教育教学形式和手段,也可以采取朗诵、讲故事、评书甚至演小品、说相声等其他艺术形式④。从理论上可以说,对于交互主体性教育教学来说,只要找到适合师生沟通、交流和互动的最佳方式和手段,只要能够达到理想的教育教学效果,

---

① 《毛泽东选集》,第1卷,第111页,人民出版社,1991年版。
②③ 《列宁选集》,第2卷,第282页,人民出版社,1995年版。
④ 陈善卿、张学曾:《思想政治课教学研究》,第353页,南京大学出版社,1992年版。

都是允许的,也是应该鼓励的。从根本上说,任何一种新的教学手段、教学方法都是打开师生沟通、交往的通道,都有助于构建师生间自由和谐的交互主体性。而且,实际上,如果给予教师以充分的自由,他们必将对思想政治理论课教育教学投入更大的热情,而注入感情的教育教学必将产生强大的吸引力和感染力,增强思想政治理论课的魅力,增强思想政治理论课的获得感。

事实上,增强思想政治理论课魅力的方法和途径很多,每位教师的侧重点也不尽相同,但是,对广大思想政治理论课教师来说,增强教学语言的艺术性却是一个普遍的问题。思想政治理论课重在以理服人,说理是其根本任务,也是主要形式,而这决定了语言是思想政治理论课最主要的,也是最显著的教学手段。经验说明,"我们有些政治课不受学生欢迎,一个重要原因就是教师的课堂语言呆板、干瘪、单调、枯燥乏味,词汇贫乏、生硬,令学生反感,或生厌,或过分紧张"[①]。从交互主体性教育教学来说,师生间的沟通、交流、互动主要靠语言。因此,加强和改进教学语言,提高艺术性,就必然成为教师的首要任务。

[①] 陈善卿,张学曾:《思想政治课教学研究》,第 354 页,南京大学出版社,1992 年版。

第五章　交互主体性教学的原则、特征、模式与规律

毋庸置疑，教学理念决定、支配着教育教学的各个方面，如教学的基本原则、基本特征、基本的教学模式和教学规律。教学的基本原则本质上是贯彻于教育教学过程中的价值原则、指导原则，教学的基本特征、基本模式和基本规律都是教学原则的体现。也就是说，教学原则、基本特征、教学模式、教学规律本质上存在着不可分割的内在联系。交互主体性教学理念从根本上转换了整个高校思想政治理论课教育教学的问题域，为思想政治理论课教育教学重新确立了教学原则，并由此而产生了新的教学特征、教学模式和教学规律。可以说，相比于传统灌输论支配下的灌输式教学及其教学原则、教学的基本特征、教学模式、教学规律来说，由交互主体性教学理念支配的思想政治理论课教育教学完全呈现出新的时代特征。可以说，从交互主体性教学理念出发，全面地理解思想政治理论课新的教学原则、基本特征、教学模式，认识和把握新的教学规律，对于全面地改变人们对思想政治理论课的认识和态度，科学地提高高校思想政治理论课教育教学效果将具有非常深远的理论意义和现实意义。

一、交互主体性教学的基本原则

交互主体性教学的基本原则重在大学生主体性培育,是统领整个培育活动的价值评价原则,全面反映着高校思想政治理论课教学的根本目的、根本任务和历史使命,具有鲜明的政治性、原则性、政策性。当前,我国高校思想政治理论课肩负着对大学生进行系统的马克思主义理论教育,培养和造就社会主义事业合格建设者和优秀接班人,培养民族复兴大任的时代新人的特殊历史使命,更应该坚持原则,做到高校思想政治理论课教育教学和人才培养的开展沿着正确的政治方向前进。具体说来,高校思想政治理论课教学中必须贯彻的基本原则主要有以人为本原则、个性自由原则、全面发展原则、民主平等原则、关爱学生原则等。

(一)以人为本原则

在思想政治理论课教育教学活动中,无论是教师还是学生,都是参与整个活动的主体,即教师是"教"的主体而学生是"学"的主体,作为主体的人,教师和学生之间存在的是人与人的关系。因此,在针对大学生主体性培育问题上,首先应当明确地树立以人为本的原则。坚持"以人为本",就是坚持以师生为本,特别是以学生为本,使学生成为思想政治理论课教育教学活动中"学习"的主体、主人。

客观而言,"以人为本"是马克思主义价值论的精神实质。列宁曾经强调了马克思主义的这一特有的注重人及其价值的本质,他说:"凡是资产阶级经济学家看到物与物之间的关系

（商品交换商品）的地方，马克思都揭示了人与人之间的关系。"①可以说，从人的角度认识和揭示物与物之间的关系，揭示其中蕴涵的人的价值，是马克思主义区别于其他一切资产阶级人本思想的根本之处。如果说，人是目的，而绝不能仅仅作为手段，是西方自康德以来形成的重要价值思想，那么，在马克思主义看来，人作为目的而不仅仅是手段，就是一切从人出发，一切为了人，一切服务于人，而人绝不是单个的孤立个人，而是人民群众。在思想政治理论课教育教学中，一切从人出发，就是一切从教师出发、从学生出发，把教师和学生置于各自相应的主体地位之上，特别是，要充分地尊重和发挥学生学习主体性作用，积极地培育学生的学习的主体意识，帮助学生确立学习主体地位，并不断地引导、教导学生学习、理解和接受马克思主义理论知识，而让学生在教师的引导、教导之下更加自觉地提升自己的学习主体意识，确立和巩固学习主体地位，充分发挥主体性作用，更加自觉地、自由地参与学习、交流和沟通，不断地深化对马克思主义理论知识的认识，甚至实现对某些观点的突破性理解和创新发展。

坚持以人为本原则，一个突出的表现就是它贯彻了教育必须遵循生命发展客观规律和必须遵循个体身心发展的规律的宗旨。事实上，教育是与生命同步的，教育的过程也是生命成长、展开的过程，而每个人的生命又是不一样的，因此教育必须照顾到每个个体的身心健康发展。这在于，每一个学生的生命都是独特的，这种独特性既有独特的遗传因素的内在作用，也与他在生命成长过程中的生活感悟和体验相关。与此同时，随着年龄的增长，他会变得越来越具清晰、明确的主体意识，能够

---

① 《列宁选集》，第 2 卷，第 312 页，人民出版社，1995 年版。

积极主动地去追求自己的理想和目的,因而根据自己的愿望和要求去改造世界,创造自己的生活。学生的这种积极性、主动性和创造性都是无穷的。作为思想政治理论教师,都要认真地去激发和保护这种积极性、主动性和创造性,实现学生生命的独特发展。如果说传统的以传授知识为中心的思想政治理论课教育忽视了学生的生命发展,既不能适应学生成长的需要,也不能适应日新月异的科技和社会发展的需求,那么,思想政治理论课交互主体性教育教学本质上就是立足师生生活、贴近师生生活、回归师生生活、尊重师生生命和身心健康发展的科学化的教育教学。

不难理解,以往高校思想政治理论课千校一面、千人一面,以统一的标准和规范强调统一性、标准化,其实质就是抹杀教师和学生的自由个性,就是压制和销毁师生参与教育教学的主体性、积极性和创造性,归根结底就是既不把教师作为人,也不把学生作为人,教师成为单纯的"教书匠",成为宣传马克思主义理论和中央方针、政策的"传声筒",而学生成为单纯的"容器",被动地接受教师灌输的马克思主义理论知识。当然,与这种忽视和抹杀人的主体性的情况相应的是,教育教学活动中的马克思主义理论知识是绝对性的、不容置疑的,因而是放之四海而皆准的真理,即教条化理解的马克思主义理论。实际上,贯彻"以人为本"的教育教学理念,必须实现思想政治理论课教育目标的人本化,而这就应该着眼于现代社会生活的实际需要,结合师生的具体现实,结合思想政治理论课教育教学过程中遇到的新问题、新情况,同时考虑不同对象的特点,承认各个人在成长过程中所表现出来的才能和品德的差异,并且按照这种差异给以区别对待,尽可能使每个人按不同的条件向社会主义和共产主义的总目标前进。

总之，在大学生主体性培育问题上，必须坚持以人为本原则，分步骤、分层次，贴近实际、贴近生活，培养适应现代社会和现代生活的时代新人。坚持以人为本，就是要把最广大人民群众的根本利益作为一切工作的出发点和落脚点，做到发展为了人民、发展依靠人民、发展成果由人民共享。只有坚持以人为本，才能促进先进生产力的发展，才能创造和享受到幸福美好的小康生活。以人为本，实现人的全面发展不仅是中国特色社会主义事业的现实需要，而且也是完善思想政治理论的根本指针。在思想政治理论课教学中，要坚持以人为本，就要充分尊重个体的主观作用，调动个体的主动性，体现个体的参与性，激发个体的创造性，变个体的被动接受为主动渴求、自觉探索，实现真正意义上的"我要学"而不是"要我学"。大学生是人民群众的一部分，只有坚持"以学生为本"，把学生视为主体，充分发挥他们的主体性，才能提高他们的思想道德素质、科学文化素质和健康素质，这样才能为中国特色社会主义伟大事业输送高素质人才。

（二）个性自由原则

在马克思主义看来，每个人都是现实的人，也就是说，不是那种毫无差别的抽象人或一般人，因此现实的每一个人都是具有自己的个性特征的，是拥有自己的独立生活和自由的人，我们既不能无端地抹杀任何人的个性，也不能轻易否定他的自由。相反，我们必须充分肯定和尊重其个性和自由，只有这样，我们才能实现整个社会发展的和谐稳定。对于高校思想政治理论课教育教学来说，所面对的当代大学生，特别是"90后"、"00后"大学生，更是需要全面地考虑这一问题。毫无疑问，这些"90后"、"00后"大学生都是一些个性比较张扬、鲜明的"新新人类",他们的思想活泼、灵敏、好动,对任何事物都充满着好奇,甚至叛逆精神比较强,因此,更崇尚自由和个性发展。这一切都说明,我们对大学生在高校思想政治理论课教育教学中的主体性的培育必须充分坚持个性自由原则。

坚持个性自由原则,实际上就是要充分地认识和了解每一位大学生,准确把握其个性特征,充分尊重其自由,而不是一味地抹杀学生的个性,否定其自由,把所有的同学视为一个笼统的整体。传统教学模式中,往往把所有同学视为一个笼统的整体,所有同学本质上没有任何差别,结果,教师根本不能认识学生,在教师眼中,任何学生本身都是等同的、无差别的,因而也是完全可以不考虑其个性特征、自身需要和自由等问题的。显然,这种否定学生个性与自由的传统教学模式已经不适合于现实社会发展的需要,不符合当代思想政治理论课交互主体性教学理念的要求。

客观而言,坚持个性自由原则,实际上就是为大学生全面地、充分地调动自己的学习积极性创造条件,提供可能。因为,每一个大学生,当他充分认识到自己的学习需要时,就能够充分结合自己的个性特征,有针对性地开展适合自己个性的学习活动,能够充分地照顾到自己的生活、学习、作息规律,能够科学地安排自己的学习计划、学习步骤、学习进度,这样,就不会轻易地忽视和抹杀他的学习积极性、自觉能动性等这些主体性。当然,坚持个性自由原则,对于学生自身来说,也是科学地开展创造性学习的前提。学生的学习并非单纯地根据教师的安排进行课前预习和课后复习这些简单的活动,而是能够充分发挥自己的自由,进行创造性的学习,甚至在课外的实践活动中,能够创造性地探索和发展理论。显然,这种学习能够达到传统教学模式下所不能达到的效果。

自由的发展,就不能强制。尽管教师相比学生而言掌握着更多的科学知识或思想理论,这些东西对学生的发展确实存在着重要的意义,而且一旦他们思想比较成熟,能够认识到这些思想理论对他们确实具有非常重要的意义,但是,在他们现在还不太成熟的当下,还没有认识到其重要性的当下,也就是说,在他们还没有科学的态度和认识之前,我们是否有强制他们接受的权力和理由呢?实际上,按照自由全面发展的道理,我们根本不具有这些权力和理由。但是,事情往往明白地在那里,如果我们不使学生尽快养成科学的态度,尽快接受科学的思想理论教育,尽快树立起科学的世界观、人生观和价值观,那么,一旦他们受各种错误思潮的影响,他们注定不能成为我们党所领导的中国特色社会主义事业的合格建设者和优秀接班人,甚至将成为对党、政府、国家、社会存在严重危害的破坏分子。可以说,一方面学生渴望自由全面发展,而我们也主张只有坚持马克思主义的自由全面发展理论,才能科学地培养和造就人才;另一方面我们也意识到既然坚持马克思主义自由全面发展理论,就必须充分地尊重学生自由发展的权利,尊重学生自由和选择,而不能凭借任何理由,如教师总比学生成熟,对我们所教授给学生的道理,一旦学生自己真正成熟以后,也会认识到这些思想理论对他们非常重要,就强制学生。这实际上就是当前高校思想政治理论课教育教学和大学生思想政治教育工作所面临的难题。

鉴于上述情况,实际上,我们必须清楚地认识到,为了在高校思想政治理论课教育教学或大学生思想政治教育中贯彻、落实马克思主义人的自由全面发展理论,从根本上来说,最为核心的任务就是彻底转变教育教学的思路和方法。这种思路和方法的根本改变就是必须牢固地树立交互主体性教学理念,从师生自由、平等的身份定位出发,通过师生间的彼此交往互动,以思想交流或谈心的方式推进双方对马克思主义理论的认识和理解,从而实质性地促进学生对马克思主义理论态度的改变,达到帮助其树立马克思主义科学的世界观、人生观和价值观的根本目的。

(三)全面发展原则

思想政治理论课教育教学的真正目的在于培养和造就德、智、体、美、劳全面发展的社会主义公民,在于为中国特色社会主义事业培养和造就合格建设者和优秀接班人,为中华民族伟大复兴培养担当大任的时代新人。因此,在大学生主体性培养问题上,必须全面体现马克思主义人的全面发展理论的根本精神,坚持和贯彻马克思主义人的全面发展的原则。马克思主义关于人的全面发展理论为思想政治理论课教育教学提供了科学的理论基础,是开展大学生思想政治教育,特别是素质教育,规范教育目的,制定教育目标,把握教育方向的科学依据。

因此,必须全面贯彻马克思主义关于人的全面发展理论的精神实质,在思想政治理论课教育教学中促进每个公民的全面发展,努力提高每个大学生的全方位的素质、素养和能力,为中国特色社会主义事业培养真正的合格建设者和优秀接班人。马克思主义关于人的全面发展理论告诉我们,人的全面发展本质上是一个动态的历史过程,无论发展的全面性或实现的程度,实质上都存在着一个随着历史时代的不断演进而不断深刻变化和提高的过程。因此,在任何历史时期,人们都必须根据社会历史发展的客观形势和具体状况努力促进人的全面发展。也就是说,促进人的自由全面发展,是一个永恒的历史任务,即是任何时代、任何历史阶段、任何人都必须根据自己时代的社会历史状况、时代背景、客观趋势自觉担当的任务。毫无疑问，只有努力促进人的全面发展，尤其是每个人的自由个性的充分发展，人类才能真正地进入人的发展和社会发展的理想状态，即共产主义社会，彻底摆脱外在必然性的束缚赢得真正意义上的自由，即进入自由王国。

既然人的全面发展注定是随着人类社会历史的发展而发展的，是一个永无止境的历史过程，我们就必须根据自己时代的社会历史发展状况、时代背景和客观趋势，努力实现我们自己时代所能够实现的人的全面发展，特别是要努力实现每个人的自由个性的充分发展，努力为每个人的自由发展创造最宽松的社会环境，奠定最坚实的物质基础，提供最丰富的有利条件，提供最宽裕的自由。特别是，自由时间对学生无比宝贵。这在于，自由的实现手段在于拥有自由时间，没有自由时间也无所谓自由发展，因此，真正说来，为了保证学生的自由发展，就必须为学生提供充分的自由时间。大学生不同于高中生，他们实际的课堂学习时间相比而言是少的，他们拥有自由的时间，但是，如果他们不能科学地利用和驾驭这些自由时间，那么他们也就不能够实现自身的自由发展。

目前，中国特色社会主义现代化建设事业正在加速推进，我们必须全面贯彻马克思主义关于人的全面发展理论的科学精神，全面树立科学的教育教学理念，为了大学生的健康成长、成才做出贡献。

（四）民主平等原则

师生关系是教育教学过程中不可忽视的、甚至最为重要的问题，科学地规范和协调师生关系，就能够促进教育教学活动的顺利发展。正如田国秀指出的："没有良好的师生关系，教育的最终目的和眼前目标都将落空。师生素质的好坏直接关系到教育目标能否落实。而师生素质的发展相当程度上依赖于双方的相互作用。"①交互主体性教学理念完全改变了传统灌输论视域下的师生关系,认为思想政治理论课教育教学是师生双方交流互动的活动,只有积极构建自由和谐的师生关系,巩固师生之间的情感基础,充分发挥师生彼此的主体性,特别是学生的主体性,才能增强思想政治理论课的实效性。

具体说来,按照交互主体性教学理念,教育教学活动是教与学的主体即教师和学生相互作用的交往活动过程,在此过程中师生处于平等的主体地位之上。因此,以民主平等的态度对待学生是教师在教育活动中正确处理交互主体性的一个基本原则。对教师而言,要创造自由和谐的师生交往情境,必须以民主平等的态度,确立学生在教育过程中应有的主体地位,尊重学生的个性,把学生看成具有独立人格的主体,鼓励学生在接受教育时发表自己的见解,平等地进行教与学的交往活动,实现教学相长,促进教学质量的提高。需要强调的是,教师在教学中以民主平等的态度对待学生与确立教师的威信并不矛盾。教师的威信不仅和教师的为人师表有关,也与学生对老师的评价密切相关;教师的威信是在教与学的交往活动中培育起来的,依赖的是学生对老师的承认和敬仰。只有在和谐平等的教学氛围中,教师对学生循循善诱,鼓励学生大胆设想,不断提问,消除学生思想和心理上的疑惑,学生才能真正接受教师的知识影响力,心中才会尊敬老师。实践表明,教师在教学交互主体中发扬民主可以在现实的教学交往中收到良好的教学效

---

① 田国秀:《1980年以来我国教育界关于师生关系问题研究的评述》,《上海教育科研》,2000年第7期。

果,一个富有经验的教师应该尊重学生的主体性,善于从学生身上吸取教学经验,不断提高教育教学质量。对学生来说,民主平等原则使学生不再成为教师灌输知识的对象或容器,即不再是被动接受者,相反,而成为思想政治理论课教育教学活动的积极参与者、平等参与者、民主参与者,即学生不仅能够充分发挥自己学习的主体性,而且他们与教师本质上并不存在等级差别,在教育教学活动中涉及任何思想理论或观念的讨论、辩论、争议时,他们拥有与教师同等的发言权,他们可以自由地发表自己的见解、想法或疑义,相反,不必考虑教师的顾忌。可以说,只有民主平等原则才能确保师生在教育教学活动中形成有效的交往互动机制,才能科学地促进教育教学的顺利开展,才能最终达到理想的教育教学效果。

因此,民主平等原则是师生主体性发挥的基本保证。为此,在高校思想政治理论课教学中,教师要努力转变教育观念,摆正自己在教育教学中的位置,与学生建立民主、平等、自由、和谐的师生关系,而且,教师只有放下"师道尊严"和高高在上的架子,用真诚的态度和学生做朋友,建立民主平等的关系,学生才有可能向教师敞开心扉,自觉、自愿地与教师开展交往互动。所谓真诚的态度,就是教师不仅真诚地表明自己的观点和感情,而且真诚倾听学生的心声。毫无疑问,学生只有对教师的情感产生积极的情绪体验,才愿意把自己的一切心事向自己所信赖和亲近的教师倾诉。在此情形下,师生就能够顺利地塑造起彼此交往互动的有效机制,才能够使学生比较自觉地接受教师所讲解、讲授的马克思主义理论知识,从而在师生重叠共识的基础上实现知识从教师向学生的传输。总之,只有坚持民主平等原则,充分地发挥师生主体性,特别是学生学习的主体性,才能科学地开展思想政治理论课教育教学,才能达到理想的教育教学效果。

（五）关爱学生原则

一切教育教学的目的都是为了学生,离开学生一切教育教学活动都注定失去了意义。因此,真正地关心学生的健康成长、成才,是教育教学的真正主题,是任何一个教师的分内职责。这就告诉我们,热爱学生是教师在教学活动中正确处理交互主体性关系的又一原则。

从交互主体性教学理念来看,师生作为教与学不同维度上的主体,虽然侧重性并不相同,但是,在性质上对于教学来说缺一不可,特别是,师生只有在思想理论上实现视域融合、达成重叠共识时,才能真正地实现知识从教师向学生的输送,因此,在此意义上师生具有同等重要性,彼此之间需要相互尊重、相互关爱。但是,从根本上说,学生毕竟处于学习和接受知识的地位,处于成长、成才的过程之中,因而他们还不成熟,还没有成长为德、智、体、美、劳全面发展的社会主义公民,因而他们毕竟还需要教师更多的关心和爱护。因此,教师实际上肩负着关爱学生的义务,而从根本上说,关爱学生的义务就是教育、教导学生使之成为德、智、体、美、劳全面发展的社会主义公民的义务。

当然,每个学生都是特殊的现实的个人,都存在着各自的特殊性,如特殊的性格、爱好、专业,以及特殊的思想、心理与价值观念、生活方式、习惯等,这实际上要求教师对学生的关爱必须建立在对学生的充分了解上,必须体现出对每个学生的爱是具体的、真实的、感性的,归根结底是有的放矢的爱。也就是说,对不同的学生,教师要根据其特殊性以不同的方式表达对他们的爱,比如,教师对学生学习、生活上的关心帮助是爱,帮助学生解决思想、心灵上的困惑是爱,对犯错误的学生进行批评也是爱,如此等等。因此,从根本上说,任何教师都必须以关爱学生为原则,为学生着想,真正地使自己的爱能够温暖每一个学生,使学生在教师爱的关怀之下健康地成长。

以关爱学生为原则,教师不仅能够直接把学生作为教育的对象,使学生成为教育教学过程中的学习主体,使其在爱的关怀之下抱着与教师亲近的态度与教师建立师生彼此交往互动的情感基础,而且通过自己的情感能够及时地影响和感染学生,使学生自觉地尊重和敬爱教师。

二、交互主体性教学的基本特征

交互主体性教学理念从根本上打破了传统灌输论或教师单一主体论对教育教学的理解,重新规范了师生关系,提出了以人为本的价值原则,真心关心和爱护学生的健康成长、成才,因而形成了良好的师生交往互动机制,实现教学方法、教学模式的创新,从而科学地推进思想政治理论课教育教学的发展,因此具有以下鲜明的基本特征。

(一) 师生并重

交互主体性教学最为核心的理念创新就是确立了师生交往互动的平等主体地位。可以说,师生并重是交互主体性教学的首要的基本特征。

师生并重的基本特征,完全改变了传统灌输论教学思想下的师生关系,改变了学生只有作为接受者的被动状况,相反,把教师与学生同等看待,认为无论是教师还是学生,都是教育教学不可缺少的核心主体。虽然教师主要表现为教的主体,学生主要表现为学的主体,但在推进视域融合、达成重叠共识因而实现对思想政治理论课教育教学内容或马克思主义理论知识共同理解这一核心机制和问题上，师生具有同等的地位和重要性。因此，在此意义上，他们是平等的主体，是不可分割的共同体主体的构成要素。换句话说，师生并重并不是说，教育教学必须得有教师，学习必须得有学生，因此不可缺少，而是说，按照交互主体性教学理念来说，要想实现马克思主义理论知识顺利地从教师向学生的输送，是通过师生的交往互动、视域融合、重叠共识实现的，而正是这一特殊的机制决定着师生都是不可缺少的。毫无疑问，如果类似传统灌输论那样，只有教师单方面对思想政治理论课教育教学内容有所理解，而学生并不理解，那么，就根本不可能实现理论知识的顺利输送，换句话说，就达不到理想的教育教学效果，不就可能真正地培育出学生科学的世界观、人生观和价值观。因此，师生并重缘于特殊的交互主体性教育教学机制。

可以说，师生并重不仅是科学的教育教学理念的必然趋势，而且更是现代社会最基本的人际交往特征的根本体现。

（二）育人为本

关爱学生的健康成长，其本质是坚持以人为本的原则，体现育人为本的精神。在教育教学上，坚持以人为本，就具体落实为育人为本。因此，交互主体性教学典型地彰显了育人为本的基本特征。

育人为本是以人为本价值原则在教育教学领域里的具体体现。所谓育人为本，就是要把培养人、培育人作为整个教育教学的根本目的。为此，就必须时刻坚持和维护学生的根本利益，要把学生的健康成长视为最重要的任务，要把学生是否实现了自由全面发展作为衡量教育教学成效的根本尺度。客观而言,育人为本的基本特征具体体现在教育教学全面地贯彻了教育必须遵循生命发展客观规律和必须遵循个体身心发展的规律的宗旨,充分地认识到教育与生命的同步性,认识到教育必须照顾到每个学生特殊的生命成长和特殊性,充分地尊重学生的意愿和要求,尽可能地挖掘学生的潜力或天赋。刘慧等强调:"每一个学生的生命都是独特的,这种独特性以其独特的遗传因素与环境相互作用,并通过其经历与经验、感受与体验体现出来。"[①]与此同时,冯建军指出:"学生生命个体是有意识的、能动的、独特的存在物,能不断地根据自己的意愿追求和塑造理想世界,体现在学校生活中,学生是天生的学习者,人人都可以创新,潜能无限,具有较强的独立性。教育尊重学生的这些特性,就等于是保护了他们最大发展的可能性。"[②]显然,交互主体性教学这种育人为本的基本特征,能够充分地考虑到学生的实际情况,充分地尊重生命成长规律和学生身心健康发展规律,能够充分地尊重学生的个性,开掘学生的潜能,使学生真正得到自由全面的发展。

如前所述,以往高校思想政治理论课千校一面、千人一面,以统一的标准和规范强调统一性、标准化,其实质就是抹杀了教师和学生的自由个性,就是压制和销毁了师生参与教育教学的主体性、积极性和创造性,归根结底就是既不把教师作为人,也不把学生作为人,教师成为单纯的"教书匠",成为宣传马克思主义理论和中央方针、政策的"传声筒",而学生成为单纯的"容器",被动地接受教师灌输的马克思主义理论知识。当然,

---

① 刘慧、朱小蔓:《多元社会中学校道德教育:关注学生个体的生命世界》,《教育研究》2001年第9期。

② 冯建军:《生命与教育》,第164页,教育科学出版社,2004年版。

与这种忽视和抹杀学生的主体性的情况相应的是,坚持灌输论的教师坚信马克思主义理论知识是具有绝对性的、不容置疑的因而是放之四海而皆准的真理。因此,"育人为本"的基本特征是以人为本核心价值原则的具体体现。

(三)回归生活

坚持"以人为本"的教育教学理念,就必然要求思想政治理论课的教育教学回归生活世界,使教育教学呈现出生活化的特征。

众所周知,20世纪二三十年代著名教育家陶行知先生就倡导"生活教育",主张教育与生活的结合。他曾指出,"到处是生活,即到处是教育。""教育的根本意义是生活之变化。生活无时不变,即生活无时不含有教育的意义。"①实际上,使教育回归生活,实现生活化,本质上就是贯彻中国传统思想中的"知行合一"的理念。客观而言,马克思主义理论知识源于现实生活世界,如马克思与恩格斯曾经深刻地指出的:"在思辨终止的地方,在现实生活面前,正是描述人们实践活动和实际发展过程的真正的实证科学开始的地方。关于意识的空话将终止,它们一定会被真正的知识所代替。"②事实上,纵使美国实用主义大师约翰·杜威,也曾强调过知识本身是根源于现实生活、生活实践的问题的,他指出:"知识所涉及的既是当前的事变而不是最后的事因,所以知识是要探索我们的生活世界,我们所经验的世界,而不是企图通过理智逃避到一个高级的境界之中。

---

① 《陶行知教育文集》,第285页,四川教育出版社,2007年版。
② 《马克思恩格斯文集》,第1卷,第526页,人民出版社,2009年版。

实验知识是一种行动的方式，而且像一切行动一样，是发生在一定的时间、一定的空间和在一定的条件之下，与一定的问题联系着的。"①因此，思想政治理论课教育的内容本质上来源于生活，并且服务于生活，而这说明思想政治理论课的内容应该随着生活实践的变化而变化，应该始终扎根于现实生活世界。

交互主体性教育教学之所以特别体现了教育教学回归生活世界的特征，就在于师生双方的思想、观点、知识、情感等都是在"生活世界"里的交往中相互传递的，师生彼此间的交互主体性是在生活世界里塑造的。可以看出，这种以现实生活世界为具体境遇的思想政治理论课教育教学科学地引导着学生的现实生活，对学生的生活习惯、生活方式、心理健康等都实际地有所促进，能够不断地拓展学生的参与、合作、竞争意识，能够不断地通过开展科技伦理、生态伦理、网络伦理、生命伦理教育等，全方位地增进学生的思想伦理观念，提升学生的整体素质。毫无疑问，思想政治理论课教育教学回归生活世界的趋势和特征，能够使学生自觉地投身到现实生活之中，以生活自身的变化为依据，以生活中的丰富事实和切身经验为例证，全面地理解和领悟思想政治理论课非常复杂、抽象的理论知识，从而在生活之中，让学生真正地学会热爱生活、珍惜生活，追求更高境界的生活。

因此，交互主体性教学回归生活的特征全面地标志着教育教学根本思路的变革，在生活中学习，在学习中运用所学，在生活中得到锻炼，在生活中得到成长，可以说，这是思想政治理论课教育教学回归生活的真谛。

---

① 约翰·杜威：《确定性的寻求——关于知行关系的研究》，第100页，上海人民出版社，2004年版。

（四）形式灵活

交互主体性教育教学是一个复杂的过程，为了有效塑造师生的最佳状态的交互主体性，就必须根据思想政治理论课教育目标和内容以及师生的具体情况不断变革、完善教育教学方式，增强教育教学效果。正是这一内在的要求，使得交互主体性教学在教育教学方法、形式上呈现出鲜明的灵活性。

客观而言，思想政治理论课的教育教学效果很大程度上取决于学生的认可与接受的程度，这就要求思想政治理论课教师必须更新教学观念，采用新的教学方式方法，激发学生参与教学的热情，启发学生积极学习的兴趣，营造学生独立思维的氛围，以引起学生的内心共鸣。从根本上说，交互主体性教学旨在改变传统以教师课堂讲授为中心的灌输式教育，把教学活动置于教师和学生两个主体的基础上，把教师和学生的主体地位还给他们，让他们充分地参与活动，发挥积极性、主动性和创造性。为此，必须充分促进师生对教育教学方式的发展、创新和完善，共同建构师生交往互动的有效机制和共同平台，促使教师与学生、学生与学生的对话与交流、鼓励与激励、探索与研究，让课堂成为师生共同思考、交流、感悟马克思主义理论知识的场所。

事实上，灵活多变的教育教学方式是有效构建师生交互主体性的手段，任何一种新的方式都意味着师生有可能通过它而打开一个共同趋近、认识、理解共同客体的通道，意味着对共同客体理解的维度和空间的不断开拓，意味着师生能够更自由、更全面地观察、理解共同客体，归根结底意味着师生能够有效地进行马克思主义理论知识的传授与接受。不仅如此，灵活多变的教育教学方式也是实施"以人为本"和"因材施教"思想的最佳手段,因为每一个学生都有自己独特的个性和特殊的情况,如果运用统一的、标准化了的教育教学方式来对待原本千差万别、活泼生动的广大青年学生,势必造成对学生个性的抹杀,不能满足学生的自由个性发展和全面发展的需要。

(五)评价科学

交互主体性教学改变了传统的教育教学评价机制,使评价着眼于学生参与教育教学活动的实际情况和具体表现,因而使评价更加规范、准确、科学。

如何考核和评价思想政治理论课教育教学效果是思想政治理论课教育教学管理的一项重要议题。毫无疑问,广义的评价不仅评价学生的学习效果,而且评价教师的教育教学效果。针对教师的评价,多年来一直侧重于考核教师是否完成教学工作量,是否出现违反学校教学纪律、各种管理规章制度,总体上是向上负责,但对教师的实际教学效果却很少真正地关心,特别是很少听取学生的意见和建议。针对学生的考核则主要以教师评价为主体,采用闭卷考试加上平时成绩以给学生一个分数为方法。显然,这种评价,方法不仅单一,而且科学性较差,因为评价主体始终是教师,学生得不到充分的尊重,评价体系不科学,评价机制不合理。如果着眼于师生交互主体性教育教学来看,评价的对象不仅有学生,而且有教师,要看"教"与"学"的双方主体参与教育教学活动的积极性、主动性以及各自的贡献程度。也就是说,要看谁为构建师生有效的交往互动机制和最佳的交互主体性提供了力量,要看谁在共同趋近、理解共同客体的过程中更积极主动,要看谁对马克思主义理论知识的理解和把握更自主、更深刻,甚至要看谁在这一过程中不断实现对马克思主义理论观点的突破、创新和发展。

当然,交互主体性教学评价科学的特征还有待进一步增强。目前,为了适应交互主体性教育教学,建立科学规范的评价机制,制定科学的测评指标体系,创新评价方法,实现评价的科学规范,则是摆在广大高校思想政治理论课教师面前的一项迫在眉睫的新课题。

三、交互主体性教学的主要模式

教学模式是一定教学理念的具体化和实现形式,什么样的教学理念必然决定着什么样的教学模式。教学模式规范着教学活动中师生各自的地位和彼此关系,决定着教学内容、教学手段的选取和教学环节的设定,直接影响着教学效果。交互主体性教育教学理念从根本上转换了人们对思想政治理论课教育教学的传统观念,因而也要求必须根据建构和塑造自由和谐的师生交互主体性的根本要求而变革传统的教学模式。可以说,自觉地改革传统教学模式,积极打造让学生真心喜爱、内心认同、心理接受、终身受益的思想政治理论课,不仅是时代的迫切要求,而且是贯彻交互主体性教育教学理念的分内之事。通过教育教学实践,我们认为,以下教学模式最能体现交互主体性教育教学理念的精神要求。

(一) 主体性教学

交互主体性教育教学本质上属于主体性教育教学,是其最高的表现形态。因此,开展交互主体性教育教学就必须注重主体性教学。所谓主体性教学,就是以师生的主体地位的确立和巩固为基础,尤其注重培养、培育学生的主体意识,发挥学生的主体性作用,最终以塑造学生的独立人格和具有主体意识、主人意识的社会主义社会公民为目标。从根本上说,主体性教学是贯彻"以人为本"思想的体现,是对学生人的地位和尊严的尊重,其目的在于实现人的自由全面的发展。

如前所述,在思想政治理论课教育教学过程中,教师与学生都是主体,都拥有主体意识,要充分尊重和发挥师生双方的主体地位。作为"教"的主体的教师与"学"的主体的学生,双方是相互依赖、相互制约、相互促进的,均是构建师生交互主体性的力量。当然,主体性教学的主要任务是培育学生的主体意识,确立学生的主体地位,发挥学生的主体性作用。有学者指出:"虽然受教育者的主动性不单取决于教育者的影响,就教育过程而论,调动学生主动性实是衡量教师主导作用的最重要的尺度之一。"①因此,要通过主体性教学,激发教育教学活动中师生双方参与的积极性、主动性,达到思想政治理论课教育教学的目的,帮助大学生健康成长为党和国家所需要的社会主义事业的合格建设者和优秀接班人。

(二)研究性教学

交互主体性教育教学是师生双主体共同参与互动而对共同客体——马克思主义理论知识不断趋近、认识、理解的过程,是对马克思主义理论更深层本质的探索和把握过程,除了最初的开启阶段,在整个过程中实际上始终存在着对问题的研究和探索。因此,研究性教学是思想政治理论课交互主体性教育教学的必然形式,也是目前思想政治理论课教育教学改革的重要方向。从根本上说,研究性教学就在于通过师生的交往互动而

---

① 陈桂生:《教育原理》,第 17 页,华东师范大学出版社,2000 年版。

不断地研究和探索马克思主义理论的本质和内涵,不断培养学生分析问题、解决问题以及实现理论创新发展的能力。

具体说来,开展研究性教育教学,就是以培养学生的研究意识、研究能力和创新能力为目标,从学科领域、课程内容或现实生活中选择和确定专题进行研究,引导学生进行研究性学习,把学习和研究有机地结合起来。显然,研究性教学是培养和造就创新型人才的重要手段,也是进一步增强思想政治理论课教育教学实效性的重要途径。

研究性教学坚持"以人为本"的宗旨,有助于突出学生学习的主体地位,能够从学生的自我需要出发来设计研究课题,以学生的自由个性发展和全面发展为目的,破除了传统教育教学模式忽视学生主体地位、漠视学生成长的弊病。在研究性教学模式下,教师应围绕着学生的研究进行有针对性的授课,应当根据教学的具体情况和学生需要,深入钻研教材,把握教材的内在体系,不仅向学生传授知识,而且以知识传授为契机帮助学生深入研究知识背后的实质;不仅做一名合格的普通教师,而且还要做一名导师;不仅传授好知识,而且引导学生走上科学研究的道路。因此,研究性教学要求教师要由原来的只是传授者转变为学生研究性学习的组织者、指导者、促进者和参与者,真正把学生当作学习的主体、研究的主体。如前所述,交互主体性教学是典型的"教学相长"式的教学,在师生从事研究、探索的过程中,必然会出现"术业有专攻"、"弟子不必不如师"的情况。因此,这是一个教与学相互渗透、相互融合的过程,是师生实现互动和谐的过程,也是师生共同成长的过程。

开展研究性教学的具体形式可以多种多样,比如,课堂上启发诱导,布置课外调查研究,结合课程内容选择专题研究,进行案例分析,撰写调查报告,等等。总之,所有的研究性教育其目的就是培养学生从事科学研究的能力,增强其兴趣,让学生通过亲身的探索实践体会科学研究的乐趣。

正如陈大兴所说:在大学的教学过程中,大学教师的教学往往仅被视为是一种知识的传授,但教学相长、其创造与拓展知识的功能及过程往往被忽视。其实,大学教师的教学过程不仅仅是一个培养学生的过程,同时也是教师发挥教学主动性、创造性与研究性的过程。在教师教学中,知识的积累、教学方法的选择、教学方式的呈现等方面无不体现出教师教学的学术性特征。①

除教师要研究外,针对学生,王云五曾强调:

"由于学业是可由自己控制的,其情形便和职业不同。从事学业的人,以能养成研究的兴趣为重要。有兴趣的人,视研究为一种权利,没有兴趣的人,则视若一种义务。"②

王云五还强调:

"兴趣并不是与生俱来的,兴趣的诞生多半是由于经验。"③

"读书可以满足人的未知欲,本来是人人都应该具有兴趣的,但因初读书时受到有些教师的严厉督责,不免使儿童渐感读书无异是一种责任,而不是一种兴趣,遂致较好的学生只求在校内肄业时期能尽其责任,等到毕业后一出校门,便认为责任已尽,不再肯自动读书。"④

教师通过激发学生的研究兴趣,能够使学生深入学习马克思主义理论,逐渐养成马克思主义素养。

---

① 陈大兴:《教学学术是大学教师专业发展的核心》,《中国社会科学报》,2013年8月14日。
②③④ 王云五:《我怎样读书——王云五对青年谈求学与生活》,第150、160页,辽宁教育出版社,2011年版。

(三) 专题化教学

开展师生间的交往互动,客观地要求教师必须全面地正确看待每一位学生成长和发展的需要,要根据思想政治理论课教育教学的内容紧密地结合每一个学生的具体情况和个性特点。然而,实际的情况是,任何一个教师都不是万能的,不可能完全解决学生提出的各种问题,不可能完全照顾到不同学生之间的多样化需要。这就要求同一课程的所有思想政治理论课教师必须紧密地团结起来,根据各个人的知识储备和专长而分别准备专题,让专题紧密联系起来形成一个统一的体系,开展系统的专题化教学。

所谓专题化教学模式,即是将一门思想政治理论课教育教学内容进行科学的分解,分别设计若干既相互独立又紧密联系的专题,每位教师根据自己的知识储备和专业特长承担一个专题或一个模块下的几个专题,进行有针对性的备课与教学,并通过教研室的统一组织和协调而形成资源共享。当然,专题化教学要根据教学大纲的统一要求进行,既要展现专题教学的针对性、深刻性、独立性,又要显示整个课程各专题之间的关联性、统一性;既要体现教研室的团队精神,实现扬长避短,又要彰显教师的个人特色和人格魅力。总之,专题化教学有很大的弹性和伸缩性,能够充分发挥广大教师的积极性,也能够很好地调动学生学习的热情,因此,它更符合时代发展的需要,符合新课程改革的内在精神要求。

(四) 实践教学

思想政治理论课绝非单纯的理论说教,相反是一项复杂而系统的育人工程,而社会实践或实践教学是其中的一项重要的内容。众所周知，早在2004年，中共中央16号文件《关于加强和改进大学生思想政治教育的意见》就已经明确指出："社会实践是大学生思想政治教育的重要环节，对于促进大学生了解社会，了解国情，增长才干，奉献社会，锻炼毅力，培养品格，增强社会责任感具有不可替代的作用。高等学校要把社会实践纳入学校教学总体规划和教学大纲，规定学时和学分，提供必要经费。"因此，绝不能忽视了社会实践在培育大学生思想政治素质方面的不可替代的重要作用，将思想政治教育局限于狭隘的校园和封闭的课堂，使学生成为"纸上谈兵"的"赵括"，相反，必须真正地使学生了解社会、了解国情，在社会实践中培养其聪明才干和正确的世界观、人生观和价值观，使其在现实的锻炼中成长为社会主义事业的合格建设者和优秀接班人，成长为能够担当民族复兴大任的时代新人。

客观而言，加强和改善高校思想政治理论课实践教学，不断改进和完善实践教学体系，创新教学模式，目前已经成为高校不断改进思想政治理论课教育教学、提高教学效果的重要选择。这表现为，思想政治理论课实践教学的重要性不仅为越来越广大的教师深切认识到，而且许多高校领导者也越来越重视起来；这不仅初步改变了思想政治理论课及其实践教学可有可无的局面，而且为保证实践教学顺利开展所分配的教学课时已经远远超越过去。但是，人们却不难发现，许多高校的思想政治理论课实践教学往往徒具形式，缺乏实质性内容，效果并不明显，并没有达到理想的目的。结果是，不搞实践教学不行，搞实践教学却并不受学生欢迎，耗时耗力并不讨学生喜欢，因而处境尴尬。而这就告诉我们，既然实践教学尴尬的现状已经不适合于当前不断加强高校思想政治理论课教学的时代要求，而当代社会日新月异的发展和国内外各种复杂的社会问题向实践教学发出的挑战又是如此的严峻,那么,打破传统实践教学模式,改善和创新实践教学体系,以全新的意识改进实践教学,提高思想政治理论课整体教学效果,就显得迫在眉睫了。从根本上说,加强和改善思想政治理论课的实践教学,关键在于如何使广大青年大学生参与到社会生活中去,如何让他们带着问题意识到丰富多彩的社会实践中思考问题,并尽可能地运用马克思主义科学的世界观和方法论解决问题,从而达到熟练掌握和运用的目的。所以,真正说来,除了必须自觉地认识到加强和改善实践教学的必要性,认识到形势造成的迫切性外,还必须切实做到在实践教学实施上给予一定的时间保障和物质保证,避免实践教学流于形式化,造成教学内容苍白,缺乏必要的吸引力和趣味性,而且为了尽可能地做到加强和改善实践教学,必须切实改变传统的实践教学模式,用发展、创新的积极态度自觉地不断完善和改进实践教学,把能够更好地发挥实践教学效果的新模式投入到教学活动之中去。这一切实质上都需要引入新的实践教学理念,即交互主体性的实践教学。

事实上,交互主体性教育教学是一种回归生活世界、使教育教学生活化的教育,因此,这就必然要求把实践教学放到非常重要的地位。如前所述,师生交往互动促使之下的对共同客体进行的解释学循环,就是在对其进行不断的理解和诠释,而这个过程无疑就是不断地还原马克思主义理论知识的生成和发展的历史过程,把其还原到其具体生成的场域——生活世界。因此,开展实践教学的目的就是还原理论的生成过程,让知识的形成、发展成为学生自身经历的客观历史过程,让学生亲证这一历史过程。不仅如此,生活世界也是师生共同推进马克思主义研究和发展的客观场域,因为师生间的交往互动不仅使课本知识得以顺利地传授与接受,也必然激发着师生共同参与对马克思主义理论的探索和创新发展。也就是说,生活世界不仅是检验马克思主义理论知识、让学生信服的过程,也是实现知识创造和发展的过程,通过这种亲自的创新发展,马克思主义理论才更为信服地为学生所接受。因此,教师要转变教育教学观念,把如何开展好实践教学视为一项重要的义不容辞的任务。

当然,除教师和学生的积极参与外,开展实践教学面临着多方面的困难,也可能面临着一定的压力,如经费问题、协调组织问题、安全保障问题等,但要充分地认识实践教学的重大意义,自觉重视实践教学,努力创造条件建设实践教学基地,结合课程内容,组织有针对性的教育教学活动。在此过程中,要充分发挥实践教学经验丰富的老教师的作用,实行传、帮、带,使青年教师尽快提高开展实践教学的能力,要不断加强管理,制订相关的教学计划、教学大纲、成绩评定标准、工作量计算标准,建立健全考核评价制度等等。

四、交互主体性教学的基本规律

毋庸置疑,教学理念决定、支配着教学模式的选取,而特殊的教学模式生成不同的教学规律。因此,既不能离开教学理念来谈论教学模式问题,也不能离开教学模式来谈论教学规律,这三者存在着内在的关联。交互主体性教学理念从根本上转换了整个高校思想政治理论课教育教学的问题域,因此是整个思想政治理论课根本的转换。可以说,相比于传统灌输论支配下的灌输式教学及其教学规律来说,由交互主体性教学理念支配的教学模式和教学规律完全是另一个模样。从交互主体性教学理念出发,全面地理解新的教学模式,认识和把握新的教学规律,对于全面地改变人们对思想政治理论课的认识和态度、科学地提高高校思想政治理论课教育教学效果将具有非常深远的理论意义和现实意义。

思想政治理论课教学规律是贯穿于思想政治理论课教育教学全过程的基本关系和各个环节的固有联系。因此,改进思想政治理论课的教学,提高思想政治理论课的实效性,发挥思想政治理论课的功能,不断优化思想政治理论课的体系,都需要对思想政治理论课教育规律进行研究。思想政治理论课教学规律包括一个基本规律——教学互动律和四个具体规律:教师引导律、学生需要驱动律、要素互动律和内化外化律。

(一)教学互动律

根据交互主体性教学理念,为了有效开展思想政治理论课的教育教学,就必须遵循"教师—知识—学生"这一核心互动模式,充分发挥"教师"和"学生"两个互动端或互动极的主体性作用,积极培育师生之间的交互主体性。

如果在"教"的这一方面或维度上,教师做好了充分的准备,已经确立了自身的主体地位,已经准备着或正发挥着自身的主体性,那么教师就必须通过积极引导,使学生自觉地认识到自身在"学"这一方面或维度上的主体地位,让学生充分发挥"学"的主体性。可以说,只有教师确立了"教"这一活动过程中的主体地位,发挥了自身的主体性作用,学生确立了"学"这一活动过程的主体地位,发挥了自身的主体性作用,教师与学生这两个维度上的"主体"才能培育和塑造出双主体之间的交互主体性,才能科学地面对共同的"客体"——知识(在此就是马克思主义理论知识),形成"教师—知识—学生"三极互动的良性机制。因此,为了合理地运作整个思想政治理论课教育教学活动,就必须首先确立和巩固师生各自的主体地位。然而,事实证明,由于长期受传统教育教学观念的影响和制约,教师一直是思想政治理论课教育教学活动中唯一的主体,教师在整个教学活动中处于绝对的支配地位,相反,学生则在教学活动中处于单纯的被教育、被迫接受马克思主义理论知识的地位。在这种教育教学模式中,学生根本没有主体地位,更不可能发挥什么所谓的主体性作用。因此,一方面我们看到学生被动学习、缺乏人格的独立和健全,总是感觉到应该培养学生的主体意识,让他们发挥自身的主体性,塑造独立的人格;另一方面我们却看到这与我们所倡导的、实际实施的教育教学理念存在着根本性的矛盾,我们不能自圆其说。

可以说,只有师生均确立和巩固了各自的主体地位,确立了师生间的交互主体性,他们才能在面对共同的"客体"——知识(即思想政治理论课教育教学内容或马克思主义理论知识)时,一方面实现思想政治理论课教师先期理解和掌握的马克思主义理论知识从教师向学生的顺利转递和输送,另一方面在师生交往互动、反复辩难和层层解读推进过程中,即解释学循环中,实现教师和学生双主体不断趋近更加丰富的、更加深刻的、更为本质的马克思主义理论。显然,在此整个过程中,教师不再是拥有马克思主义理论知识的绝对权威者,不再是活动的唯一支配者,不再是为了教学目标的具有强制性的知识的灌输者,而学生也不再是完全的无知者,不再只是教学活动的被动者,不再是单纯接受马克思主义理论的接受者,对于师生双方来说,他们拥有共同的客体,无限地趋近共同客体,形成关于马克思主义理论知识的"重叠共识",就是他们交往互动的真正目的。无疑,师生在各自的角色或地位上都是主体,因而他们之间是平等的,尽管他们在拥有"知识"方面确实存在着差异,即具有专业技术职务的思想政治理论课教师无不是马克思主义理论知识的先期拥有者,而学生基本上对所要掌握的马克思主义理论知之甚少,甚至无知,但是,通过接受教育、培训而先期拥有的马克思主义理论知识并不必然地决定了教师就应当凌驾于学生之上去支配学生,使学生成为单纯的接受灌输的容器,因为对于共同的"客体"——马克思主义理论,尤其是随着实践而不断发展、创新、与时俱进的马克思主义而言,教师先期拥有的马克思主义理论知识,只不过构成了师生双主体共同沿着马克思的理论道路不同前进的基础。在此过程中,教师会在原来的基础上不断丰富马克思主义理论知识,深化对马克思主义本质和内涵的理解,提升自己的马克思主义理论素养,使自己成为一位真正的马克思主义理论教育家;学生则会在教师的引导下,在教师所能提供的知识基础上,逐步地深入到马克思主义理论世界之中,逐步地理解和掌握思想政治理论课所规定的教育教学内容,深化对马克思主义理论的理解和把握。因此,为了有效开展思想政治理论课的教育教学活动,就必须首先确立和巩固教师和学生在整个过程中的各自方面或维度上的主体地位。

学生学习的能动性表现为:学生的思想能够能动地反映外部世界和自身,认清自身与党和国家要求之间的差距,激发参与和接受思想政治理论课的需要;学生的思想是一个自觉活动着的系统,能对教师传递的思想理论加以认识和选择、接受,对自己的思想活动进行自我认识,从而在不同程度上自觉调节自己的思想活动和行为实践,发展和提高自己的马克思主义理论水平;学生不仅接受教师的作用,而且能动地认识教师,反作用于教师,力求使教师认识和把握自身的状况,互动发展。

既然学生具有能动性,那么教师就要注意发挥学习主体的能动性,发动学生积极参与和主动接受思想教育,引导学生进行自我教育。同时,还必须重视学生的需要以及对教师的建议和要求,不断改进思想政治理论课教育教学的方式方法,促进教师和学生的双向互动,提高思想政治理论课教育教学的科学化水平。

为此,教师必须在教育教学活动中为青年大学生做出表率。要说服别人、教育别人,必须首先塑造自己的灵魂,提高自己的道德修养和政治理论水平。"身教重于言教",有理想的人讲理想,最有说服力;有真才实学、道德高尚的教育者才能赢得学习主体的尊重。思想政治理论课教育教学主体只有将自己对马克思主义的信仰转化为行动,才能既以理论的力量说服学生,又能以自身的人格力量感召学生。进入新时代,广大思想政治理论课教师要树立坚定的马克思主义信仰,坚定的中国特色社会主义道路自信、理论自信、制度自信、文化自信,提供克服各种非马克思主义思想的科学方法,自觉引导青年大学生掌握中国特色社会主义理论体系,特别是习近平新时中国特色社会主义思想。

总之,要在充分发挥教师的主体性、科学传授知识、提高青年大学生的理论素养的基础上,根据中国特色社会主义伟大事业的需要,对青年大学生进行马克思主义理论教育,要通过思想政治理论课教育教学,改造、启发和提高人们的思想觉悟,引导青年大学生分清正确思想与错误思想,树立科学的世界观、人生观和价值观,为中国特色社会主义培养合格的建设者和可靠接班人,为中华民族伟大复兴培养担当大任的时代新人。

(二)教师引导律

教师是教育教学活动中"教"这一维度或方面上的主体,整个教学活动是由他来主导、组织和管理的,因此,在承认师生共同参与交互主体性教育教学、学生拥有自己的学习主体地位的前提下,也必须承认教师对教育教学活动的主导作用、对学生的引导作用。

毋庸置疑,师生间良好的交互主体性是师生共同参与构建的结果,师生双方的主体地位必须得到尊重,师生是在主体人格平等基础上进行沟通交往的。然而,教师对于教育教学活动的开展却负有发起、组织、领导、管理的责任,他从总体上把握着思想政治理论课教育教学的政治方向。尤其是,高校思想政治理论课教师毕竟是受过专门教育和专业训练的具有专业技术素养的高级专门人才,他们不仅掌握着系统的专业知识、专业技能,相对于学生来说"闻道"在先,"术业"有专攻,而且他们都经历过丰富的社会生活,是比学生成熟的人。相比教师,学生毕竟身心均不成熟,还处于身心发育成长的时期,他们的思想、心理、道德观念、人格等还需要不断的教育、培育,他们在进入高校进行系统的知识学习之前在社会上、家庭里所接受的传统观念、流行观念以及个人形成的主观观念往往需要进行科学的辨析,弄清是非。因此,在教育教学活动中,学生虽然是学习的主体,但是,如果没有教师的认真组织、领导和指导,很可能出现许多不良的倾向,造成思想政治理论课教育教学的盲目发展。尤其是,在传统的"主体—客体"教育教学模式中,我们实际上存在着很大的误区,一方面我们受限于"教育"这一概念,狭隘地理解"教育",认为它就是单纯的"教",换句话说,把内容丰富的"教育"片面地化简为"教"而遗忘了"育"这一维方式,另一方面把"教学"狭隘地理解为"教"而忽视或轻视了"学"这一维度。实际上,"教"是教师处于主体地位而自觉、能动发起、主导的活动,"育"尽管也是教师处于主体地位而自觉发起、主导的活动，但其主要的功能和作用则是通过科学的引导、启蒙而培育学生的主体意识，使他们逐渐地觉醒到自身在"学"这一方面或维度上的"主体地位"，使他们充分发挥自身学习的主体性，进而培育师生之间的交互主体性。具体来说，在整个教育教学过程中，教师都发挥着引导作用。例如，在课堂教学中，全面阐释教学内容，梳理其教学体系、章节逻辑关系，向学生详细解释重点、难点，及时解决学生认识上的困难，如此等等，教师都能实际地发挥着引导学生的积极作用。当然，从根本上说，引导学生就是使学生自觉地参与到教育教学的过程中，使学生充分发挥其主体性作用，从而改变传统灌输论教学思想支配上的"满堂灌"和"一言堂"现象，充分地创造师生培育共同思想和情感的基础。

"学高为师，德高为范"，教师具有强烈的示范功能，这一点尤其对高校思想政治理论课教师来说是真理。因此，高校思想政治理论课教师务必使自己成为一个师德高尚的人。客观而言，这也是马克思主义作为人类追求最美好生活的科学指导理论所蕴含的应有之义。马克思主义不断为我们指明了人类社会发展的客观规律，指明了人类实现自由发展和彻底解放的光明大道，而且强调共产主义社会本质上是一个消除了工农差别、城乡差别、脑体差别，实现了人与自然、人与社会、人与人、人与自身之间关系高度和谐的社会，因而也是一个人人精神境界、道德境界至高无上的社会。众所周知，作为马克思主义理论的创始人，马克思与恩格斯为了伟大的共产主义事业，共同合作长达40年，其身上所彰显出来的共产主义道德光辉和高尚的道德人格永远激励着历代的马克思主义继承者、实践者。我们知道，毛泽东在《纪念白求恩》一文中曾经号召共产党员要做"一个高尚的人，一个纯粹的人，一个脱离了低级趣味的人，一个有益于人民的人"①。对于我们高校思想政治理论课教师来说,就是要成为一位具有散发道德人格魅力的人民教师。在现实中,我们应该围绕着培养什么人、怎样培养人以及为谁培养人对思想政治理论课教育教学来说这一极端核心的问题加强自身的师德修养,从而达到科学地引导人、培育人的目的。高尚师德的修养对思想政治理论课教师来说应当是长期的、坚持不懈的,因此教师应该在日常的教学中把师德修养与教风、学风一起抓,与教师在课堂教学、指导学生实践等活动紧密地结合起来,真正以教师的人格魅力与良好素质感染学生、激励学生,从而达到培养品德端正、人格完善的社会主义公民的目的。此外,在教师队伍里积极宣传以社会主义核心价值观为主导的社会主义新风尚、新文化、新观念,使教师成为社会主义核心价值观的宣传队、播种机,在学生身上开展多层次、多领域的马克思主义世界观、人生观、价值观的普及教育,正确引领大学生健康成长、成才。

总之,交互主体性教育教学的核心机制是"教师—知识—学生"三极之间的互动。思想政治理论课教师作为教育者,是整个教育教学活动的发动者、组织者,教学过程中师生交互主体性的形成是教育者自觉引导的结果。

(三)学生需要驱动律

马克思主义人的需要论充分地肯定了人作为特殊的生命有机体本质上是通过满足自身的客观需要实现生存和发展的,正是人的客观需要实际地驱动着人不断地进行生活和创造。因此,自我需要是激发人的意识活动的基本动因,是价值意识

---

① 《毛泽东选集》,第 2 卷,第 660 页,人民出版社,1991 年版。

的深刻基础,是发动整个接受活动的内在动力源泉。交互主体性教育教学客观存在着一个学生需要驱动律,也就是说,学生的自我需要能否得到尊重和满足是驱动整个教育教学活动的一个内在动力。

　　我们知道,真正的需要总是客观的,是源于人的生存和发展的,因为对于人的活动来说,它表现为内因,因此,对于学生来说,究竟愿意不愿意参与思想政治理论课的教育教学,从根本上取决于学生是否有此方面的强烈的需要。毫无疑问,如果学生能够清楚地明白思想政治理论课努力培养德、智、体、美、劳全面发展的社会主义建设者和接班人,培养担当民族复兴大任的时代新人的根本目的与自己的生存和发展目的具有根本的一致性,那么,他就强烈地把学习思想政治理论课,努力确立马克思主义科学的世界观、人生观和价值观,学会运用马克思主义的立场、观点和方法分析和解决问题的能力视为自己的根本需要,因而产生积极地参与教师主导的教育教学活动的强大驱动力。毫无疑问,这种基于自己的内在需要而产生的强大驱动力能够强烈地驱动着学生充分地发挥自己的主体性,为自己的学习活动进行规划和设计,从而制订预期的目的、目标,并尽力去实现它们,同时,学生也会积极地响应教师的号召,在教师的科学引导之下进入教育教学活动之中,与教师共同营造交往互动的情感氛围,塑造交往互动机制,构建交互主体性。

　　客观而言,只有学生的自我需要才能最终触发他们对马克思主义理论知识的接受欲望或价值预期,积极、主动地去接受精神产品,接受精神教育,充实自己的精神生活,相反,如果他们没有这样的欲望和价值预期,那么就不会自觉地参与教育教学活动。在精神需要缺失或精神处于萎靡不振的情况下,学生对马克思主义理论知识的接受就必然陷入消极和被动的局面,甚至出现强烈的抵触情绪。再者,每个学生的自我需要存在着较大的差异,这些差异性、多样性的需要不仅造成学生在接受过程中表现出选择性,即对符合他需要的信息特别感兴趣,能够自觉接受,而对他不感兴趣的信息往往忽视不管不问,而且也会驱动着教育教学向不同的方向发展,这必然不断地拓展师生彼此交流沟通的思想空间,打开对马克思主义理论知识理解的多个维度。当然,学生的多样化需要、个性化需要未必都是合理的,因为任何欲望和需要都有一个是否客观、科学的问题,这些需要是否更多地适应和符合于社会的发展,是否是一个更高层次的社会性需要?如前所述,美国著名社会心理学家马斯洛构建的系统需要理论把人的基本需要划分为五个层次,即从低到高依次为生理需要、安全需要、归属和爱的需要、尊重需要、自我实现的需要。但是,高级需要的产生与满足根本不同于低级需要。马斯洛强调:"从主观上讲,高级需要不像其它需要一样迫切。它们较不容易被察觉,容易被搞错,容易由于暗示、模仿或错误的信念和习惯而与其他需要混淆。能够辨清自己的需要,即知道自己真正想要什么,是一个重要的心理成就。对于高级需要更是如此。"①因此,学生的自我需要也需要给予一定的引导,使其发挥对交互主体性教育教学的合理驱动。从根本上说,对马克思主义理论知识的需要显然属于高级的精神需要,因此只有科学地激发和引导学生的这一需要,才能更好地推动着学生积极地参与思想政治理论课教育教学。

然而,学生需要驱动律也告诉我们,思想政治理论课必须充分考虑到学生的思想需求、文化和心理需求、认知特点,遵循

---

① 马斯洛:《动机与人格》,第114~115页,华夏出版社,1987年版。

学生的成长规律,而且要因人而异,针对不同学生的思想特点、性格差异、认知水平、价值观取向,对这些差异性切实采取不同的策略加以引导和规范,使思想政治理论课成为学生乐意接受的课程,真正对学生的健康成长、成才有所助益。总之,从马克思主义人的需要论出发,我们就可以看到,在高校思想政治理论课教育教学中,客观地存在着学生需要驱动律,即学生参与师生的交往互动的教育教学,从根本上说,是学生内在需要的表现,是学生的各种需要驱动的结果。

(四)要素互动律

"教师"、"学生"和"知识"是交互主体性教育教学活动中的三个核心要素。然而,除这三个核心要素之外,教育教学活动是一个由密切联系、相互渗透和相互支撑的各要素组成的系统,还包括教材与其他教学资源、教学方式方法、教学评价与反馈、教学制度与管理等。以"教师—知识—学生"为核心机制的教育教学要素共同构成了教育教学的互动的、有机的动态系统。因此,要素互动律是交互主体性教育教学的重要规律,其中师生互动,即教与学的互动,是要素互动律的关键。

客观而言,"知识"是"教师"与"学生"这两个主体(即"教"的主体和"学"的主体)的共同客体,它不具有自主性、能动性、积极性、创造性等主体性特征,相反,它只具有客体的特征,即在以人为主体的活动中它处于被动的、受动的、被支配的地位。然而,"知识"作为客体并不是完全消极被动的,因为作为马克思主义理论的知识,本质上是人的精神产品,它客观地反映着马克思、恩格斯、列宁等无产阶级革命家、马克思主义理论家对人类社会历史发展规律的思考,归根结底是人对人自身发展的科学总结;因此,在思想政治理论课中,作为"知识",马克思主义理论本质上是"属人"的,是具有人性的,是人对自身的思考结晶,其实质就是理论化了人的自身。这也说明了,为什么马克思主义理论具有如此的思想魅力,它焕发起无数青年学生自觉学习的热情。从根本上说,马克思主义理论知识的召唤,就是以马克思、恩格斯、列宁等无产阶级革命家、理论家为代表的马克思主义者的召唤,这其中不仅彰显着他们的伟大人格魅力,而且彰显着他们对人类社会、人类自身的生存、发展和命运的深切关怀。

从事实上来说,师生在交往互动中,共同面向客体,然而作为共同客体的马克思主义理论也不是一个绝对静止、等待着人去理解和把握的对象。相反,解放思想、实事求是、与时俱进是马克思主义理论的思想品格,而这就决定了马克思主义理论本质上必然随着人类社会历史实践和时代变化而不断创新发展,不同的国家和民族在实现马克思主义民族化、本土化的过程也必然促使马克思主义理论结合具体的国情而形成具有不同民族风格和特点的新思想、新观点。因此,作为"知识"存在的马克思主义理论并非绝对意义上的静止的被动的客体,而是不断发展变动着的客体。客观而言,马克思主义理论"知识"作为"客体"的这一属性决定了以"教师"与"学生"为主体而参与互动的所有教育教学要素之间的关系。例如,教材内容必须根据发展变化着的马克思主义理论进行及时更新,教育教学必须采用科学的方式方法和评价机制来认识,必须培养和造就具有创新精神的人才为根本宗旨等等。

从根本上来说,实现要素之间的互动和谐,其目的就是为了构建师生间的交互主体性,促使各要素共同为顺利开展教育教学活动服务,以达到思想政治理论课教育教学的总目的。具体来说,一方面要做到所有要素共同促进交互主体性教育教学的顺利开展,保持方向上的一致和统一,保持教育教学的总体目的的实现;另一方面要让教育教学活动呈现出良性循环状态,使各个阶段、各个部分之间达到协同作用、共同促进的目的。也就是说,无论是教师的培训、对学生的指导、教材的选用、教育教学方法的实施,还是教学评价制度、管理制度的制定等,都应该围绕着构建师生自由和谐的交互主体性,以促进思想政治理论课教育教学的顺利开展和提高教育教学的实效性为根本目的。

(五)内化外化律

思想政治理论课教育教学的本质是对学生进行思想政治教育,也就是说,要培养和造就德、智、体、美、劳全面发展的社会主义事业的合格建设者和优秀接班人。因此,这就决定了思想政治理论课教育教学要贯彻内化外化律的要求,即教育教学既要使马克思主义理论知识最终为学生所理解、所接受,而且还要求学生通过学习树立马克思主义的科学的世界观、人生观和价值观,使他们能够自觉地运用马克思主义的基本立场、观点和方法分析和解决实际问题。

具体说来,所谓内化,是将教育者传授的思想政治理论课教育教学的内容转化为受教育者自己的个体意识(包括认识、情感、意志、能力等内在品质)的过程,其实质就是使社会发展的客观需要转化、内化为个人的精神需要。所谓外化,是受教育者将已经内化为个体意识的教育教学内容转化为外在的实践行为,形成自觉的行为习惯,并且在认识世界和改造世界中体现自身的内在品质的过程。简言之,前者就是理论知识转化为个人思想,后者就是教育后形成的个人思想转化为自觉行动。显然,内化与外化是辩证统一的,内化是外化的前提和基础,外化是内化的目的和归宿,内化与外化是相互联系、相互依靠、相互渗透、相互影响的。无论是马克思主义理论知识内化为个人的思想、精神,还是通过教育形成的个人思想观念外化为自觉的行动习惯,都意味着思想政治理论课教育教学实现了质的飞跃,这两次的成功飞跃标志着思想政治理论课教育教学实效性的提高。

开展教育教学活动,教师要自觉地遵循内化外化律,为了达到使学生内化马克思主义理论知识的目的,教师要帮助学生形成正确的学习态度,以顺利地接受和内化马克思主义理论知识;同时,为促使学生把马克思主义理论知识转化为指导自己思想和行动的指南,转化、外化为自觉的行动习惯,也要通过循循善诱,具体指导学生对马克思主义理论知识的科学运用,让他们在运用马克思主义、检验马克思主义的过程中不断陶冶情操、坚定信念、磨炼意志,并使自己最终成长为坚定的马克思主义者。

第六章　交互主体性教学的内在机制

交互主体性教学理念是主体性教学理念的当代形态，是超越于"单一主体论"（包括教师主体论和学生主体论）、"双主体论"、"多主体论"等历史形态之上的最高形态，它凝聚了众多专家、学者的理性思考，概括总结了广大教育者多年来的实践经验，深化了人们对教育教学活动实质的认识，具有非常重要的理论和现实意义。毫无疑问，交互主体性教学理念之所以得到人们的普遍认同和接受，完全在于它科学地确立了师生双方在整个教育教学活动中的主体性地位，积极地发挥了彼此的"教"与"学"的主体性，使整个教育教学活动呈现出鲜活的生机，达到了理想的教育教学效果。然而，不可否认，目前人们对交互主体性教学理念的认识并不一致，对其中存在的一些重大的、根本的问题，认识还相当肤浅，分歧还比较大，既没有全面揭示交互主体性教学科学运行的内在机制，更无法全面把握其精神实质。在此，笔者结合思想政治理论课教学，全面阐明交互主体性教学按其实施过程实质上是由四个方面或环节的因素构成的，这些因素彼此间的紧密结合和良好互动塑造了交互主体性教学科学运行的内在机制。具体说来，交往互动是师生构建交互主体性的动力机制，解释学循环是师生重叠共识的生成机制,重叠共识是师生理解和接受的客观基础,而回归生活世界是理论的检验机制。从总体而言,思想政治理论课交互主体性教学作为一个知识的传输和接受过程,本质上是师生通过交往互动,在"教学相长"或解释学循环下形成重叠共识,并使认识回归生活世界反复实践验证和不断发展的交互过程,尤其是,这一过程是一个传输与接受互通共振、多级反馈、连续运行、循环往复、螺旋上升的运行过程。

一、交往互动:师生构建交互主体性的动力机制

师生交互主体性本质上是师生两个主体在面向和趋近"共同客体"——知识时彼此相互影响、相互促动、相互制约、相互反馈的运动特性,师生的交往互动就是培育、发动、维持师生间交互主体性的动力机制。显然,无论是教师还是学生都不可能单方面完全主导整个教育教学活动,因为单纯以教师为主体而主导的教育教学活动必然造成对学生的"学"的主体性的忽视或否定,结果是学生学习的自主性、积极性、主动性、创造性丧失了,没有兴趣参与教育教学活动,而单纯设想以学生为主体的教育教学活动,无限夸大学生学习的自主性、积极性、创造性等,必然抹杀教师对教育教学活动的实际影响,否定了教师在发动和引导学生方面的应有作用。因此,以这两种情况为典型代表的偏主体论教育教学理念无法科学地构建出师生之间的良好关系,因而也不可能最有效地实现知识的传授与接受。

与传统教育教学理念不同,如果以平等交往互动为动力,师生就能够培育和塑造出良好的师生关系,即交互主体性。之所以把师生间的交往互动视为一种动力机制,就在于,师生尽

管存在着年龄、知识、经验等方面的差异,然而他们在人格上却是平等的,他们的人格价值得到必要的尊重,在整个教育教学活动中,他们是自由的,对任何问题的交流、讨论、理解和解释都是民主的。也就是说,他们在整个教育教学活动中谁也不强制谁,谁也强制不了谁,相反,他们"以理服人",旨在通过反复的沟通、交流让对方理解自己,理解和接受自己所把握的马克思主义理论知识。可以说,这种自由、平等、民主式的沟通、交流能够得到对方情感上的认同和接受,能够很好地培育和塑造出双方的良好关系。不仅如此,从根本上说,"教"与"学"的主体在最初开启教育教学活动时显然是两个主体,只有通过师生间的交往互动,这两个主体才能最终形成一个"共同体主体",也就是说,师生形成了一个统一体,他们具有属于共同体的共同利益,即理解和把握共同客体。可以说,这两个方面的主体越是整合、融合为共同体主体,即面对客体的唯一主体,那么,师生间的交互主体性也越具有内在的关联性、一致性,越不可分割。正是在这个意义上,李德顺等强调,交互主体性(主体间性)"是更丰富的主体性的一部分"。显然,在这种情况下,师生已经超越了单纯传授与接受的境界而创造性地开展了对马克思主义理论本质的深入探索、深化理解。毫无疑问,这种交往互动本质上就是师生的"教学相长",是彼此促成的"双赢",它意味着教育教学活动不仅是传授知识的过程,而且也是不断探索知识的过程。在此过程中,学生学习的兴趣必将得到不断激发,思想创新,思维方式创新,能力不断得到提高和增强;学生在教育教学过程中,在课堂上不仅听教师讲授,而且还提出自己的见解、观点,甚至商榷、辩难,与老师和其他同学共同探索,使自己成为真正的学习的主人。因此,为了构建出自由和谐的师生交互主体性,就必须以能够实现"双赢"为目的,促使师生传授和接受信息的反馈渠道得以畅通无阻。总之,师生间必须通过主体地位的确立和巩固,充分展现各个方面的主体性特征,建立畅通的师生沟通和信息反馈的渠道,提高思想政治理论课教育教学的共同促进和共同发展,以最终达到提高思想政治理论课教育教学实效性的目的。

尤其是,马克思主义理论本质上是人文社会科学,它区别于那种以单纯描述客观事物及其规律为目的的自然科学,因而它的理解和接受必须是在人际交往互动中实现的。对此,赵汀阳指出:"科学知识是单方面的知识,因为自然不会说话。可是人文社会科学的对象是会说话的人,因此就无法再从单方面的知识去看待'理解'。理解是一种人际关系,它与其他的人际关系,例如友谊、爱情、配合、竞争等,都一样有着'共同创作'这一社会性质。缺乏交互质问、批判和重构的描述性知识就只能有益于理解一件事物而不是一种精神,不管这种知识多么'科学',只要它只是一种单面的而不是相辅相成的知识,它就没有表达出人际关系这个基本的生活事实。"①因此,全面和丰富的马克思主义理论知识是思想政治理论课教师开展教育教学活动的必备条件,而不可缺少的、初步的、必要的马克思主义理论知识也是大学生积极参与教育教学、确立科学的师生关系、听好思想政治理论课的客观前提,是进一步完善师生关系、促进教育教学活动健康发展,从而不断丰富和完善自己的马克思主义理论知识的前提。总之,只有师生分别具有与自己的身份相匹配的马克思主义理论知识,他们才能在思想政治理论课教育教学活动中不断确立、巩固和丰富彼此间的关系,塑造更加坚

---

① 赵汀阳:《理解与接受》,载赵汀阳《没有世界观的世界》,第99页,中国人民大学出版社,2005年版。

实、更有实际内容、更具弹性的师生交互主体性。

事实上,师生间的交往互动对交互主体性的塑造从根本上来说就是为了促使师生在解释学循环过程中形成关于马克思主义理论知识的重叠共识,从而促使马克思主义理论知识由教师向学生的传播和传递。

二、解释学循环:师生重叠共识的生成机制

开展交互主体性教育教学的重要任务就是实现师生对共同客体——知识形成重叠共识。因为,师生只有面对共同客体,实现视域融合,形成关于共同客体的重叠共识,才能彼此认同对方,换句话说,教师才能明白地向学生讲授知识,而学生才能够理解和接受教师所要传授的知识。不然,师生间必然造成理解上的偏差和障碍,从而阻碍了讲授、传授与理解、接受的顺利进行,降低了学生对马克思主义的接受效果和思想政治理论课教育教学的实效性。然而,究竟如何实现师生间的重叠共识呢?实际上,重叠共识是以师生间对共同客体的反复的循环解释达成的。因此,解释学循环是师生重叠共识的生成机制。

解释学循环具有深刻的哲学基础。在海德格尔看来,事物或世界只有与"此在",即存在论意义上的人,发生关系才是有意义的,而事物,如矿石"作为"建筑材料被人加以利用,与人发生的关系本质上是一种实践关系,它具有无限的可能性,人作为世界的主人可以无限地"解释"事物之于人的"意义"。但是,海德格尔强调,我们在"解释"事物的可能性意义之前,它已经就存在于我们的世界之中,要解释的东西已经在我们的世界"观"中了,归根结底,这种解释总是根植在我们预先已有的东西——前有中。在海德格尔看来,人的文化背景、社会背景、传

统观念、风俗习惯,所在时代的知识水平、精神和思想状况、物质条件,所属民族的心理结构等等这一切,人一存在就已有了并注定为他所有,即影响他、形成他的东西,这就是人的"前有"。与"前有"这种客观事实相关,实际上,任何一个具体的解释活动又都是从一个特定的视角或观点切入事物的,因而任何人客观地存在着一个具体的"前见"。除此之外,海德格尔还强调任何对事物的解释还基于一个预先的假设,以便把事物"作为"某物。这样一来,"前设和前有、前见一样,是任何解释的基础,它们一起构成了理解的前结构,事物的作为结构出自理解的结构"。然而,从"前有"解释到"前见",再透过"前见"解释"前设",从而全面理解事物的"作为结构",实际上就进入了解释学循环。在海德格尔看来,解释学循环不仅是不可避免的,而且是必须进入的,因为理解的前结构是解释的条件,没有这个根本条件,任何解释都是不可能的:"如果使解释得以可能的条件必须满足的话,那么就要事先承认得以进行解释的根本条件才能办到。决定性的不是要走出这个循环,而是要以正确的方式进入这个循环。"①从根本上说,海德格尔对解释学循环的强调,改变了传统解释学,把解释学从方法论引入存在论领域,使解释学奠定在存在论基础之上,使对事物的理解不再局限于文本解释,而是纳入到人的生存活动之中,确立了存在与认识之间的存在论关系。当然,海德格尔的存在论从根本上来说依然是意识哲学意义上的生存论,因此,如果更清楚地说明解释学循环问题,还必须把解释学置于马克思主义哲学存在论基础之上,使对事物理解的解释学循环根植于坚实的生活实践之中,从而更深刻地把握人与事物之间的存在论关系。

---

① 海德格尔:《存在与时间》,第194页,商务印书馆,1987年版。

然而,解释学循环观点为科学地看待师生的共同客体——马克思主义理论知识提供了哲学思想基础。客观而言,无论是教师还是学生,都是生活在现实世界中的人,因此,他的文化背景、社会背景、传统观念、风俗习惯,以及时代的知识水平、精神和思想状况,物质条件,他所从属的民族的心理结构等这一切都会直接地影响他,是他的"前有",而开展思想政治理论课教育教学活动时,面对共同客体——马克思主义理论知识时,他们又都有自己的"前见",即具体的观察视角和切入点;不仅如此,他们,尤其是学生,还期望着通过思想政治理论课学习能够获得什么,即还有把马克思主义理论知识"作为"什么的"前设"。因此,"理解的前结构"是客观存在的,是构成师生解释、理解马克思主义理论知识的前提条件。而这也决定了师生只有通过循环往复的解释学循环,他们才能逐渐地接近、趋近马克思主义理论知识,才能形成关于马克思主义理论知识的重叠共识。

具体而言,在实际教学活动中,思想政治理论课教师是马克思主义基本理论知识的拥有者,丰富的马克思主义理论知识构成了师生建构主体间关系,塑造了师生交互主体性的前提和基础。因此,当教师开启整个教学活动时,他就开始考虑着如何把知识合适地传播、讲授给学生。然而,应当看到,这种讲授、传授过程必须是在师生交往互动中进行的,在此过程中,一方面,教师在向学生解释自己理解和掌握的马克思主义理论知识,然而这些知识毕竟不是原本意义上的马克思主义理论知识;另一方面,学生在学习过程中,也有自己的文化背景、社会背景等因素所决定的"前有",也有自己独特的观察问题的切入点,即"前见",更有自己理解事物"作为结构"的"前设"。总之这些理解的前结构客观地存在着,它势必导致学生与马克思主义理论知识之间的隔膜和距离,造成学生对马克思主义理论知识产生一定的模糊认识、主观倾向甚至偏见、怀疑,而学生只有通过交谈、质疑、辩难才能与教师沟通自己的理解。显然,如果不是强制地利用灌输式的教学方式使学生被迫接受马克思主义理论知识,那么,我们就应当承认,对马克思主义理论知识的理解和接受本质上只能通过师生之间反复的交流、沟通、阐释、说明等交往互动过程才能最终得以实现。无疑,针对涉及世界观、人生观和价值观的根本性问题,涉及人的思想观念、思维模式、道德观念、精神信仰等方面的重大问题,每个学生只有通过自己的理解、解释甚至亲证才能最终相信和接受。

这种解释学循环的启动和推进无疑就是师生交互主体性的构建过程。为了实现解释学循环的良性运行,作为思想政治理论课教育教学的发动者、组织者,教师承担着更为主要的任务,肩负着应有的责任。显然,教师的教育教学活动以及与学生的日常交往和课间回答问题的方法、态度、口气等都将起着十分重要的作用。相反,如果只注重课堂上的教材知识的单纯讲授,无视学生的感受,对学生的疑问、质疑、反诘没有给以正确的、积极的态度,没有想方设法解决学生提出的问题,引导学生自觉思考,而是置之不理或疏忽、怠慢,甚至拒绝回答,那么,解释学循环不仅无法启动,而且业已进行的交往互动活动也必将受到阻碍而停滞,结果势必造成思想政治理论课的教育教学效果大打折扣。

三、重叠共识:师生理解和接受的客观基础

马克思主义理论知识本质上是一种系统地反映了客观世界和社会历史发展基本规律因而具有普遍意义的知识,它能够

在教育教学活动中得到科学的传授与接受。师生间的知识的传授与接受本质上是两个互动的生活主体共同参与的结果,这整个过程是一个不断生成、多极互动、辩证发展着的过程,是一个形成知识的重叠共识和共同体主体的过程,也是构建师生共同生活世界的过程。

首先,重叠共识是任何人突破狭隘视域,摆脱"前见"、"偏见"束缚,实现师生顺利沟通、交流的基础。如上所述,海德格尔强调解释学循环客观存在着"前有"、"前见"和"前设"等"理解的前结构"问题,即每个人都是自己生活的主人,每个人都有自己的文化背景、社会背景、传统观念、风俗习惯,都受自己时代的知识水平、精神和思想状况、物质条件以及所从属的民族的心理结构的影响和制约,也都以自己掌握和理解的知识来建构自己的生活世界。然而,通过不同人之间的彼此交往则实现着知识的重叠共识,也就是说,一些知识由于客观地反映着适合于一般人的生活世界里的普遍规律,反映着对客体或事物的更本质的理解、真理性的理解而具有较高的普遍性,为大多数生活主体所认同、接受,从而实现了针对共同客体的视域的融合和重叠,形成了具有普遍意义的知识共识。实际上,所谓重叠共识,不仅意味着不同的人们达到了一致的认识,而且意味着人们摆脱开了受制于自身生活世界的狭隘视域,摆脱了"前见"、"偏见"的束缚,形成了普遍地因而也本质地反映了客体或事物的真理性知识。日常生活中,我们常用"英雄所见略同"来表达这个意思,"英雄"之所以能够达到"略同"的"所见",关键在于英雄超越了平常人的世俗、个人观念的束缚,更加本质地把握了事物和客体。显然,人们之间只有形成关于共同客体的重叠共识,才能进行有效的沟通和交流,而在思想政治理论课教育教学活动中,只有师生形成关于共同客体的重叠共识,才能促成教师所讲授的马克思主义理论知识最终为学生所理解和接受。

其次,人们形成重叠共识的过程也是形成共同体主体的过程。所谓共同体主体,也就是说,多个成员形成一个共同体,然而这个共同体又是面对唯一的一个客体的主体。师生原本是思想政治理论课教育教学过程中的"教"与"学"这两个维度或方面的主体,他们面对着共同的客体——马克思主义理论知识或思想政治理论课教育教学内容。在开始的时候,师生的侧重点并不相同,即教师作为教育教学活动的发动者和学生学习主体意识的培育者,从根本上主导着整个活动,而学生在教师的引导、教导下不断地觉悟自己的主体意识,确立自己的学习主体地位。然而,随着学生学习主体地位的确立和巩固,学生学习、理解和接受的马克思主义理论知识必然愈加丰富、愈加深刻,而且不可否认的是,学生可能对某些知识要点的理解,甚至比教师更为深刻、透彻,会在后续的师生交往互动的过程中反馈给教师,从而促进教师对这些问题的理解。显然,这是一般意义上的"教学相长"。当然,问题还不只是如此简单,事实证明,现时代的科学技术的突飞猛进,尤其是信息技术的日新月异,造成知识呈现爆炸式的发展,人们所掌握的知识和信息已经远远超越了前人,更不乏某些个人在青少年时期由于自己的爱好或偏好而掌握了某些特殊领域里非常专业的知识,如对马克思主义理论知识的掌握。因此,随着学生学习主体的成熟和发展,师生事实上成为共同探索马克思主义理论本质,甚至实现创新和发展的共同体,成为面对马克思主义理论的共同体主体。也就是说,重叠共识的最高境界就是师生作为共同体主体在不断地探索、创新和发展马克思主义理论的过程中形成关于马克思主义理论本质、内涵和根本特征的一致性认识,形成对马克思主义理论的共同信仰。显然,这种境界中的师生均是真正意义上的马克思主义者,而不再是单纯的高校思想政治理论课教师和青年大学生。无数事实证明,许多青年大学生通过多年的刻苦学习及与教师的共同探讨和交流,最终成长为一位真正的马克思主义者,就是这个道理。

当然,作为思想政治理论课的学习主体,在开展交互主体性教育教学之前,学生掌握的马克思主义理论知识毕竟是十分有限的、非常粗浅的。然而,这并不是制约师生构建交互主体性的消极因素。恰恰相反,人在其本性上是乐于求知的,处于人生成长关键时期的大学生对整个世界充满着无限的好奇,具有探索世界奥秘的兴趣和冲动,因而往往富有极强的求知欲望,他们完全可以通过教师的适当引导和教育而掌握丰富的马克思主义理论知识。客观而言,他们通过多年的中小学教育,对马克思主义并非完全陌生,而是已经掌握了初步的知识,因此具备了与高校思想政治理论课教师进行沟通、交流的初步基础。可以说,在此基础上,师生之间就可以通过教育教学活动中的彼此互动而进一步使马克思主义理论知识得到科学的解释,从而奠定形成彼此共识的知识基础,达到接纳对方的实际效果。师生之间在必要的知识基础上彼此接纳是开展和谐的、顺利的思想政治理论课教育教学活动,讲授和传播马克思主义理论知识的客观前提。

四、回归生活世界:理论的检验机制

交互主体性教学实现着对马克思主义理论生成和发展的历史过程和境遇的还原,确切说来就是还原到问题得以生成和深化的现实生活世界。这在于,生活世界是理论最原初生成的现实场域，当然，也是理论检验的现实场域，而这也决定了思想政治理论课教育教学只能在现实的生活世界里展开。可以说，生活世界是交互主体性教学科学开展的具体场域，而只有回归生活世界，才能对理论进行科学的检验。

众所周知，世界观问题是马克思主义理论中的基本问题，它反映了马克思主义者以什么样的态度来理解和对待世界，以什么样的方式来把握和规范人与世界之间的关系。然而，由于深受苏联教科书体系思维模式的影响，传统思想政治理论教科书所阐释的世界却是与人的现实的生活实践和生命活动失去了最紧密联系的世界，是忽视了现实的人及其生存和发展需要的世界，对活生生的世界作了科学式的理解，把世界视为无所不容的宇宙或自然界，而所做出的判断和论证几乎都是自然科学意义上的结论。客观而言，对世界作科学式的理解根源于恩格斯所指出的18世纪的唯物主义者，他在《自然辩证法》中强调，当时的哲学必须"坚持从世界本身来说明世界"①，而"不附加任何外来的成分"②。客观而言，这种试图排除人的因素的世界概念完全不是马克思哲学意义上的世界概念，虽然马克思主义从来不违背科学而是尊重科学，然而世界概念却是哲学意义、历史文化意义上的世界，是真切的人的现实生活世界。就什么是生活世界，我们曾经指出："生活世界本身是现实的人通过自己特殊的生命活动方式而创造出来的真正属于自己的天地，即通过自己的自由自觉的生活实践，尤其是物质生产实践，根据自己的审美情趣、价值观念、现实能力等等属于自身的尺

---

① 《马克思恩格斯选集》，第3卷，第851页，人民出版社，2012年版。
② 《马克思恩格斯选集》，第3卷，第896页，人民出版社，2012年版。

度，所建造成的真正属于自己的生存空间。"①因此，真正说来，马克思主义意义上的世界本质上是人们在生活实践的基础上通过主体性的创造活动而建构起来的现实生活世界，是真正的文化世界和价值世界，归根结底是生活实践的世界。完全可以说，思想政治理论课的教育教学所得以开展的具体生活场域，只能是这种意义上的现实世界。这种世界所具有的感性品格直接地透显着生活气息，人们在这种场域中面对各种复杂的生活问题，所直接运用的思维模式就是始终检验和发展着真理的实践思维。

那么，为什么生活世界能够成为教学所应当向其还原的最原初的场域呢？众所周知，哈贝马斯之所以引入胡塞尔提出的"生活世界"概念，完全在于他认为这一概念很好地表达了交往理性所赖以生成的理性基础。在他看来，生活世界本身就是一个诸多交往、商谈者共处的背景和场域，是整个交往行为发生的先验场所，是无暴力、无风险地形成共识、实现社会整合的合理化语境："如果交往行动不根植于提供大规模背景共识之支持的生活世界的语境之中，这样的风险就会使基于交往行动之社会整合变得完全没有可能。"②而生活世界之所以能够提供这种保障作用就在于，"生活世界同时构成了言语情境的视域和诠释成就的源泉，而它自己也只有通过交往行动才能再生产"③。值得指出的是，哈贝马斯试图单纯依赖言语的交往和商谈实现社会的整合，无法直接理解现实生活世界在人们的物

---

① 鹿林：《论人的生活世界》，《哲学研究》，2007年第9期。
② 哈贝马斯：《在事实与规范之间》，第27页，读书·生活·新知三联书店，2003年版。
③ 哈贝马斯：《在事实与规范之间》，第28页，读书·生活·新知三联书店，2003年版。

质生产、生活实践以及生命创造等方面的深刻意义,换句话说,他根本没有在生活实践的意义上全面理解和把握现实的生活世界。然而,一个不容置疑的事实是,对于思想政治理论课的教育教学来说,对理论生成和发展的历史过程和境遇的还原,恰恰就是要还原到最原初的生活世界之中去,还原到感性的具体事例上去。这在于,生活世界是生活问题的派生之处,是一切矛盾真正产生的根源,只有遵循着生活自己的逻辑,才能顺藤摸瓜地理顺矛盾和问题发展、演化的脉络。1999年6月份出台的《中共中央国务院关于深化教育改革全面推进素质教育的决定》曾特别强调,要让学生感受、理解知识产生和发展的过程,培养学生的科学精神和创新思维习惯。因此,如何通过回归生活世界,使学生感受、理解马克思主义理论知识产生和发展的过程,培养学生的科学精神和马克思主义理论创新思维习惯,是广大思想政治理论课教师亟须解决的一个实际问题。

归根结底,教育教学并非单纯在于验证理论,相反,它更多地在于还原理论得以生成和发展的具体历史过程和境遇,让理论的学习者切身体会和感受到理论自身生成和发展的具体历史过程,而生活世界则正是教育教学得以生成和展开的具体境域。为了科学地检验理论,让理论生成、发展的具体历史过程为学生所理解,就必须使思想政治理论课教育教学回归到生活世界之中。

五、接受图式:理论接受的内在机制

众所周知,"图式"(Schema)概念最初为德国哲学家康德所用,在其纯粹理性批判中,他认为"先验图式"是人类认识和整理经验世界中感性杂多的主观条件,是主体与客体之间的中介,特别地,它既是感性的又是知性的,因而是纯粹的、先验的。康德的先验图式概念对近代以来的哲学、美学、心理学、教育学影响深远,而随着接受美学和现代接受理论的兴起,人们对"图式"问题的探索逐渐深化到从现代解释学角度深入剖析"接受图式"上。20世纪80年代,我国美学界最早涉足接受美学理论研究,随后现代接受理论迅速成为国内学术研究的热点,成为美学、教育学、心理学等学科迄今探讨的重要话题,而对接受理论的核心问题——接受图式及其内涵和基本特征的探讨已经逐步深化,取得了不少可喜的成绩。

目前,教育学领域日益深化的接受理论研究已经科学地认识到,接受主体的接受图式是内在地影响、制约和规范整个接受活动的核心机制。在我们看来,接受理论根本置换了教育理念,为现代教育奠定了理论基石,而接受图式的研究抓住了教育问题的根本环节。事实上,这一认识上的突破对如何全面推进马克思主义思想政治理论教育教学具有重要的启示意义。因为,马克思主义理论教育的实质毕竟是马克思主义理论为广大青年学生所理解、掌握和接受,并通过与自己原有思想的整合、融合而内化为自己的理想信念,使马克思主义的精神和灵魂构成自己思想的核心和基础,进而在现实生活和工作中转化为指导自己思想和行动的指南。研究证明,接受图式实质上是以自我需要、目标、认识框架和情感四个内在要素为基础,由动力系统、目标系统、加工系统和调节系统四个组成部分构成的。因此,深入分析接受图式及其内在要素在接受活动中的地位和影响,对于大力推进马克思主义理论教育、提升思想政治理论课教育教学境界具有重要的理论和现实意义。客观而言,接受图式实质上是由动力系统、目标系统、加工系统和调节系统四个组成部分构成的,接受主体的自我需要是发动接受活动的原动力,以世界观为核心的观念体系是接受的目标系统,接受主体的认识框架是接受活动的加工系统,非理性的心理要素是接受的调节系统,而正是这四个系统彼此间的相互联系、交叉配合,共同影响着接受主体对接受客体的接受活动,规范和调整着接受方向,影响和制约着接受的效率和质量。不难看出,自我需要、目标、认识框架和情感实质上是构成接受图式的内在要素。这就告诉我们,如果能够科学地揭示这些内在要素对接受活动的具体影响,那么,我们就能够以此为契机深入洞察在全面推进思想政治理论课教育教学过程中理应关注的核心问题,找到破解思想政治理论课教育教学长期以来陷入困境的根本思路。

(一) 以自我需要为动力源泉的动力系统

动力系统是接受图式首要的、核心的系统,而自我需要是发动整个接受活动的内在动力源泉。李德顺指出:"需要,是激发人的意识活动的基本动因,是价值意识的深刻基础。"[1]因此,如果说接受主体的自我需要最终触发了接受欲望或价值预期,那么,应该认识到需要及需要的不同表现会在整个接受活动中起着非常现实的具体影响。具体说来,第一,精神需要决定着接受的积极性与否。当一个人感到精神缺乏,并渴望精神充实时,就会产生精神需要。在强烈的精神需要驱使下就会积极、主动地去接受精神产品,接受精神教育,充实自己的精神生活。相反,如果没有精神需要或精神处于萎靡不振的状况,一个人对客体的接受就必然陷入消极和被动的局面,甚至出现强烈的抵触情绪。第二,需要的主体性、差异性决定接受的选择

---

[1] 李德顺:《价值论》,第188页,中国人民大学出版社,2007年版。

性。尽管我们认识到自我需要是接受活动的动力源泉，认识到需要的决定性作用，然而这还远远不够，还需要客观地考察接受主体的现实主体性，因为任何接受活动毕竟是一个生活主体、接受主体的活动，也是处于不同的接受环境中的具体接受行为。不同的接受主体及其具体接受环境中的接受行为都体现着不同的需要，需要的主体性、差异性使人在接受过程中表现出选择性，即受教育者特别注重选择那些同他的需要有关的信息。由此，我们也就不难理解为什么相同的教育内容对于不同群体而言却会有不同的态度和倾向性，甚至因为个体之间的心理、成长环境、文化程度、性格等方面的主体性差异也会导致同一群体中的不同个体对相同的教育内容也会有不同的认识和理解这些曾经长期困惑我们的问题。第三，需要的层次性决定接受的层次性。科学证明，高度社会化的人，其需要是划分层次的。如前所述，美国著名社会心理学家马斯洛构建的系统需要理论把人的基本需要划分为五个层次，即从低到高依次为生理需要、安全需要、归属和爱的需要、尊重需要、自我实现的需要。不言而喻，根据马斯洛需要层次理论，人的接受活动实质上是人的不同动机和价值追求的体现，人的最高层次的需要正在于实现自我价值。第四，需要的满足强化接受行为。如果一个人的需要长期得不到满足，尤其是精神需要长期得不到满足，他就会放弃这种需要，接受活动也就失去了推动力。相反，当一个人的精神需要得到满足以后，就会产生出新的原动力，刺激人们产生更高级的精神需要，因而使接受活动得以维持和强化。

（二）以目标为导向的目标系统

目标系统影响、制约着接受活动，对整个接受活动起着范导作用,因此,如果说动力系统是接受图式首要的、基础的系统,那么,目标系统最终影响和决定着接受目的的实现,从某种意义上说恰恰是接受图式的核心系统。确切说来,第一,目标或目的体现着接受主体的价值追求和接受活动的根本宗旨。我们知道,亚里士多德在其"四因说"中特别强调了"目的因"所处的地位和作用。他指出:"如果已经同意事物或者是偶然的结果,或者是为一个目的而发生,而事物不能够是偶然或自发性的结果,那就可以断定它们一定是有目的的。"①亚里士多德更多地是从自然哲学谈论目的(或目标)不同,人文学者更多地看到了它对主体、人的价值追求的重要意义。例如,李德顺指出:"作为实践的内容之一,目的是主体内部规定性的具体化和现实化,是主体价值选择的定向机制。"②第二,目标影响着接受主体对接受信息的择取。现代心理学表明,主体对于外来的信息并非全部接受,而仅仅接收那些符合自己感知模式的内容。目标作为理想的摹本,是接受主体评判着所要接受的内容,是具体的接受活动提供着价值尺度,因此决定着具体的接受活动的展开和接受机制的运行。第三,在整合环节,目标参与着接受主体思维模式的形成和巩固使接受主体基于特定的知识、经验、习惯等因素形成特定的认知定势。事实上,任何人都有自己的认知定势,这种定势的形成既有自身价值观的影响,也有长期形成的经验、习惯、心理倾向等方面因素的影响,它在接受主体具体的接受活动中会对周围的认识对象自觉不自觉地发挥着选择、判断和筛选的作用。

---

① 北京大学哲学系外国哲学史教研室:《古希腊罗马哲学》,第 256 页,商务印书馆,1961 年版。

② 李德顺:《价值论》,第 125 页,中国人民大学出版社,2007 年版。

（三）以认识框架为核心的加工系统

加工系统在整个接受活动中实现着对接受客体的解读、判断、转化、整合、内化等操作，支配着接受活动的具体过程。因此，加工系统及其关键要素——认识框架对整个接受活动发挥着具体而现实的作用。第一，认识框架是接受主体信息接收的选择器和承载体。客观而言，任何接受主体在面对客体、接受客体的过程中，并非是完全的一块白板，而是受自己内在的认识框架支配的，这种受认识框架支配的接受活动往往表现为积极主动与否，表现为对信息的选择性接受。尤其是，当新信息接近或契合于自己原有知识、经验和习惯时，就能够积极地、主动地接受，反之亦然。第二，认识框架制约着接受主体信息接收的速度。接受主体的认识框架是否与接受客体相一致、融洽，决定着接受客体能否及时地与接受主体原有的知识、经验或习惯等内容实现最佳的整合和融合，能否迅速地转化或内化为接受主体自身的知识或精神信念的有机组成部分。众所周知，当初爱因斯坦的相对论之所以很难为人们所接受，完全在于人们固有的认识框架与之找不到契合点，而这也客观地阻碍了相对论的迅速普及。因此，充分地认识认识框架在接受主体接受活动中的作用和影响，能够有效地改善和提高具体的接受活动的效果和速度，达到接受活动的目的。第三，认识框架影响着接受主体对接受客体理解的深度和广度。这就是说，面对共同的接受客体，由于接受主体存在着不同的认识框架，客观地造成了他们对接受客体的不同理解。显然，建立在丰富知识基础上、具有高度灵活性和无限可拓展空间的认识框架能够科学地实现对新鲜信息的捕捉、整合、转化和内化，能够深入对信息要点、本质和内涵的准确、全面把握。因此，深化研究接受主体的认识框架,提升和改善其认识框架,是推进接受活动深入开展、提高接受效果的重要途径。

圣西门曾说:"人类在青年时代就已隐约地看到成年以后才找到论据的一切论据真理,而且在想像力丰富的这个时代,人类也概括地看到了尚待以后证明的一切真理。"①事实上,圣西门充分说明了人的认识框架对自身知识形成的深远影响。

(四)以情感为润滑剂的调节系统

如果说自我需要是发动接受活动的动力源泉,接受目标是范导接受活动的评判尺度,认识框架是完成接受活动的加工厂,那么,非理性的情感因素就是影响接受活动的润滑剂。众所周知,孔子曾经指出:"知之者不如好之者,好之者不如乐之者。"②因此,情感因素在整个接受活动中具有特殊的意义。第一,情感是能否打通接受主体心理通道的关键因素。现代传播学研究证明,一般来说,接受者对于能够引起肯定性情绪反映的信息比较容易接受,传播很容易取得预期效果,而对于引起否定性情绪反映的信息则往往难以接受,传播也很难达到目的。因此,适当地发挥情感的作用,做到动之以情、晓之以理,能够及时地消除接受主体对接受客体的陌生感或抵触情绪,激发接受主体自觉亲近、认识、理解接受客体的强烈愿望,从而达到促进和强化接受活动、提高接受效果的目的。第二,情感是支撑接受信念的基石。众所周知,苏联教育家苏霍姆林斯基指出,情感是道德信念、原则和精神力量的核心和血肉,如果没有

---

① 圣西门:《圣西门选集》,第 3 卷,第 41 页,商务印书馆,1985 年版。

② 杨伯峻、杨逢彬注译:《论语》,第 53 页,岳麓书社,2000 年版。

情感的注入,道德教育就会变成枯燥无味的空话,只能培养出伪君子。因此,对通过接受活动所要塑造的信念而言,就应该认识到它本质上是需要情感的支撑的,而没有情感的支撑,任何信念都将不成之为信念,都将变成苍白无力的空话。第三,情感是推动接受目标加速实现的助推力。众所周知,马克思曾指出:"激情、热情是人强烈追求自己的对象的本质力量。"① 而情绪心理学指出,情感是行为动机系统的核心因素,有时本身可作为动机来引发和调节行为。例如,良好、积极的道德情感,因其具有弥散性,能成为人的思想行为的恒常心理背景,保证接受主体行为的持久和稳定。因此,如果说自我需要是原动力,那么,积极的情感则是接受活动持续、稳定进行的助推力,充分地利用好情感因素,能够创造性地提升接受效果、改善接受质量。

总之,科学地认识和理解接受图式的内涵和构成,揭示其四大系统各自内在要素的具体影响,能够进一步深化理解接受主体对接受客体的具体接受活动过程,从而就马克思主义思想政治理论教育这一具体的接受活动,结合思想政治理论教育教学的目的和青年大学生的特点,总结和阐发接受图式对思想政治理论教育教学的有益启示。

教育过程是一种情感的体验过程,教育关系本质的另一方面是教育双方的情感交流和沟通。思想政治理论课更是如此。因为情感体验和共鸣在道德教育中尤为重要。正如上述,马克思认为:"激情、热情是人强烈追求自己的对象的本质力量。"列宁进而强调,没有人的情感,就从来没有也不可能有人对于真

---

① 《马克思恩格斯全集》,第3卷,第326页,人民出版社,2002年版。

理的追求。因为人的"求知欲"、兴趣、好奇心都同人的情感有密切的关系①。积极的情绪情感对认识活动有巨大的推动作用,所以只要使学生对思想政治理论课持有积极态度,充满激情地去学习,就会收到事半功倍的效果。反之,如果受教育者对思想政治理论产生排斥情绪和行为,并伴有冷漠、厌倦、抵触、对立、反感等,就会影响思想政治理论课的实效性。

在思想转化的过程中,人的认识和行动都是在感情的驱动下完成的。所以,思想政治理论课要真正达到晓之以理的目的,必须重视情感的激发和诱导。长期以来,教育者往往重视学生智商的提高,但却忽视了学生情感的需要。思想政治理论课教师如能通过各种方法,激发学生深刻的情感体验,保持他们健康高尚的情感,抑制和改变不良的情绪情感,就能使学生很好地接受教育信息,并使思想政治理论课内容内化为他们的自觉动机,进而收到更好的教育效果。

---

① 陈先达:《马克思主义哲学原理》,第173页,中国人民大学出版社,2004年版。

第七章　开展交互主体性教学的有效途径

交互主体性教学理念完全改变了思想政治理论课灌输式教学传统，因而也注定改变了传统教学途径。实际上，之所以需要不断地改进和完善教育教学理念，完全在于顺应社会历史的发展，顺应现代人才培养和成长的规律。因此，必须紧密结合现代社会发展的时代特征，全面思考时代给思想政治理论课教育教学带来的挑战，创造性地开辟思想政治理论课交互主体性教学的有效途径。

一、目前思想政治理论课教学面临的新挑战

客观而言，与传统灌输论盛行的时代相比，当今时代已经发生了根本性变化，这种变化根本地改变了思想政治理论课教育教学的环境，因而也向传统灌输式教学发出了各种挑战。

如果静下心思环顾一下我们现实的生活世界，就不难发现，科学技术的迅猛发展所造成的人类社会日新月异的变化已经是每一个人所共知的事实，经济、政治、文化的全球化也正不断地向深处发展，整个世界业已演变成一个"地球村"，此起彼

伏的各种社会思潮通过互联网迅速地在整个世界上扩张着、较量着,强有力地渗透到人类所触及的每一个角落,任何一个国家、民族在国际、国内生活中都面临着极为复杂的形势和状况,人们时刻接受着以爆炸式产生和传播着的新鲜信息,思想处于不断的发展变化中,而战争、恐怖主义、邪教、经济危机等社会不安定的因素还客观地存在着、发展着,时刻威胁着人类社会的存在和发展。在这种大背景下,各种社会思潮借助网络技术的广泛普及毫无遮拦地涌进广大校园,对于整天生活和学习在大学校园里世界观、人生观、价值观还正在形成之中的广大青年大学生,尤其是个性鲜明、性格张扬的所谓的"90后"、"00后"们,产生着非常强烈的影响,直接影响和塑造着他们的思想价值观念和行为方式。这种客观的状况说明了什么呢?确切地说,我们的马克思主义思想政治理论的宣传和教学正面临着时代的极为严峻的挑战,我们的教育环境和教学对象改变了,而我们的教学模式,尤其是实践教学模式已经根本不适应新时代的要求了,可以说,它们由于没有很好地紧跟时代步伐而适时或超前地进行改革和完善,已经远远滞后于时代发展的步伐。

显然,客观形势警示我们,及时地通过创新实践教学模式,加强和改善教育教学,提高整体教学效果,使大学生们尽快掌握好、运用好马克思主义科学的世界观和方法论,消除思想上的困惑和混乱,树立科学的世界观、人生观和价值观,成为中国特色社会主义现代化事业的建设者、接班人,确实是广大思想政治理论课教师亟须解决的当务之急。

二、高校开展交互主体性教学的有效途径

交互主体性教学理念完全改变了思想政治理论课灌输式

教学传统,因而也注定改变了传统教学途径。实际上,之所以需要不断地改进和完善教育教学理念,完全在于顺应社会历史的发展,顺应现代人才培养和成长的规律。因此,必须紧密结合现代社会发展的时代特征,全面思考时代给思想政治理论课教育教学带来的挑战,创造性地开辟思想政治理论课交互主体性教学的有效途径。

(一) 掌握丰富、完善的知识,提高教学艺术,完善教学手段

无疑,教师首先必须不断丰富和完善自己的知识储备,提高自身的马克思主义理论修养。教师是人类灵魂的工程师,在我国,人民教师更是社会主义精神文明的传播者和建设者。江泽民曾经强调指出:"高素质的教师队伍,是高质量教育的一个基本条件。……对于其知识水平满足不了教学需要的,要及时加以培训和提高。教育者必先受教育,不但要学专业知识、科学文化知识,还要学政治知识、实践知识,以不断丰富和提高教师教书育人的水平。教师是学生增长知识和思想进步的导师,一言一行都会对学生产生影响,一定要在思想政治上、道德品质上、学识学风上全面以身作则,自觉率先垂范,这样才能真正为人师表。"①因此,高素质的教师队伍必须是拥有丰富的专业知识、科学文化知识以及政治知识、实践知识的教育者,只有这样的教师才有资格作为学生增长知识和思想进步的导师,才能真正为人师表。

实际上,教育教学对高素质教师的要求更应该体现在思想

---

① 《江泽民文选》,第 2 卷,第 337~338 页,人民出版社,2006 年版。

政治理论课教师身上,因为我们肩负着为社会主义事业培养和造就合格建设者和可靠接班人的历史使命,我们不仅必须学习和掌握丰富的马克思主义理论专业知识、科学文化知识,而且必须明确地学习、贯彻党的基本思想路线、各项方针、政策,贯彻党的教育方针,把握整个思想政治理论课教育教学的政治方向。

对此,江泽民还指出:"理论工作者要努力加强各方面知识的学习,特别要加强对马列主义、毛泽东思想和邓小平建设有中国特色社会主义理论的学习,而且要学得更认真一些,理解和把握得更准确、更全面、更深刻一些。尤其要在掌握和运用马克思主义的立场、观点、方法,研究解决现实问题上有一个大的进步。"[1]特别是,强调理论联系实际,保持鲜明的实践品格,是马克思主义理论的本质要求。因此,这要求思想政治理论课教师必须掌握丰富的实践经验和实践知识,必须不断提高自身的马克思主义理论修养,必须紧密联系中国特色社会主义现代化建设的实践,做好理论教学和实践教学、课内教学和课外教学的紧密结合,努力提高教育教学的实效性。不仅如此,当今时代,新知识层出不穷,知识更新周期不断缩短,每个人都需要加强学习、终身学习,而作为知识的重要传播者和创造者,教师连接着文明进步的历史、现在和未来,更应该与时俱进,不断以新的知识充实自己,成为热爱学习、学会学习、终身学习的楷模,这对于始终坚持解放思想、实事求是的根本精神,不断推进马克思主义理论与时俱进和创新发展的马克思主义者来说更

---

[1] 江泽民:《在全国第三次邓小平建设有中国特色社会主义理论研讨会开幕式上的讲话》,载《十四大以来重要文献选编》下,第2164页,人民出版社,1999年版。

应该如此。因为,作为知识,马克思主义理论是开挖不尽的知识,并非稀缺资源。可以说,马克思主义理论的博大精深,本身为思想政治理论课教师提供了无穷无尽的丰富资源,而马克思主义理论的与时俱进更是保证了马克思主义理论知识的无限发展。因此,思想政治理论课教师应当加强马克思主义理论的学习和研究,不断丰富马克思主义理论知识,深化对马克思主义理论的精神实质的理解和把握,从而向青年学生传授更丰富、更准确的马克思主义理论知识,达到培养和造就具有科学的世界观、人生观和价值观以马克思主义理论为指导的社会主义事业的合格建设者和可靠接班人。

客观而言,知识是一个褒义词,一个人掌握"知识"的多寡相当程度上代表着人们对一些事物了解程度的深浅或实践能力的大小。因此,对马克思主义理论知识掌握的多寡能够反映出思想政治理论课教师自身对马克思主义基本理论了解和掌握的程度的深浅,而这是取得学生信任,吸引更多的学生以高度的热情投入到课堂教学活动中来,让他们自觉认真听课,积极参与课堂讨论的关键因素。当然,掌握丰富的马克思主义基本理论知识,首要的目的在于深入、准确地理解和把握马克思主义的精神实质,以通过更科学、合理的教学活动,更准确、更全面地向青年学生传授马克思主义,让学生自觉地树立起对马克思主义的信仰,以马克思主义科学的世界观、方法论分析和解决现实生活中的实际问题,增强解决实际问题的能力。

事实上,不仅思想政治理论课教育教学活动是以师生彼此的或丰富或初步的马克思主义理论知识为基础而开展、发动的,师生双方的"教"与"学"关系是通过这些活动建构起来的,而且也正是在这一活动中,师生明确了各自的身份,即思想政治理论课教师成为真正意义上的教育者,真正的马克思主义理论的传播者、教授者,而学生成为真正意义上的受教育者,真正的学习和接受马克思主义理论知识的学习者、学生。因此,必要的、与思想政治理论课教育教学活动相适应的马克思主义理论知识是成功地建构、巩固和发展师生各自相应身份的基础。可以说,正是通过马克思主义理论知识的丰富和发展,深刻地领会马克思主义理论的科学精神,掌握马克思主义理论的基本的观点、立场和方法,使师生各自的身份达到名副其实或实至名归的状态。正是由此,石中英指出:"对于一个人而言,他的社会身份不仅是一种外在的标志(肤色、性别、地位、爵位、职称、服饰、话语习惯等等),更是一整套内在的知识体系。"①这就是说,对于一个高校思想政治理论课教师来说,他之所以拥有或配称这一社会身份,完全在于他内在地就拥有系统的马克思主义理论知识,即他通过认真的学习,深入地理解和把握马克思主义基本理论知识,能够正确地运用马克思主义的基本观点、立场和方法分析和解决社会经济、政治、文化生活中的现实问题,具备必要的教育教学方法,能够通过课堂教学和实践教学把马克思主义基本知识传授给大学生,不断引导他们深入理解和掌握,从而逐步确立马克思主义科学的世界观、人生观、价值观,培养和培育起他们的共产主义理想信念。因此,如果科学地看待知识作为社会身份的内在要求,那么,我们就必须要求每一个高校思想政治理论课教师都应当加强自身的马克思主义理论知识学习,使自身充实起来。而对于广大青年大学生来说,知识改变命运,学习和掌握已经系统化、组织化和符号化的间接经验——知识,是他们培育正确的生存和发展的方式的

---

① 石中英:《教育哲学导论》,第141页,北京师范大学出版社,2006年版。

最简捷、最有效的方法,是塑造独立人格和主体意识的根本途径;通过不断地丰富知识,从而提高自身的认知,比较、选择不同的生活和发展方式,能够使他们不断发现新的、无限广阔的生存和发展空间,开拓自己的生活世界,从而为命运的改变和自由全面发展创造必要的思想条件。可以说,他们只有拥有丰富的知识,才能对人类生存和发展方式的多样性有充分的认识,才不至于陷在自己个体的感受性和片段的狭隘经验里,陷入宿命论或决定论的泥坑里,完全丧失掉无限发展的需要、动力和可能。

  作为思想政治理论课的教育者,教师除掌握系统而丰富的马克思主义理论知识外,还应该加强自身的教育知识的学习,熟悉教育理论和教育规律,以更好地开展教育教学活动。

  不可否认,现代社会生活的内容丰富多彩,对于个体而言不仅呈现出多个维度,而且意味着个体仅仅是整个社会分工-协作体系中的一员。任何人都有自己从事的职业或行业,而他之所以能够从事特定的职业或行业,完全是因为他具备从事这些职业或行业所要求的相应知识基础。对于教育这个特殊的职业或行业来说,"没有教育的知识(不管是理论的教育知识或是民俗的教育知识),一个人就不能成为教育者,或准确地说,就不能成为一个合格的教育者"[①]。正如一个生活知识贫乏的人就不会有丰富而有趣的生活一样,一个教育者如果不具备必需的教育知识,没有一定的教育理论,不熟悉教育规律,不熟悉自己所讲授的教材内容,他就根本不可能很好地开展自己的教育教学活动,就不可能很好地开启、确立和巩固自己良好的、和

---

① 石中英:《教育哲学导论》,第140页,北京师范大学出版社,2006年版。

谐的师生关系。因此,对于思想政治理论课教师来说,尽管他对马克思主义理论知识并不缺乏必要的、系统的理解和把握,然而如果不熟练掌握教材内容,没有把握好教材体系,没有掌握教育规律,那么,他就不能很好地以自己掌握的理论知识为基础引导大学生、启发大学生,让他们在中小学阶段或日常生活学习中已经掌握的马克思主义理论重新呈现在他们的头脑中,并以此为基础,激发起他们进一步学习、深化马克思主义理论知识的欲望。

事实证明,如果思想政治理论课教师按照教育规律,以师生先期掌握的马克思主义理论知识为基础,就能够逐步确立和完善教学活动关系双方之间的交互主体性,让这种交互主体性在师生的交往互动中不断得到丰富和发展,从而为进一步开展教育教学活动奠定良好的基础和动力机制。

除了掌握丰富的马克思主义理论知识、具有较高的马克思主义理论修养外,一个思想政治理论课教师如果要想构建更好的,尤其是自由和谐的师生交互主体性,那么,他还需要不断提升教学艺术、完善教学手段。因为,高超的教学艺术、丰富多样的教学手段是教师实现知识向学生传输、转递并很好地为学生所理解和接受的关键因素。事实证明,思想政治理论课是一门需要较高艺术性的课程,教师只有掌握高超的教学艺术和丰富多样的教学手段,才能取得最佳的教育教学效果。客观而言,思想政治理论课不仅具有鲜明的政治性、方向性,而且其教学内容涉及学生的思想和生活中最关心的问题,如敏感的政治问题、形势问题和政策问题以及重大的社会问题、经济问题、伦理道德问题等,能够回答学生对世界、对社会、对人生、对职业以及待人处事(和家人、朋友、同学等人如何相处)等需要了解的问题。如何紧密地把马克思主义理论知识的教育教学与学生在思想和生活中最关心的问题结合起来，避免传统模式下的空洞理论说教，确实需要教师认真地思考和琢磨。

（二）培育和尊重学生主体性，满足、调节学生自我需要

思想政治理论课交互主体性教学是一个复杂的动态的过程，它以"教师—知识—学生"这样的三极互动模式为核心，其中，"教师"和"学生"是人，能够具有主体性，能够发挥主体性，而"知识"——马克思主义理论知识，是师生一起面对的"共同客体"，不具有主体性，这就决定了在实际教学活动中，必须充分发挥师生在教育教学活动中的主体性，尤其是，相比而言，传统上一直由教师主导教学活动，教师总体始终处于主体地位，在教师的主体性已经较好地得到尊重和发挥的情况下，就必须强调整个教育教学活动中教师对学生主体性的培育和尊重，做到对学生学习主体地位、主体自我需要的尊重。

事实证明，只有充分尊重学生学习的主体地位，充分地照顾到学生期望通过思想政治理论课学习所能够达到的自我需要满足的要求，他们才能激发出更多的热情参与到由教师主导和发动起的教学活动中来，也才能真正通过师生的良性的交往互动而达到增强教育教学效果的目的，从而提高学习质量和学习水平，增强获得感。目前，最根本的任务显然就是培育学生的主体意识，因为只有主体意识的觉醒学生才能真正成为学习的主体。主体意识本身就是自我意识、主人意识、自主意识，学生只有充分认识到自己是整个学习活动的主体、主人，他们才能自觉主动地、自主地发动、发起或开展学习活动。但是，需要指出的是，学习主体意识的觉醒和主体性作用的发挥只有针对着特定的客体——知识，即马克思主义理论知识或思想政治理

论课教育教学内容,才是科学的、有意义的,尤其是,学生的主体意识和主体性必须是处于整个教育教学过程中的两个维度或方面中其中"学"这一维度或方面上的主体意识或主体性,因为在"教师—知识—学生"这一整个教育教学模式中,还客观地存在着教师的"教"这一不可或缺的方面或维度。这两个维度和方面上的主体地位或主体性在整个教育教学活动中是同等重要的,尽管在某些具体时刻或活动中,各自都会由于各种活动的性质或侧重点不同而有所不同、不均衡或不对等;如果没有师生双方主体地位的确立和巩固,那么,建立师生间良性的交互主体性机制就是不可能的。当然,学生主体意识的觉醒和主体地位的确立和巩固是一个过程,在过程的起始阶段,教师发挥着重要的引导和主导作用,这决定了为了有效开展思想政治理论课的交互主体性教学,教师必须付出更多的心血和精力去打破传统的思想观念的束缚,去根据学生各个人的具体情况和个性特点开展工作。

然而,任何一个思想政治理论课教师又必须充分地认识到思想政治理论课教育教学的内在规定性,即它本身所赋予的政治性、方向性,也就是意识形态性。客观而言,思想政治理论课必须旨在贯彻、落实党的教育方针,进一步加强和提高大学生思想道德品质,使学生自觉地把马克思主义作为自己行动的指南,确立马克思主义的坚定信念,树立和坚定共产主义的远大理想,不断提高运用马克思主义的立场、观点和方法分析、解决问题的能力,以及辨别和抵制各种不良思潮文化影响的能力,从而使大学生成长为社会主义伟大事业的优秀建设者和合格接班人。思想政治理论课教育教学这一内在的规定性要求广大教师必须充分地认识到,伴随着学生主体意识的觉醒和主体地位的确立、巩固,他们必然逐渐认识到自身的各种欲望和需要,而这些欲望和需要又存在着是否合理、正当的问题,只有科学地解决好这一问题,才能发挥需要作为交互主体性教育教学活动原动力的作用。如前所述,根据心理学和社会学所揭示的道理,欲望和需要是人的主体性、能动性的源泉和动力,而在整个教育教学活动中,自我需要就是发动接受活动的内在动力源泉。无数心理学实验证明,当人们产生某种欲望或需要时,心理上就会产生不安与紧张的情绪,成为一种内在的驱动力,即动机,而有了动机就要寻找、选择目标,当目标找到以后,目标就会促使人们采取必要的行动来满足需要,以致最终消除了心理紧张。这种"欲望或需要——动机——目标——行动"周而复始、往复循环的运动规律,始终体现在人们的生命活动之中。在思想政治理论课教育教学活动中,如果能够充分、合理地利用这一客观规律,将能取得良好的教育教学效果。相反,如果忽视或错误地运用这一规律,如对学生的不合理的欲望或需要没有给予科学的引导、疏导,甚至助长其不良发展,必将导致无法控制的恶劣后果。客观而言,尽管学生是学习的主体,然而他们毕竟是学生,整个身心还处于发育、成长阶段,还不具有成熟的思想和心理,绝大多数时间生活在校园里,阅历少,生活经验不足,他们在"较狭隘"的自我生活世界里产生的种种欲望和需要既可能客观地反映了他们的自我要求,也可能歪曲地反映了他们的真实想法,只是一些单纯的"想要"。李德顺强调指出:"需要不同于对需要的意识——'想要'。'想要'往往只是人们对自己需要的自觉或不自觉的反映,它可能代表、也可能不代表甚至偏离了真实的需要。"①尤其是,他们可能更多地出于对自身的考虑而忽视了欲望和需要得以满足的社会性条件,

---

① 李德顺:《价值论》,第76页,中国人民大学出版社,2007年版。

更多地强调对自身利益的满足而忽视了他人、集体和社会的利益。因此,思想政治理论课教师在培育学生"学"这一方面或维度上的主体意识,让其发挥自主性、主动性、积极性、创造性的同时,理应科学地分析和对待学生随着主体意识觉醒而产生的各种欲望或需要,对这些欲望和需要进行分门别类,甄别其是否具有科学性、合理性,对于合理的、正当的欲望和需要要通过一定的方式加以及时满足,对于尽管具有一定的合理性、正当性而现实条件一时无法满足的欲望和需要要积极创造条件加以满足,而对于那些不合理、不正当的欲望和需要,则要通过说服、教育进行必要的制止和疏导,使不合理、不正当的欲望和需要转化为合理的、正当的因而社会能够满足的欲望和需要。特别是,要通过引导和疏导,不断使学生的欲望和需要升华到社会需要,使学生欲望和需要的满足获得更多、更大的社会意义。也就是说,让学生欲望和需要的满足不仅在现实社会中得到合理的实现,而且正由于这些欲望和需要是社会历史发展的需要,这种实现恰恰推动着社会历史不断进步和发展。如上所述,按照美国著名社会心理学家马斯洛的系统需要理论,人的基本需要分为五个层次,即从低到高依次为生理需要、安全需要、归属和爱的需要、尊重需要、自我实现的需要。从根本上来说,马斯洛对需要层次的划分尽管不太完全科学,但依然遵循了价值从自然性、生理性到社会性、文化性、精神性的不断进化和升华的思路。客观而言,无论是获得尊重还是实现自我价值,无不是社会性的、精神性的,而如果把自我实现与促进社会历史发展紧密地结合在一起,那么,自我实现的价值就将具有更大的社会意义。亚里士多德也曾强调:"应当有一种教育,依此教育公民的子女,既不立足于实用也不立足于必需,而是为了自由而高尚的情操。"①因此，教育更应该立足培养和塑造具有自由和高尚情操的人，应当满足他们的更高的社会需要、精神需要。总之，要认识到大学生的需要必然是多样的、复杂的，这其中既包含有科学的合理的成长和发展的需要、社会能够满足的需要，也可能包含着个人主观的想要和不科学的、非理性的需要。显然，对于科学的、合理的需要，通过有效的方法给予满足，能够促进大学生健康快乐地成长，而对于不合理的、主观性的想要和非理性的需要，则必须进行有效的调节，尽可能地使这些社会现实条件无法满足的自我需要科学地转化和上升为科学的、合理的社会需要，让学生的自我需要与社会历史发展的客观需要结合起来，让学生自我需要的满足与促进社会历史发展相一致。归根结底，就是使学生的健康成长与社会历史的发展相一致，使学生在为社会、为国家、为民族做贡献的过程中满足自我需要，让他们的生命价值在推进社会历史前进和中华民族的伟大复兴的过程中得到体现和升华。

因此，在新时代思想政治理论课教育教学活动中，如果科学地把学生的欲望和需要引导、疏导到自我实现与社会历史发展相一致，做到学生自我价值与社会价值的统一，使他们成长为担当民族复兴大任的时代新人，那么就会更好地激发学生参与教育教学活动的热情，消除其抵触情绪，不断强化学生对马克思主义理论知识的理解和接受能力，提高接受效果。

（三）构建可行的目标导向系统，历史地实现理论联系实际

思想政治理论课交互主体性教学既要坚持教学的总目标，

---

① 《亚里士多德全集》，第 9 卷，第 274 页，中国人民大学出版社，1994 年版。

又要坚持导向性、现实性和层次性,设置科学、具体、可行的目标体系,把目标的先进性与广泛性、超前性与现实性统一起来,做到理论联系实际。

教育教学目标是影响、规范和制约整个教学活动的决定性因素。对于教师来说,通过开展一系列的教学活动,达到教育教学的目的,如让学生从总体上理解和把握什么是马克思主义、为什么要学习马克思主义、怎样学习马克思主义等,是最基本的要求;对学生来说,通过思想政治理论课学习,达到教学目标规定的要求,掌握课程内容的要点,是证明自己学习效果的根本标志。因此,教育教学目标或目的内在地规定着整个教学开展的方向性,影响和制约着教师和学生在交往互动中的一切行为,而教师和学生也必须以教育教学目标或目的自觉地规范和约束自己,以确保其实现。

然而,在教师和学生充分认识到必须以思想政治理论课教育教学的目标为根本性、决定性导向时,也必须科学地认识到任何总体的、决定整个教育教学活动的大的目标却又是由一系列根据客观现实条件和总体要求而设置的科学的、具体的、可行的阶段性目标、小目标组成的。也就是说,在思想政治理论课教育教学活动中,总体目标本身都必须是通过一个完整的目标系统来实现的。例如,列宁曾经说道无产阶级的斗争目标本质上是渐次实现的:"社会主义不是将赐恩于人类的现成制度。社会主义是现在的无产阶级为了达到自己的根本目标而进行的阶级斗争,是从今天的目标走向明天的目标从而日益接受根本目的的斗争。"①因此,任何阶段性目标的实现都是朝向总体目标的努力过程。客观而言,教育教学活动中的总体目标决

---

① 《列宁全集》,第 23 卷,第 54 页,人民出版社,1990 年版。

定、制约和范导着阶段性目标、小目标，任何一个阶段性目标、小目标本身必须最终是为了更好地实现总体目标，也就是说，阶段性目标、小目标必须以总体目标的实现为目标，因为总体目标是阶段性目标、小目标的归宿。阶段性目标、小目标的价值是相对的、较小的、层次较低的，而总体目标的价值是绝对的、最大的、层次最高的。需要指出的是，任何阶段性目标、小目标之所以必须在整个教育教学活动的某个具体阶段去实现，完全在于它们是由整个教育教学活动总体规划的客观需要和现实实现条件决定的。亚里士多德曾经强调指出："存在着两种目标：可能的目标与适当的目标，人更应该追求可能的目标，又应追求与自身情况相宜的适当目标。"①这些阶段性目标、小目标之所以必须在某个阶段去实现，是因为作为环环相扣的阶段性目标、小目标，既是可能的又是适当的，它们符合思想政治理论课教育教学实践的发展阶段，如果不能及时在此阶段实现，必然导致随后影响和制约以下教学环节的正常开展，严重时甚至导致整个教育教学活动秩序的混乱和总体目标的落空。因此，要结合思想政治理论课教育教学实践的客观情况，科学地看待总体目标与阶段性目标、小目标，即这些符合发展阶段的可能的、适当的目标之间的关系，调节好彼此间的张力和节奏。正是在看待这一问题上，亚里士多德认为："教育明显应基于三项准则：中庸、可能的与适当的。"②而且，这些阶段性目标、小目标在具体的教育教学阶段来实现，还有一个任务小、工作量小、现实可操作性强的特点。这些相比总体目标而言的阶段性目标、小目标看似微不足道、分量很小，然而如果认真地加

---

①②《亚里士多德全集》，第 9 卷，第 286 页，中国人民大学出版社，1994 年版。

以对待,做到步步为营,积少成多,就会促使整个教育教学效果实现质的飞跃,最充分地、最完满地实现总体目标。因此,任何高明的、经验丰富的教育者都会把教育教学的总体目标根据教学计划和现实条件加以分解和细化,规定一个内在统一的、层次分明的又具有现实可操作性的目标体系,并在实际教育教学活动中稳扎稳打地推进教学活动,以最终完满地实现总体目标。

  需要强调的是,在分解和细化教育教学总体目标时,既必须做到阶段性目标、小目标之间以及它们与总体目标之间的内在联系,即阶段性目标、小目标既必须做到环环相扣、稳扎稳打、步步为营,以最终完满实现总体目标,又必须保证阶段性目标、小目标的先进性和广泛性、超前性和现实性的有效结合。应该认识到,任何阶段性目标、小目标必须保持先进性、超前性。尽管阶段性目标、小目标在总体目标规定和制约下已经体现了内在的统一性、一致性,然而它们又绝对不能限定在某一个阶段上、某一个小目标上;相反,它们本身都是开放的,是指向思想的广泛的可能性空间的,是面对更多的青年学生的,这种开放性不仅使它们必然地导向总体目标,而且自身就是不断地开拓教育教学思路和思想空间的通道,各种创新性的教育教学理念或思想火花往往会在这种开放性的教学活动中迸发出来。在这种始终呈现着创新性、创新意识的状况下,阶段性目标、小目标就获得了新的价值,即它们构成了教育教学活动不断得以拓展和创新的新通道、新触点。因此,开展思想政治理论课的教育教学活动,在根据教学计划及其总体目标的要求而制定阶段性目标、小目标时,既必须科学地评估和预测实现它们的现实条件、可能性条件,以确保这些阶段性目标、小目标的顺利实现,又必须保证它们的先进性、超前性,让它们充分发挥不断开拓创新教育教学理念、思路和方法的新道路、新触点、新媒介的作用。可以说,只有充分地做到各阶段性目标的先进性与广泛性、超前性与现实性的紧密结合,才能根据客观实际的发展状况和新要求,动态地不断调整目标系统,以最终完满地实现总体目标。

　　从根本上说,之所以把教育教学的总体目标分解、细化为阶段性目标、小目标,完全在于更好地做到理论联系实际。毫无疑问,思想政治理论课教学本质上是一种理论教育,目标在于让广大的青年学生掌握马克思主义的基本原理、世界观和方法论,使大学生自觉运用马克思主义的立场、观点和方法去分析和解决问题。然而,马克思主义理论的本质要求却决定着开展理论课教育教学必须充分切实联系实际,而理论联系实际是马克思主义的一项不可否定的根本性思想原则。可以说,只有做到理论联系实际,理论才不至于成为脱离现实的空泛幻想和教条。针对如何学习和掌握马克思主义,列宁曾强调:"马克思主义的全部精神,它的整个体系,要求人们对每一个原理都要(α)历史地,(β)都要同其他原理联系起来,(γ)都要同具体的历史经验联系起来加以考察。"①根据列宁这段话的精神,我们完全可以说,思想政治理论课教师对"马克思主义的全部精神"的科学阐述、讲授和学生对这一"全部精神"的理解、把握,就是思想政治理论课教育教学的总体目标,然而体现"马克思主义的全部精神"的"整个体系"在教育教学过程中必须根据教学要求和实际教学过程分解和细化为具体的层次、环节和要素,而这就是把总体目标分解和细化为阶段性目标、小目标,做到让学生对每一个原理都"历史地"加以把握,"都要同其他原理联

---

① 《列宁选集》,第 2 卷,第 785 页,人民出版社,1995 年版。

系起来",尤其是"都要同具体的历史经验联系起来"。也就是说,在思想政治理论课教育教学活动中,既要保证让学生理解和把握马克思主义的"全部精神"和"整个体系",又要保证让学生深刻地领悟到马克思主义理论中的每一个原理本身都是与其他原理紧密地联系在一起的,对每一个原理本质上都必须历史地、具体地加以理解,都必须通过具体的历史经验来确证。总之,思想政治理论课教育教学只有科学地分解总体目标,在讲授的过程中,通过阶段性目标、小目标的实现,做到马克思主义整个体系中的任何一个原理都能得到具体的历史经验的确证或验证,马克思主义理论的全部精神才能为学生所理解、所掌握、所接受。

(四)立足学生生活世界,做到"三贴近",让学生亲证理论

既然只有理论联系实际才能让学生具体地历史地理解、掌握和接受马克思主义理论知识,那么,一个重要的结论必然是:如果要做到思想政治理论课教育教学中的理论和实际相联系,就必须结合大学生的生活实际,就必须结合学生自身的特点。具体说来,就是要做到针对大学生的"三贴近",即贴近大学生的实际、贴近大学生的生活、贴近广大的青年学生。客观而言,做到思想政治理论课教育教学针对学生的"三贴近",就是为了实现思想政治理论课教育教学的生活化,将教育教学活动寓于学生的日常生活世界和日常生活之中,让学生对马克思主义理论知识的理解建立在自身所熟悉的实际生活环境之中和客观生活基础之上,具有具体的现实性的品格和风貌,而这归根结底就是为了师生双方共同形成对马克思主义理论知识在理解上的"重叠共识"。

贴近实际、贴近生活、贴近群众,是十六大后以胡锦涛同志为总书记的党中央提出的一项重要要求。它既是加强马克思主义宣传教育、实现马克思主义大众化的重要指导原则,也是开展马克思主义宣传教育、推进马克思主义大众化的重要方法论。以"三贴近"的指导思想来看待思想政治理论课教育教学和高校马克思主义大众化,就必须看到,大学生的成长和发展、生活与学习、理想和现实等是必须首先面对的客观实际、客观生活内容,大学生就是思想政治理论课教育教学的直接对象,就是高校开展马克思主义大众化的最广大的群众。因此,在思想政治理论课教育教学活动中,在高校开展马克思主义大众化的活动中,贯彻"三贴近"的要求,就是要贴近大学生的实际,贴近大学生的生活,贴近最广大的青年大学生。然而,贯彻"三贴近"指导思想,从本质上来说就是要深入大学生的实际,深入大学生的生活世界,具体地了解和熟悉每一个大学生的客观需要、审美情趣、性格特征、思想状态、身心健康状态、家庭背景、成长发展要求、理想目标、现实经济条件、个人能力素质等重要因素,换句话说,具体把握每一个大学生的个性和特点。可以说,作为思想政治理论课教师,这些关于每一个大学生个人的特殊情况和信息不仅是他做好大学生思想政治工作的前提条件,也是他有针对性地科学组织自己的教育教学活动的客观基础。不仅如此,只有做到一点,才能很好地预见这一过程中可能出现的各种偶然突发现象,有把握地及时引导大学生的思考和行动,从而最终达到完满的教育教学总目标。

江泽民早就强调:"事实已经充分说明,象牙塔式的教育,不能适应当今时代的需要。"[①]从根本上说,做到"三贴近",就

---

① 《江泽民文选》,第 2 卷,第 335 页,人民出版社,2006 年版。

是打破传统局限于课堂、局限于书本、局限于教师单纯传授知识的教育教学模式,就是走出课堂、走向社会、走向生活,就是让思想政治理论课教育教学更切合大学生的实际,就是让马克思主义的每一个原理都能在大学生的实际生活中,运用他们最为熟悉的语言和具体经验来验证。归根结底,就是让马克思主义的原理和精神能够在大学生的具体的生活世界中得到具体的历史的考察。显然,只有做到这一点,只有深入大学生的现实生活世界,具体地把握每一个大学生的具体情况和个人特点,思想政治理论课教师才能做到真正意义上的"因材施教"。从根本上说,使教育教学深入学生的生活和世界,就是使马克思主义理论的萌芽、产生和发展还原到具体境遇、场景中的历史生成过程。列宁曾强调指出:"遵循着马克思的理论的道路前进,我们将愈来愈接受客观真理(但决不会穷尽它);而遵循着任何其他的道路前进,除了混乱和谬误之外,我们什么也得不到。"①日本教育家小原国芳也曾精辟地指出:"我们(教育者)必须尽可能地努力去理解学生,探索他们的内心世界,不煞费苦心不行。希望和他们过同样的精神生活,希望能在他们的内心扎根。希望进入角色,应该置身情景之中。不能做到这样的人是不行的。这种人无论如何是没有资格进行道德教学的。"②因此,归根结底,思想政治理论课的教育教学活动只有深入到学生的生活世界,紧密地与学生自身的具体情况和个人特点相结合,熟悉和把握学生的客观需要、审美情趣、性格特征、思想状态、身心健康状态、家庭背景、成长发展要求、理想目

---

① 《列宁全集》,第14卷,第143页,人民出版社,1996年版。
② 转引自段江波:《新形势下高校道德教育的实效性方法论思考》,载华东师范大学法政学院编《全球化时代的马克思主义理论教育研究》,第146页,学林出版社,2002年版。

标等因素,才能做到"因材施教",才能科学地遵循马克思的理论的"前进道路",才能"愈来愈接近客观真理",才能达到教育教学的效果。

按照交互主体性教学理念,任何有效的教育教学活动本质上都是在教师主体与学生主体的交互作用下完成的,如果思想政治理论课教师能够完整地把握每一个大学生的具体情况和个人特点,就能够掌握交往互动教育教学活动的主动权,就能够科学地计划、发起、实施和调控交往互动的整个过程。不可否认,任何一个现实的人的生活世界都是具体的,每一个人的生命都是唯一的,因此每一个大学生对看似同样问题的理解和把握往往存在着不同程度上的差异,每一个人都必须"亲证"之后才能从内心里相信或做到深信不疑。既然只有"亲证"的东西才能得到最终的肯定或否定,那么,要想在高校通过思想政治理论课教育教学来推进马克思主义思想政治理论教育,就必须使传统无视大学生个人生活实际、个人生活特点和个性特征而由教师单方面强制实施的"满堂灌"转化师生交往互动中的"因材施教",就必须把马克思主义理论诞生、生长和发展的原始历史背景和境域置换入大学生的生活世界,让大学生在自身生活世界里的境域和具体历史经验给出自己的亲证结果或亲身体验感受。使学生做到对马克思主义理论知识的"亲证",从根本上来说,就是思想政治理论课教师根据每个学生的具体情况和个性特点,使马克思主义理论知识成为师生双方"重叠共识"中的共同客体,也可以说,只有在师生交往互动中形成重叠共识,形成一致的、共同的客体,师生才能真正地理解对方,即学生理解思想政治理论课教师所先期掌握的、准备传授给学生的马克思主义理论知识,而教师理解学生参与思想政治理论课教育教学活动的期望和要求以及为了能够实现理解自身所具有的客观条件和个人特点。

与做到"三贴近"紧密相关,如果说,能够做到根据每个大学生的具体情况和个性特点开展交互主体性教学,那么,就必须在充分把握教材体系和教学内容的基础上,进一步突出教学内容的精、新、实,以避免教学的盲目性。毋庸置疑,在现代社会的日常生活中,人们自觉不自觉地将"知识"的获得与学校教育结合起来,将学校教育看作获得和更新知识的主要渠道。课堂上传授的知识与信息必须是经过教育者精心筛选的,课堂教学时间有效,既不可能把无限的知识与信息一股脑地全部倾倒给学生,也不可能把任何知识与信息都不加辨别地要求学生接受。课堂教学受教学时间、教学时数的限制,根本没有那么多的时间和精力把所有知识全部地教授给学生,也根本没有必要要求学生掌握那么多的东西,尤其是,知识与信息本身也存在着很多问题,并非所有的知识与信息都适合于在课堂上讲授和传播,也就是说,有些知识是完全没有必要让学生了解的,让学生了解这些知识与信息既不可能给学生带来更多的益处,甚至还能够带来一些不必要的害处。因此,课堂教学必须根据实际教学要求,按照教学目标,科学规划教学内容,合理地讲授知识、传播信息,让学生充分而自觉地参与课堂教学,让他们通过听课掌握必要的、合理的知识和信息,从而达到思想政治理论课的整体教学效果。既然任何教育的时空总是有限的,不可能传递无限多的知识,因此,"对知识的理解、选择、组织和控制,就成为课程和教育生活得以可能的重要前提"[①]。这决定了思想政治理论课教育教学必须根据实际情况对教学内容加以精

---

① 石中英:《教育哲学导论》,第132页,北京师范大学出版社,2006年版。

选,体现新颖性、现实性。

众所周知,"学马列要精,要管用",是邓小平对马克思主义理论教育的经验总结,而且他还强调,"其实马克思主义并不玄奥","马克思主义是很朴实的东西,很朴实的道理"①。需要强调的是,邓小平所讲的"精"并不是指高度抽象性,而是抓住马克思主义理论的基本原理和方法论,尤其是,这些基本的东西本质上并不玄奥,是很朴实的道理。事实上,要抓住马克思主义理论的基本原理和方法论的精髓,必须返还到马克思主义最朴实的面目,而这就要求思想政治理论课的教育教学活动只能回归现实的生活世界,做到生活化、具体化,紧密结合师生现实的生活,尤其是学生的生活经验、生活事实、生活实践,来诠释马克思主义的普遍真理。客观而言,每个大学生对马克思主义理论的理解,甚至对社会生活中一个普通问题的理解,往往存在着差异,这些差异不仅体现为看待问题的角度不同、理解的深度不同,而且更体现为所得出的结论不同。这就说明,为了有效实现思想政治理论课教育教学的总体目标,为了生动开展交互主体性教学,就必须科学地设计教学内容,让教学内容结合每个大学生的具体情况和个性特点,通过他自身生活世界的生活事实和生活实践而进行有针对性的诠释、验证和检验,让大学生在自己的生活世界里去"亲证"。也就是说,让他运用自身生活世界里的具体经验、生活事实甚至日常生活语言去阐释马克思主义的普遍真理。然而,如果充分地结合每个大学生的具体情况和个人特点,就必须把马克思主义的普遍真理有针对性地加以选择、提炼,尤其要想方设法运用学生生活世界里的日常语言、生活事实等个性化因素加以表达,让马克思主义

---

① 《邓小平文选》,第 3 卷,第 382 页,人民出版社,1993 年版。

普遍真理获得让学生感到亲切的风格和特色,从而使学生自觉自愿地接受马克思主义理论。

说到底,突出教学内容的精、新、实,就是要做到马克思主义的普遍真理在现实的教育教学活动中具有更明确的结合学生自身生活世界的特色、特点,更准确地与学生日常生活中身边的生活经验、生活事实、生活实践联系起来,让学生感觉到马克思主义理论更现实、更真切、更生动、更具有亲和力、更容易让人理解和接受。相反,绝不能用脱离了大学生思想实际的语言来描述马克思主义基本理论,否则会造成知识传授过程中的障碍。总之,思想政治理论课教师只有做到让交互主体性教育教学回归现实生活世界,更加生活化、具体化,才能更有针对性、避免盲目性,不断提高教育教学的实效性。

(五)优化学生接受系统,提升学生接受、整合和加工能力

按照"教师—知识—学生"交往互动这一核心教育教学模式,师生之间的互动促使了思想政治理论课教育教学内容或马克思主义理论知识在双方之间的沟通和理解,也就是说,使原来存在于书本和教师头脑中的知识为学生逐渐地熟悉、认识和理解,作为客体的马克思主义理论知识越来越更加明确地成为师生这两方主体的共同客体。然而,赵汀阳则强调:"理解不保证接受。"① 他在批判哈贝马斯的商谈伦理学时指出:"对于形成人类的良好共同生活来说,仅仅有关于他人的科学知识(了解对方是什么样的)固然远远不够,于是我们就需要进一步理

---

① 赵汀阳:《理解与接受》,载赵汀阳著《没有世界观的世界》,第102页,中国人民大学出版社,2005年版。

解他人(理解他人做某些事的可以同情或谅解的原因),可是理解了他人仍然不足以使我们形成良好的共生局面,因为缺乏可以让大家都接受的信念、价值观和生活想像,因此,'接受'问题便成为人际关系、不同共同体间关系和文化间关系的最后问题。理解他人心思不意味着接受他人心事,而拒绝别人的精神永远使合作困难重重,这就是对话与交往理论的关键难题。"①思想政治理论课教育教学和高校马克思主义理论教育的真正目的就在于使马克思主义为广大青年学生所理解和接受。因此,开展交互主体性教学,不能单单停留在使学生能够理解马克思主义理论知识的水平上,而为了实现马克思主义理论知识从教师、书本到学生的有效传输,并最终为学生所接受,就必须优化学生的接受系统,必须把理论传输与广大受教育者的综合接受能力结合起来,使其通过社会实践锻炼辩证思维能力,不断增强学生的理论内化能力、接受能力,从而提高学生的实际接受水平。

为了优化受教育者或学生的接受系统,提高实际接受能力,最终实现马克思主义理论知识为学生所接受,就必须根据学生内在接受系统的各个环节和要素进行有针对性的改造、提高和完善。如上所述,学生的接受系统是一个复杂的、多层次的、多功能的系统,其中,加工系统在整个接受活动中实现着对接受客体的解读、判断、转化、整合、内化等操作,支配着接受活动的具体过程。因此,优化接受系统,本质上就是优化加工系统,就是使加工系统各内在要素实现有机的统一和协调,使要素依靠自组织活动达到对马克思主义理论知识的正确解读、科

---

① 赵汀阳:《理解与接受》,载赵汀阳《没有世界观的世界》,第104页,中国人民大学出版社,2005年版。

学判断、顺利转化、高度整合和全面内化。由于加工系统的关键要素是认识框架,它对整个接受活动发挥着具体而现实的作用,因此,优化接受系统的最核心工作就是改造、完善和提升学生的认识框架。

具体说来,优化加工系统要从以下三个方面着眼:

第一,既然认识框架首先是作为接受主体信息接受的选择器和承载体而存在,那么,在思想政治理论课交互主体性教育教学活动的发动、肇始阶段,教师就应当有意识地去扩充受教育者、学生的选择器,加大其承载能力。事实证明,由于从小学到中学再到大学的教育以及社会化教育,任何一个大学生对马克思主义理论知识都并不完全陌生,也就是说,他们的认识框架的底板上并不是完全的空白一片,相反,已经客观地点缀着不少马克思主义理论知识的"色素"。这些作为马克思主义知识点的"色素",尽管没有形成一幅关于马克思主义的完整图画,但它们客观地构成了接受马克思主义理论新知识信息的媒介点。思想政治理论课教师如果能够很好地激活这些媒介点,使它们不断发育成长、相互连接,从而构成一个有机的尽管层次和机能很低的体系,那么,它依然能在面对客体、接受客体的过程中去积极、主动地选择马克思主义理论新信息,而一旦这些作为媒介点的原有信息与新信息在相互碰撞中逐渐接近和契合,就能够激发学生学习和接受马克思主义的热情,提高积极性和主动性。如果说,学生在日常的生活习惯中已经不知不觉地从某种程度上遵循了马克思主义的世界观、方法论,那么,一旦对这些生活习惯、思想方法和行为作风给予更明确的马克思主义阐释,那么,学生就会信心倍增,就会超常地焕发出自觉学习和接受马克思主义的理论热情。

第二,既然人的认识框架影响、制约着接受主体信息接受的速度,为了实现学生的认识框架与接受客体——马克思主义理论知识相一致、融洽,从而实现马克思主义理论知识及时地与学生原有的知识、经验或习惯等内容实现最佳的整合和融合,达到迅速地转化或内化为学生自身的知识或精神信念的有机组成部分,思想政治理论课教师在发动肇始交互主体性教育教学活动之际就必须在充分了解自己所面对的对象——教育教学计划规定的教学内容,即需要讲授、传授的马克思主义理论知识和大学生自身原有的马克思主义理论知识。这样做的目的,不只是有效减少重复的内容,减少不必要的工作量,更重要的目的在于如何根据这种客观情况而有计划地统筹安排师生之间的具体的教与学的交往互动活动,科学地实现学生原有的马克思主义理论知识点与需要讲授、传授的马克思主义理论新知识点之间的融合、契合,即有效对接。可以说,只有师生通过整个教育教学过程中的反复的、充分的交往互动,在层层推进、环环相扣的解释学循环中,在不断沿着马克思的理论道路而前进的过程中,师生双主体才能不断地接近、熟悉、理解马克思主义理论这一共同的客体。不言而喻,在这个过程中,教师承担着大量的工作,即他必须广泛地寻找、发现学生原有马克思主义知识点与新知识点之间融合、契合的可能性,促使学生实现这种融合、契合。可以说,只有在此基础上,学生才能充分地、迅速地认识和接受马克思主义理论,才能更好地实现高校马克思主义理论教育的目的。因此,有效地提升学生加工系统认识框架这一核心要素的接受能力和接受速度,就能普遍地提高整个接受系统的速度和效率,提高和改善学生对思想政治理论课教育教学内容和马克思主义的接受效果,达到高校推进马克思主义理论教育的目的。

第三,认识框架影响着接受主体对接受客体理解的深度和广度,因而思想政治理论课教师在开展交互主体性教育教学之际,必须广泛深入地调查和研究广大青年学生的知识背景,尤其是每个大学生的具体情况,了解和把握他们的认识框架彼此的特点和差异,了解他们对马克思主义理论所理解的深度和广度。事实证明,思想政治理论课教师所面对的学生是千差万别的,他们来自不同的地方,接受了不同程度的马克思主义理论教育,而且生活经历、社会经验、课外知识等方面的差异非常鲜明,因此他们内在的认识框架必然存在着很不相同的特点,任何教师都不可能完全无视和抹杀这些差异和特点,相反,必须根据这些进行设计、组织自己与每个学生之间的交往互动教学活动。对于思想政治理论课教师来说,在学生原有认识框架的基础上,不断丰富学生的马克思主义理论知识,拓展其认识框架的空间,就能使学生更好地捕捉、整合、转化和内化马克思主义理论新信息,深化对马克思主义理论的知识要点、本质和内涵的准确理解、全面把握。可以说,科学地调查和研究广大青年大学生的认识框架的特点和差异,不断丰富、改造和完善其接受机制,增强其对马克思主义理论知识接受的深度和广度,是有效开展思想政治理论课交互主体性教育教学的必要前提,也是广大教师必须承担的分内任务。

(六)构建积极的调节系统,实现师生自由和谐的交往互动

交互主体性教学是师生在自由和谐的平等交往中实现的,为了创造师生自由和谐的平等交往氛围,思想政治理论课教师在师生交互主体性培育过程中理应把握学生的接受心态,通过良好的调节系统,避免和抑制其消极的情绪、意志和态度,相反,要晓之以理,动之以情,引起师生情感共鸣,激发学生的积

极情感,使学生自觉接受教学内容,达到实现马克思主义理论教育的目的。因此,构建积极的、良好的调节系统,是科学开展师生间交互主体性教育教学的一个不可或缺的重要方面,是广大思想政治理论课教师必须自觉承担的重要任务。

客观而言,师生间自由和谐的平等交往互动是交互主体性教育教学活动的最佳状态。在此种状态中,师生均作为面对共同客体(即知识)的主体而存在,因而都具有明确的主体意识和对象意识,并因为他们拥有共同的客体而具有平等的地位,这种平等的地位不仅仅是因为师生均是人,因而在人的意义上具有人格上的平等,而且更主要地体现在教师并不是整个教育教学活动中的绝对支配者,不是绝对的权威,而学生也不是绝对的服从者和绝对的无知低下者,相反,师生都是交互主体性教育教学活动中的平等参与者,在整个活动中,不仅存在着教师向学生的传道、授业、解惑等传统的教育教学活动,存在着教师向学生的提问,而且存在着学生向教师的提问、辩难,存在着学生借助自己生活世界里的具体经验来佐证马克思主义理论观点的活动,因而师生之间存在的是一种真正的平等关系。如上所述,尽管思想政治理论课教师是通过一定的专业教育和训练而掌握着专业技术、拥有专业职称的高级专门人才,他们拥有必备的马克思主义理论知识,他们的这些先期拥有的知识是发动和肇始师生交互主体性教育教学的前提和基础,然而这并不必然地构成他们自身的权威性、绝对性,相反,正是以此为基础和前提,师生共同踏上了无止境走向更丰富的、更深刻的、更本质的马克思主义的理论道路。特别是,在此状态中,师生是真正自由的,自由并不意味着师生在教育教学活动中想说什么就说什么、想干什么就干什么,而是除了基本的教学大纲要求之外没有外在的强制性,师生完全可以根据自己对马克思主义理论的认识和理解充分地、自由地表达自己的观点、见解甚至疑惑,不仅学生能够自由地运用自己生活世界里的具体经验、生活事实、生活感悟等来检验马克思主义的普遍真理,来质疑、反诘教师对马克思主义理论的认识和理解,教师也会在学生的质疑、反诘下不断地反思自己对马克思主义理论的认识和理解,从而不断深化理解,把握马克思主义理论的本质和内涵。可以说,正是以平等的、自由的身份和地位,师生间才能建构出自由和谐的交互主体性关系。归根结底,自由和谐状态是交互主体性的最佳的状态,也是最为真实的状态。

　　自由和谐之所以是交互主体性教育教学的最佳的、最真实的状态,在于师生能够在此状态中充分地发挥师生各自最大的积极性、创造性,能够调动一切积极因素,充分发挥各种积极因素对教育教学效果的提升。显然,在最自由的状态中,作为"教"这一方面或维度上的主体,教师是真正意义上的主人,他不仅明确地意识到自己是整个教育教学活动的发动起、组织者、管理者、主导者,而且有意识地去认识、反思和评价自己"教"的这一活动,并不断地按照教学大纲的要求和自我的意愿而设计自己的教育教学活动,不断完善教育教学手段,改革和创新教育教学模式,探索新的教育教学规律,尤其是,教师为了更好地发动师生间的交往互动机制,就会更好努力地提前做好准备,就会不断地学习、丰富和充实自己的马克思主义理论知识,深化对马克思主义本质和内涵的理解和把握,以更加充分的信心组织和开展教育教学活动,更有勇气地面对学生的提问、质疑和反诘,更能够做到临场的最佳发挥,甚至对马克思主义理论的创新发展。作为"学"这一方面或维度上的主体,学生也是真正意义上的主人,在此状态中,他们不再是被动接受马克思主义理论知识的容器,不再受各种强制性的束缚,他们的思想是自由的,他们在教师的科学引导之下,不仅逐渐地意识到自己作为学习主体的主体地位,而且自由地、积极地参与到学习之中,他们调动了一切学习的积极性、主动性、创造性;他们不仅能够很快地在教师的引导下,顺利地踏上教师提供的知识平台,而且还会在师生交往互动的过程中继续沿着马克思主义理论的科学道路不断前进,不断地形成师生间关于马克思主义理论本质和内涵的"重叠共识"。从学生角度来说,真正的自由意识打破了传统教育教学观念下的盲目的依赖、服从和崇拜心理,也不再迷信和固执,而是自主、自觉、自信地学习和领悟马克思主义理论知识,对教师的教育教学及其对马克思主义理论理解始终抱着一定的怀疑意识和批判意识,而不是毫无怀疑地盲目接受。也就是说,学生对马克思主义理论知识的学习、理解和接受都是在自由的状态下进行和完成的。可以说,只有真正自由地学习和接受马克思主义理论,而不是被动地接受,马克思主义才真正成为学生自觉信仰的科学理论,才能把马克思主义奉为自己思想和行动的指针,才会自觉地运用马克思主义的立场、观点和方法分析和解决现实问题。

　　当然,自由和谐的交往互动还意味着师生之间能够科学地处理整个教育教学活动过程中出现的各种消极因素的影响,有效地调节和控制整个活动的动态平衡,把握整个活动的正确方向,使思想政治理论课教育教学达到预期的教学目的。多年来,我们一直倡导教师教育教学的个性化,认为任何教师在开展教学活动的过程中,不可避免地会带有个人的特点,而且更认为只有充分发挥个人的积极性、主动性和创造性,教育教学才能取得更好的效果,相反,如果按照统一的教育教学模式来严格要求每一位教师,很可能约束和抑制了教师的积极性、主动性和创造性,教育教学活动必然导致死气沉沉的局面。但是,同样不可否认的是,在充分的自由状态里,无论是教师还是学生,都可能把一些不符合思想政治理论课教育教学根本精神和要求的错误观点、主观想法、个人偏见、不良情绪、怨恨心理等消极因素带进交互主体性教育教学活动中来。在师生的实际交往互动的过程中,这些消极因素可能存在于教师或学生一方身上,也可能师生双方身上均存在着,如果不及时消除其消极影响,就可能根本构建不起来师生间自由和谐的交互主体性,甚至可能对已经发育和完善的师生交互主体性造成破坏和瓦解。显然,这是一个两难的问题。然而,无论是作为高校管理者还是战斗在前线的思想政治理论课教师,都不应该回避这一问题,而是应该科学地分析师生在构建教育教学活动的交互主体性过程中出现的各种消极因素,认真地对待这些消极因素,通过有效的调节,抵制、抑制和化解它们的消极影响,甚至将其转化为积极因素,发挥其促进和提高思想政治理论课教育教学效果的积极意义。

所以说,构建科学的调节系统理应是思想政治理论课教师开展交互主体性教育教学的一项重要工作。具体说来,首先,师生都要科学地认识思想政治理论课的课程性质,认识本课程所规定的教育教学的任务和目的。也就是说,无论是教师还是学生,都必须明确高校思想政治理论课是政治理论课,而不是一般的专业课,它承担着对大学生进行系统的马克思主义理论教育的重大任务,它旨在培养和树立大学生的共产主义理想信念和科学的世界观、人生观和价值观,让学生掌握马克思主义理论的基本原理、基本观点和基本方法,自觉地运用马克思主义的立场、观点和方法分析和解决实际问题。师生间教育教学活动的开展只有以此为基础和导向,才能自觉地以马克思主义的世界观、方法论来指导自己的思想和行动,自觉克服和抵制与教育教学要求不符合的错误观点、个人偏见、不良情绪等消极因素的影响。其次,师生都要认识到自由和谐的交互主体性是双方努力构建的结果,因此,只有双方科学地、正确地对待彼此身上的消极因素,认真地加以消除和化解,才能更好地构建出这种自由和谐的交互主体性。换句话说,无论是教师还是学生,都有责任自觉地反思自身存在的消极因素,不能把消极因素简单地归咎于一方,尤其是教师不能处处抱怨学生不积极、不主动,也不能自暴自弃认为马克思主义理论或思想政治理论课本质上就是空洞无物的,就是乏味无聊的,认为讲授思想政治理论课就是多余的,就是掏力不落好的,如此等等。再次,要科学地分析各种消极因素产生的原因及内在联系,找到消除和化解的正确途径和方法,及时地转化消极影响为积极影响,以不断促进和提升师生交互主体性自由和谐的程度,提高教育教学的效果,达到教育教学的根本目的。客观而言,作为参与交互主体性教育教学活动的师生,无不存在着欲望、需要、情绪、情感、兴趣、爱好、意志、信仰、潜意识等非理性因素,如果这些非理性因素得到科学的调节和控制,它们就将成为促进师生交往互动良性运行的润滑剂,能够迅速地开启学生接受马克思主义理论知识的心理渠道,促进马克思主义理论知识或思想政治教育教育教学内容为学生所接受,提高接受效果。相反,如果这些非理性因素没有得到有效的调节和控制,它们必将影响和阻滞师生自由和谐的交互主体性的出现,阻塞学生接受马克思主义理论知识的心理通道,最终导致无法达到良好的教育教学效果。构建科学的调节系统,就要正确分析各种消极因素产生的原因及内在联系,找到消除和化解的正确途径和方法,尤其让学生的欲望、需要、情绪、情感、兴趣、爱好、意志、信仰、潜意识等各种非理性因素在科学调节和控制下发挥积极的润滑剂作用,使学生对思想政治理论课和马克思主义理论"好之"、"乐之",从而自觉地参与师生间的交往互动,形成良性互动,建构自由和谐的交互主体性。

为此,教师必须科学地了解学生的欲望、需要、情绪、情感、兴趣、爱好、意志、信仰、潜意识等非理性因素,把握和控制学生的情绪反应,对其不良情绪和抵触心理等消极因素进行有效疏导,科学地激发学生自觉亲近、认识、理解马克思主义理论的强烈愿望,从而达到促进和强化其接受活动,提高接受效果。尤其是在此过程中,要爱学生,奉献爱心,注入情感,以情感为基础构建师生间自由和谐的交互主体性,塑造良好的师生关系,使思想政治理论课教育教学充满人情味,让马克思主义理论不再枯燥无味,而是生动有趣,充满生活色彩和生活情调,成为活生生的、有血有肉的、具有现实的实践品格的科学理论。可以说,只有在教师的积极引导下,在科学的调节系统控制下,学生才能更好地参与交互主体性教育教学,才能创造师生间自由和谐的交互主体性,才能创造性地提升学生接受马克思主义理论知识的效果,改善思想政治理论课教育教学效果,不断推进高校马克思主义思想政治理论教育教学。

(七)科学运用网络阵地,构建师生网上思想交流平台

2018年8月20日,中国互联网络信息中心(CNNIC)在京发布的第42次《中国互联网络发展状况统计报告》显示:截至2018年6月底,中国网民规模达到8.02亿人,2018年上半年新增968万人,与2017年相比增长3.8%,互联网普及率为57.7%;在新增加的网民中,使用手机上网的比例高达

70.0%,高于使用其他设备上网的网民比例。① 这一数据意味着,由于网民规模已超过 8 亿,每两个国人必有一个网民。中国已经进入网络信息时代已经成为一个不争的事实。然而,网络信息时代使人获取知识的渠道、方式发生了根本的变化,对传统获取知识的渠道、方式的依赖程度不断地降低,数字化生活、网络化生活成为人们的日常生活方式。但是,这种数字化生活、网络化生活在全面地改造传统生活方式、学习方式的同时,更使得人们对知识获得呈现出个人化、多元化、实用化、功利化、市场化以及庸俗化、同质化的特征,这无疑对传统依赖课堂的高校思想政治理论课教育教学构成了严峻的挑战和威胁。

传统的课堂教学是直观的师生面对面,但网络却使师生之间的交往、交流与沟通呈现出一系列新的特征。一般而言,网络上的交流互动具有广泛性、自由性、隐蔽性、匿名性、平等性、开放性和鲜活性等特征,而这些特征就在网络上实际重构了师生交流互动的场景、平台和机制,任何学生只要登录特定的网站或交流平台,就能够与教师开展有声音或无声音、有图像或无图像、有文字或无文字的交流,因此,交流互动的方式发生了根本性的变化。特别是,网络的虚拟性使得学生根本不知道对方确切地是谁,不辨男女,更不知美丑,因而学生成为一个只有"学生"意义的无差别的对象。在此情况下,教师只可以根据学生提出的问题进行分析和解答,相反,不可能带有任何的偏见或情绪。因此,我们应当认识到,在这种情形下,无论教师或学生实际上处于了真正的自由交往、交流的状况,能够充分地发挥各自的主体性,能够构建自由和谐的师生交互主体性,从而

---

① 中国互联网络信息中心:《中国互联网络发展状况统计报告》,2018 年 8 月 20 日。

能够达到沟通思想、交流感情、传播知识、增进理解、化解思想矛盾和心理困惑的思想政治理论课教育教学的目的。胡锦涛曾强调：要加强网上思想舆论阵地建设，掌握网上舆论主导权，提高网上引导水平，讲求引导艺术，积极运用新技术，加大正面宣传力度，形成积极向上的主流舆论①。因此，对于高校来说，加强校园文化建设，特别是思想政治理论课教育教学网站或平台的建设，增强教师的网上引导水平和引导艺术，进而加强和掌握网上舆论主导权，巩固舆论阵地，就具有非常重要的战略意义。

客观而言，对于高校思想政治理论课教育教学而言，加强网络阵地，其关键在于构建师生网上思想交流平台，在于建构师生交互主体性。客观而言，网络本身具有典型的开放性、交互性、及时性，这恰恰为师生开展交往、交流奠定了技术基础，师生完全可以通过网络迅速、准确地了解彼此的思想和感情，而网络的匿名性能够消除学生畏惧心理，使学生不因师生地位的问题而阻碍交流，达到畅所欲言的效果，而教师可以根据学生的真实表达，了解学生的内心想法，从而有效地指导、引导学生，达到教育教学的效果。特别是，现代网络是融合文字、图像、视频、音频等先进技术为一体的综合技术，具有强大的传播能力，在构筑师生交往互动机制、增进师生亲和性上具有很强的作用，能够为师生营造出具体感性的情境，使学生借助这种情境感染作用而达到对教师讲授、传播的马克思主义知识理论倍感亲切、生动形象、记忆深刻、持久不忘的效果。可以说，这种网络技术的综合作用，要比传统单纯课堂讲授效果要明显得多。此外，随着高校校园网络的自觉建设和加强管理，许多网

---

① 《胡锦涛文选》，第 2 卷，第 561 页，人民出版社，2016 年版。

站不仅高扬着主旋律,而且彰显着鲜明的青春气息,使大学生们深受感染,从而自觉地关注校园网站,如校园微信公众号、校园贴吧、BBS等,从而充分地利用网络课堂达到增强思想意识觉悟的作用。

因此,随着现代网络的发展,特别是青年大学生网民的增多,思想政治理论课教师就应当科学地利用网络,建设网络资源公享课,建设网上教育教学的第二课堂,构建网上师生交往互动的新平台,从而发挥网络技术对思想政治教育的作用,在网络上全面加强和巩固马克思主义意识形态阵地。

(八)充分发挥各种文化载体作用,增进学生学习主体性

客观而言,现代大学生活是无比丰富多彩的,对于学生的生活、学习来说,校园内的各种文化载体,如专业或业余的社团、协会以及周末文化广场、重要节目文艺活动、班会、寝室等,都发挥着至关重要的作用。这就告诉人们,新时代思想政治理论课教育教学必须打破传统的完全依赖课堂的固有模式,充分结合学生的生活中的各种文化载体,发挥其增进学生学习主体性的作用。

不言而喻,现代教育体制对学分制的引进,完全改变了学生分数的获得只能依赖任课教师的传统,使学生的学习和生活可以自由地安排。在此情形下,学生不仅可以在本院学习自己的专业课、专业选修课,而且还可以根据兴趣、爱好和自己的发展要求选择其他学院的课程。选修课使学生在更广泛的意义上了解了知识文化,显然对于其健康成长具有重要的意义。因为这不仅实际地开拓了学生学习的知识视域,而且还培养了学生科学的思维方式,在世界观、人生观和价值观方面实际上都

有所增益。因此,这种现象实际上对于思想政治教育来说,都是有益的事情。特别是,由于跨系、跨院进行选修课程,使具有共同兴趣的学生能够通过社团、协会等形式组织起来,而他们通过社团、协会等形式开展的课外实践活动,如大学生挑战杯课外作品大赛等,都实际地能够为他们增加德育学分,因此,这是实际地发挥了社团、协会等文化载体对大学生进行思想政治教育教育的作用。众所周知,学生社团、协会具有自愿性、自主性和开放性等特征,寓知识性、趣味性于一体,极适合于青年学生,而且在社团内部,鉴于大家都是平等的,因而能够形成向心力、凝聚力,形成团结互助、平等友爱、共同奋斗的人际关系,这些无疑都与大学生思想政治教育的根本要求相一致。作为思想政治理论课教师,如果能够成为某些社团、协会的指导老师,如成为大学生青年马克思主义研究会的指导教师,那么,就完全可以在指导学生活动的过程中达到思想政治理论课教育教学的目的。

与社团、协会以定期、不定期召集不同专业、不同班级的学生组织活动不同,宿舍基本上是同院系、同专业、同班级学生生活、学习、交往、娱乐、休息的重要场所,更是他们身体、思想、心理健康成长的重要场所。既然宿舍实际上具有那么多的功能,发挥着重要的作用,就应当看到,对于大学生思想政治教育和思想政治理论课教育教学来说,实际上其影响力也非常巨大。客观而言,大学生在自己的宿舍内,大家彼此比较熟悉,往往能够畅所欲言,能够敞开心扉进行深层次的思想、心灵交流。在这种情形下,如果宿舍形成了积极向上的相互激励、相互关怀的文化氛围,那么,这整个宿舍的学生将能够在身体、思想、心理等各方面得到健康发展,相反,只可能造成彼此的伤害。因此,宿舍文化的健康、科学与否直接影响到整个宿舍成员的成长。目前,学生宿舍绝大多数已经开通了网络,每个学生几乎都有自己的笔记本电脑,如何科学地利用网络信息,如是玩游戏或是查找学习资料,将更直接地影响着整个宿舍文化的发展方向。客观而言,宿舍更多的是校团委、院团委、学生处、宿舍管理处等部门管理的领域,仿佛不涉及高校思想政治理论课教育教学。但是,一方面思想政治理论课教师往往是学校班主任队伍的组成部分,因而可以直接深入自己所带班级的学生宿舍进行访谈、调查情况,借以与学生开展思想交流,达到教育教学的目的;另一方面,思想上遇到困惑的学生,如果在教师不适合出面的情况下,完全可以通过其同宿舍的同学,做心灵开导等活动,从而达到不断改善其心想、心灵状况的目的。

当然,思想政治理论课教师还能够通过开设各种有益的思想讲座、心理讲座,达到在课堂教学中所不能达到的教育教学目的。事实上,当代大学生对校园里的各种思想讲座、心理讲座是非常关心和热心的,因为这些讲座比较自由,没有特定的学习任务,也不需要花费多大的心思和时间,同时还能够针对他们生活、学习、交往中的具体问题给出有针对性的解读与解答。总之,思想政治理论课教育教学并不局限于专门的课堂或相应的课外专业实践活动,而且完全可以充分挖掘和利用校园中的各种文化载体,发挥其增进学生学习主体性的作用,使其能够促使自己在德、智、体、美、劳等各个方面的健康发展。

(九)全面维护和实现思想政治理论课教师的合法利益

交互主体性教学理念是以承认教师和学生都是教育教学活动中的主体为前提的,因此教师无论是作为"教"的主体而言,还是作为整个教育教学活动的发起者、组织者、管理者、主导者而言,在整个活动过程中发挥着至关重要的作用。可以说,在很大程度上教师主体性的发挥起着决定性作用。然而,教师主体性发挥得如何,不仅取决于教师自身在教育教学活动中的积极性、主动性,而且还受制于教师在自己教育教学活动之外的因素。毫无疑问,这些本身属于教育教学活动客观基础、条件、环境或背景的因素往往极大地影响着教师能否积极地开展自己的活动。

我们前面强调,思想政治理论课教育教学从属于思想政治教育,从属于宣传思想工作。正如同在宣传思想工作领域遇到的同样问题,宣传者自身的生存和发展基础、条件和环境存在着严重的问题。针对这种情形,杨蓓强调:"究其原因,在以往的认识和实践中,更多是关注传播者群体如何加强马克思主义理论修养,如何自我改造、自我提升,适应时代发展的要求,从而在推进当代中国马克思主义大众化进程中更好地发挥作用。这无疑是重要与必需的,但它更多是强调这个群体传播马克思主义的历史使命,在很大程度上忽略了该群体的时代特征,忽略了他们既是传播者,同时也是社会的人,在新的历史条件下,在错综复杂的国际国内大背景下,他们也有自身生存发展的诉求。他们的诉求,既有精神的,也有物质的。"①就思想政治理论课教师来说,在很多高校,特别是专业性比较强的高校,他们的身份和地位总是遭到其他专业教师甚至学校管理者的质疑和否定,结果是,他们的人格不受尊重,教学和科研得不到认可,在评职称、评先、评优等各项活动中都受到不同程度的歧

---

① 杨蓓:《马克思主义大众化应凸显传播者的主体性》,载《中国社会科学报》,2013年8月5日。

视。虽然有不少领导在大会上、口头上非常强调思想政治理论课的重要性,但在实际管理中,却明显地偏向于专业课。因此,在不少高校,思想政治理论课教师自身生存发展就成了问题,他们合理的价值诉求无论是物质的还是精神的,都无法得到满足。

为此,就需要不断地加强和改善高校思想政治理论课教师所遇到的特殊尴尬状况。杨蓓强调:"传播者群体的诉求,要有相应的制度与机制来尊重与保障。这种制度与机制,应能保障和凸显传播者的主体性,充分尊重他们的独立价值判断、精神和情感,他们的付出和创造被充分认同,使他们从感情、态度和行为上真正认同与信仰马克思主义,进而以一种主体姿态、当事者姿态把马克思主义大众化传播事业看作自己的责任和使命,使其自觉能动性得到充分发挥。"[1]可以说,充分地尊重思想政治理论课教师的群体价值诉求,不断建立、健全相应的制度与机制,保障和凸显教师的主体性,尊重教师的独立价值判断、精神和情感,尊重他们的教学与科研,就能够使他们更加坚定马克思主义信仰,更加自觉地开展思想政治理论课教育教学。

---

[1] 杨蓓:《马克思主义大众化应凸显传播者的主体性》,载《中国社会科学报》,2013年8月5日。

结束语　构建交互主体性　师生共筑中国梦

胡锦涛在党的十八大报告中指出:"只要我们胸怀理想、坚定信念,不动摇、不懈怠、不折腾,顽强奋斗、艰苦奋斗、不懈奋斗,就一定能在中国共产党成立一百年时全面建成小康社会,就一定能在新中国成立一百年时建成富强民主文明和谐的社会主义现代化国家。全党要坚定这样的道路自信、理论自信、制度自信。"①党的十八召开之后,新一届中央领导集体在习近平总书记的带领下,参观了国家博物馆的"复兴之路"展览,并针对社会普遍关注的"中国梦"作了新的科学阐释。他强调:"我以为,实现中华民族伟大复兴,就是中华民族近代以来最伟大的梦想。这个梦想,凝聚了几代中国人的夙愿,体现了中华民族和中国人民的整体利益,是每一个中华儿女的共同期盼。"②习近平对"中国梦"的理解或阐释高度表达了中华民族近代以来的集体意识和利益诉求,因此,迅速引起全国各族人民的普遍共鸣,获得了高度的认同。目前,可以说,坚定中国特

---

　　①《胡锦涛文选》,第3卷,第625页,人民出版社,2016年版。
　　②《习近平总书记深情阐述"中国梦"》,载《新华时政》,2012年11月30日。

色社会主义的道路自信、理论自信、制度自信和文化自信,在教育教学中引导学生坚定"四个自信",引导学生积极参与小康社会建设,努力把我国建设成富强、民主、文明、和谐、美丽的社会主义现代化强国,实现中华民族的伟大复兴之梦,是高校思想政治理论课教师的分内职责和神圣使命。

为了为全面建设小康社会,推进中国特色社会主义现代化事业创造良好的、积极向上的思想环境,凝聚全国人民的力量,就需要不断地加强和巩固马克思主义、社会主义意识形态阵地。2013年8月19日,习近平针对当前国际社会中意识形态领域里斗争的客观形势,在充分肯定"经济工作是党的中心工作"的前提下,强调"意识形态工作是党的一项极端重要的工作",他认为,"只有物质文明建设和精神文明建设都搞好,国家物质力量和精神力量都增强,全国各族人民物质生活和精神生活都改善,中国特色社会主义事业才能顺利向前推进"。他强调,"宣传思想工作就是要巩固马克思主义在意识形态领域的指导地位,巩固全党全国人民团结奋斗的共同思想基础。党员、干部要坚定马克思主义、共产主义信仰,脚踏实地为实现党在现阶段的基本纲领而不懈努力,扎扎实实做好每一项工作,取得'接力赛'中我们这一棒的优异成绩"。尤其是,习近平还特别指出,"党校、干部学院、社会科学院、高校、理论学习中心组等都要把马克思主义作为必修课,成为马克思主义学习、研究、宣传的重要阵地"①。毋庸置疑,习近平总书记对加强和巩固马克思主义、社会主义意识形态阵地的重要性的认识,对高校必须把马克思主义作为必修课,成为马克思主义学习、研究、

---

① 习近平:《习近平谈治国理政》,第154页,外文出版社,2014年版。

宣传的重要阵地的期望,为高校开展马克思主义理论教学、研究,提高思想政治理论课教育教学效果提出了新的要求。

因此,高校思想政治理论课教师必须肩负起时代的历史使命,引导青年大学生坚定中国特色社会主义的道路自信、理论自信、制度自信和文化自信,在为全面建成小康社会,为把我国建成富强、民主、文明、和谐、美丽的社会主义现代化强国,实现中华民族的伟大复兴的征程中贡献自己的毕生心血。为了达到此目的,就必须顺应新时代发展要求,改革传统教学理念和教学模式,以交互主体性教学理念为指导,充分发挥师生的主体性,科学地塑造师生交互主体性,切实有效地提高高校思想政治理论课教育教学的实效性。可以说,从交互主体性教学理念看来,塑造师生间的交互主体性,共筑中国梦,就是目前高校思想政治理论课教师的历史使命。

习近平总书记在党的十九大报告中强调:"青年兴则国家兴,青年强则国家强。青年一代有理想、有本领、有担当,国家就有前途,民族就有希望。中国梦是历史的、现实的,也是未来;是我们这一代的,更是青年一代的。中华民族伟大复兴的中国梦终将在一代代青年的接力奋斗中变为现实。全党要关心和爱护青年,为他们实现人生出彩搭建舞台。"①广大高校思想政治课教师应当积极响应习近平总书记的号召,投身党和国家的教育事业,积极探索教学改革,充分调动学生学习的积极性、主动性、主体性,在为青年大学生搭建人生出彩舞台的同时,实现自身的社会价值,实现自己的人生出彩!

---

① 习近平:《决胜全面建成小康社会 夺取新时代中国特色社会主义伟大胜利——在中国共产党第十九次全国代表大会上的报告》,第70页,人民出版社,2017年版。

参考文献

一、著作类

1.《马克思恩格斯文集》,第1卷,人民出版社,2009年版。

2.《马克思恩格斯文集》,第2卷,人民出版社,2009年版。

3.《马克思恩格斯文集》,第3卷,人民出版社,2009年版。

4.《马克思恩格斯文集》,第4卷,人民出版社,2009年版。

4.《马克思恩格斯文集》,第4卷,人民出版社,2009年版。

5.《马克思恩格斯文集》,第5卷,人民出版社,2009年版。

6.《马克思恩格斯文集》,第6卷,人民出版社,2009年版。

7.《马克思恩格斯文集》,第7卷,人民出版社,2009年版。

8.《马克思恩格斯文集》,第 8 卷,人民出版社,2009 年版。

9.《马克思恩格斯文集》,第 9 卷,人民出版社,2009 年版。

10.《马克思恩格斯文集》,第 10 卷,人民出版社,2009 年版。

11.《马克思恩格斯全集》,第 1 卷,人民出版社,1995 年版。

12.《马克思恩格斯全集》,第 2 卷,人民出版社,1957 年版。

13.《马克思恩格斯全集》,第 3 卷,人民出版社,1960 年版。

14.《马克思恩格斯全集》,第 23 卷,人民出版社,1972 年版。

15.《马克思恩格斯全集》,第 47 卷,人民出版社,1979 年版。

16.《马克思恩格斯全集》,第 44 卷,人民出版社,2001 年版。

17. 马克思:《资本论》,第 1 卷,人民出版社,1978 年版。

18. 马克思:《1844 年经济学哲学手稿》,人民出版社,1979 年版。

19.《列宁选集》,第 2 卷,人民出版社,1995 年版。

20.《列宁选集》,第 3 卷,人民出版社,1995 年版。

21.《列宁选集》,第 4 卷,人民出版社,1995 年版。

22.《列宁专题文集:论马克思主义》,人民出版社,2009 年版。

23.《列宁全集》,第 23 卷,人民出版社,1990 年版。

24.《列宁全集》,第14卷,人民出版社,1996年版。

25.《毛泽东选集》,第2卷,人民出版社,1991年版。

26.《毛泽东选集》,第3卷,人民出版社,1991年版。

27.《毛泽东选集》,第4卷,人民出版社,1991年版。

28.《邓小平文选》,第3卷,人民出版社,1993年版。

29.《董必武选集》,人民出版社,1985年版。

30.《张闻天选集》,人民出版社,年1985版。

31.《江泽民文选》,第1卷,人民出版社,2006年版。

32.《江泽民文选》,第3卷,人民出版社,2006年版。

33.《胡锦涛文选》,第1-3卷,人民出版社,2016年版。

34.《十四大以来重要文献选编》下,人民出版社,1999年版。

35.[苏联]科普宁:《马克思主义认识论导论》,求实出版社,1982年版。

36.《习近平谈治国理政》,外文出版社,2014年版。

37.习近平:《决胜全面建成小康社会 夺取新时代中国特色社会主义伟大胜利——在中国共产党第十九次全国代表大会上的报告》,人民出版社,2017年版。

38.《习近平谈治国理政》,第二卷,外文出版社,2017年版。

39.《习近平新时代中国特色社会主义理想三十讲》,学习出版社,2018年版。

40.[法]圣西门:《圣西门选集》,第三卷,商务印书馆1985年版。

41.李德顺:《价值论》,中国人民大学出版社,2007年版。

42.李德顺、孙伟平、赵剑英等:《马克思主义哲学范畴研究》,中国社会科学出版社,2010年版。

43．李德顺：《与改革同行——中国特色社会主义的哲学理路之思》，黑龙江教育出版社，2008年版。

44．齐振海、袁贵仁：《哲学中的主体和客体问题》，中国人民大学出版社，1992年版。

45．袁贵仁：《马克思的人学思想》，北京师范大学出版社，1996年版。

46．袁贵仁等：《人的哲学》，工人出版社，1988年版。

47．杨金海：《人的存在论》，广西人民出版社，1995年版。

48．高清海：《哲学的创新》，吉林人民出版社，2005年版。

49．陈先达：《马克思主义哲学原理》，中国人民大学出版社，2004年版。

50．陈晏清：《论自觉的能动性》，上海人民出版社，1983年版。

51．吴元梁等：《马克思主义哲学形态的演变》中国社会科学出版社，2010年版。

52．赵汀阳：《没有世界观的世界》，中国人民大学出版社，2005年版。

53．田心铭：《认识的反思》，人民出版社，2000年版。

54．曾向阳：《当代意识科学导论》，东南大学出版社，2003年版。

55．师永刚、刘琼雄：《雷锋》，生活读书新知三联书店，2006年版。

56．丁一、夏红：《学习雷锋》，学苑出版社，1990年版。

57．《亚里士多德全集》第9卷，中国人民大学出版社，1994年版。

58．［德］黑格尔：《法哲学原理》，商务印书馆，1961年版。

59．北京大学哲学系外国哲学史教研室：《古希腊罗马哲学》,商务印书馆,1961年版。

60. 苗力田、李毓章:《西方哲学史新编》,人民出版社,1990年版。

61. 刘放桐等:《新编现代西方哲学》,人民出版社,2000年版。

62. 胡塞尔:《笛卡尔式的沉思》,中国城市出版社,2001年版。

63. 海德格尔:《存在与时间》,商务印书馆,1987年版。

64. 马斯洛:《动机与人格》,华夏出版社,1987年版。

65.《陶行知教育文集》,四川教育出版社,2007年版。

66. 石中英:《教育哲学导论》,北京师范大学出版社,2006年版。

67. 陈善卿、张学曾:《思想政治课教学研究》,南京大学出版社,1992年版。

68. 华东师范大学法政学院:《全球化时代的马克思主义理论教育研究》,学林出版社,2002年版。

69. 冯建军:《生命与教育》,教育科学出版社,2004年版。

70. 李秉德等:《教学论》,人民教育出版社,2001年版。

71. 约翰·杜威:《确定性的寻求——关于知行关系的研究》,上海人民出版社,2004年版。

72. 陈桂生:《教育原理》,华东师范大学出版社,2000年版。

73. 王云五:《我怎样读书——王云五对青年谈求学与生活》,辽宁教育出版社,2011年版。

二、讲话、论文或报道类

1. 胡锦涛:《在全国第三次邓小平建设有中国特色社会主

义理论研讨会开幕式上的讲话》,《十四大以来重要文献选编》(下),人民出版社,1999年版。

2. 胡锦涛:《在全国宣传部长会议上的讲话》,《十五大以来重要文献选编》(下),人民出版社,2003年版。

3. 胡锦涛:《大力实施人才强国战略,不断开创人才工作新局面》,《十六大以来重要文献选编》(上),中央文献出版社,2005年版。

4. 胡锦涛:《在第十六届中共中央政治局第三十四次集体学习时的讲话》,《十六大以来重要文献选编》(下),中央文献出版社,2008年版。

5.《习近平总书记深情阐述"中国梦"》,《新华时政》,2012年11月30日。

6.《习近平在全国教育大会上发表重要讲话》,新华社,2018年9月10日。网址:http:www.gou.cn/xinwen/2008－09/10/content-5320835.htm。

7. 黄楠森:《论人的活动的主体性》,《阵地》,1991年第6期。

8. 余清臣:《交互主体性与教育:一种反思的视角》,《教育研究》,2006年第8期。

9. 包玉山:《略论高校学生思想政治工作的交互主体性原则》,《昭乌达蒙族师专学报》,2004年第4期。

10. 黄崴:《主体性教育理论:时代的教育哲学》,《教育研究》,2002年第4期。

11. 杨蓓:《马克思主义大众化应凸显传播者的主体性》,《中国社会科学报》,2013年8月5日。

12. 田国秀:《1980年以来我国教育界关于师生关系问题研究的评述》,《上海教育科研》,2000年第7期。

13. 包晓峰、衣永红:《灌输教育的"实然"与"应然"——对思想政治教育灌输理念合法性的深入解读和理性重构》,《理论界》,2013年第5期。

14. 张靖、毛莹莹:《马克思主义灌输论的科学内涵及实践路径》,《经济研究导刊》,2012年第26期。

15. 张燕红:《灌输 对话 实践——提高思想政治理论课教学实效性的当然选择》,《经济与社会发展》,2008年第5期。

16. 龙金凤:《马克思主义大众化网络灌输途径探析》,《科技信息》,2011年第16期。

17. 闵绪国:《驳关于"灌输"的四种错误观点》,《社会科学论坛》(下),2009年4月。

18. 吕岩:《浅谈大学生思想政治教育中"灌输"与发挥主体性的统一》,《中国高教研究》,2006年第6期。

19. 柳秀玲:《论教育中灌输的不合理性》,《内蒙古师范大学学报(教育科学版)》,2006年第4期。

20. 高侠:《学科教学中的德育渗透——一种"无灌输"的道德教育》,《文教资料》,2011年第30期。

21. 翟艳芳:《没有灌输的道德教育何以可能》,《高教发展与评估》,2005年第5期;邱勤、袁云:《道德教育:从灌输走向对话》,《高教发展与评估》,2005年第4期。

22. 王志忠、罗绍武:《灌输理论和对话理论在高校思想政治教育中的论争与和谐》,《高教论坛》,2011年第3期。

23. 罗金远:《教育发展期待理论创新——〈教育多元主体论〉评介》,《黄冈师范学院学报》,2007年第1期。

24. 孙发利:《交互主体论与主体性教学模式建构》,《延安大学学报》,2001年第3期。

25. 吴松:《基于"交互主体性"与"存在之真理"的教学理

念》,《云南大学学报》,2006 年第 4 期。

26. 佘清臣:《交互主体性与教育:一种反思的视角》,《教育研究》,2006 年第 8 期。

27. 万美容:《论主体道德教育模式的基本特征》,《学校党建与思想教育》,2001 年第 10 期。

28. 康伟:《主体间性理论解构师生何以理解:可能与必然》,《外国教育研究》,2007 年第 6 期。

29. 胡子政:《马克思主义意识论研究的多重镜像》,《哈尔滨学院学报》,2010 年第 8 期。

30. 高新民、殷筱:《马克思主义意识论阐释的几个问题》,《哲学研究》,第 11 期。

31. 严国红:《新二元论的崛起与马克思主义意识论的发展》,《自然辩证法》,2009 年第 5 期。

32. 刘慧、朱小蔓:《多元社会中学校道德教育:关注学生个体的生命世界》,《教育研究》,2001 年第 9 期。

33. 刘先义:《接受理论:教育研究的新领域》,《教育理论与实践》,1998 年第 2 期。

34. 陈成文、高小枚:《回顾与评价:思想政治教育接受理论的研究进展》,《甘肃社会科学》,2006 年第 2 期。

35. 赵志华、徐永赞:《论思想政治教育的接受规律》,《河北学刊》,2007 年第 3 期。

36. 陈大兴:《教学学术是大学教师专业发展的核心》,《中国社会科学报》,2013 年 8 月 14 日。

37. 杨勇:《高校思想政治理论课交互主体性师生关系的基本特征》,《山西财经大学学报》,2010 年第 2 期。

38. 中国互联网络信息中心:《中国互联网络发展状况统计报告》,2018 年 8 月 20 日。

39. 陈娱:《论思想政治教育中的客体、环体和介体的情感因素》,《科学社会主义》,2009年第3期。

40. 陈娱:《接受图式与马克思主义大众化》,《华中科技大学学报》,2010年第4期。

41. 陈娱:《再论主导性的灌输活动与能动性的接受活动的有机统一》,《兰州学刊》,2007年第10期。

42. 陈娱:《高校"两课"教学接受机制研究》,《黑龙江高教研究》,2005年第7期。

43. 鹿林:《视域置换与模式创新——论生活世界视域下思想政治理论课的实践教学》,《山西高等学校社会科学学报》,2010年第3期。

44. 鹿林:《论思想政治理论课交互主体性教学的内在机制》,《山西高等学校社会科学学报》,2012年第10期。

45. 鹿林:《论知识对高校思想政治理论课吸引力的提升》,《中国电力教育》,2013年第1期。

后　　记

习近平总书记在全国高校思想政治工作会议的讲话中指出，高校思想政治工作关系高校培养什么样的人、如何培养人以及为谁培养人这个根本问题。思想政治理论课教育教学是高校思想政治工作的主渠道和主阵地。重视高校思想政治理论课教育教学研究，不断探索教育教学规律，努力提高思想政治理论课教学效果，增强教学的针对性和实效性，是河南农业大学广大思想政治理论课教师多年来的执著追求，也是广大思想政治理论课教师需要认真思考的重大课题。如何想方设法改变教学中存在的教学效果欠佳现状，科学地引导青年大学生自觉地热爱思想政治理论课、热爱马克思主义理论学习，引导他们自觉地运用马克思主义科学的立场、观点、方法分析或解决中国特色社会主义现代化建设过程中和实现中华民族伟大复兴中国梦过程中出现的各种复杂的政治、经济、文化现象和问题，进而坚定中国特色社会主义"四个自信"，引导青年大学生树立正确的世界观、人生观、价值观，成长为新时代中国特色社会主义事业合格建设者和可靠接班人，成长为能够担当中华民族伟大复兴大任的时代新人，是河南农业大学广大思想政治理论课教师不可推卸的历史责任，也是广大青年大学生实现自身价值、不断提高大学生思想政治理论课获得感的必然选择。

　　对高校思想政治理论课教育教学研究的深化，使我们逐渐地超越单纯教学模式和教学方法的研究，而深入到对教育教学理论和理念的研究。2009年杨德东教授为倡导思想政治理论课教育教学理念创新研究，主持承担了河南省高等教育教学改革研究项目"马克思主义大众化与思想政治理论课教学中的交互主体性研究"（项目编号：2009SJGLX016），主要参加人员有陈娱、鹿林、姚锡长、王雷松、刘翠玉等，部分研究成果得以刊发，最终成果获河南农业大学教学成果特等奖。在此基础上，陈娱教授率领教学科研团队以前期研究成果为基础，继续深化研究，2012年主持承担了"高校思想政治理论课教学中大学生主体性培育研究"（项目编号：2012 SJGLX102），主要参与人员有鹿林、杨德东、夏越新、王雷松、王广珍、刘翠玉等，研究成果最终获得河南省高等教育教学优秀成果奖一等奖。2017年陈娱教授又主持承担了河南省高等教育教学改革研究重点项目"高校大学生思想政治理论课获得感研究"（项目编号：2017SJGLX033）。本专著以前期研究成果为基础，既是前两项研究成果的总结和深化，又是后一研究项目的阶段性成果，主要由陈娱教授、鹿林副教授撰写、修改、完善，最终以二人合著形式出版。在此，对上述三项课题参与人员做出的贡献表示感谢！

　　河南大学出版社向来重视学术著作特别是教育类学术著作的出版。此书能够与读者见面，离不开河南大学出版社的大力支持。在此，非常感谢河南大学出版社给予的支持，感谢编辑薛建立同志做出的辛苦工作！

陈　娱
2018年11月24日